고려 · 조선의 친족용어와 혈연의식

– 친족관계의 정형과 변동

고려 · 조선의 친족용어와 혈연의식

– 친족관계의 정형과 변동

이 종 서 지음

신구문화사

머리말

한국의 친족관계가 조선후기에 크게 변했다는 것은 잘 알려져 있다. 그러나 그 변화가 친족을 조직하는 원리의 상이함에 기인한 것인지 부계원리의 강약에 기인한 것인지에 대해서는 학계의 입장이 일치하지 않고 있다. 이에 필자는 친족용어를 분석하여 고려 · 조선시기 친족관계의 정형을 확인하고 조직원리를 도출해 보았다.

고려 · 조선전기에 통용된 친족용어는 부계와 비부계를 구분하는 기능이 없었다. 조선후기에 이르러 부계를 구분해서 지칭하거나 범주화하는 용어들이 성립하여 현재에 이르고 있다. 고려 · 조선전기와 조선후기 친족용어의 이와 같은 특성에 근거하면 부계원리의 유무에 대한 판단이 가능하다. 한국은 부계와 비부계를 구분하지 않는 사회에서 부계를 구별하여 중시하는 사회로 변했다고 판단할 수 있다.

그렇다면 조선후기의 강고한 부계친족조직은 어떻게 설명할 수 있을까? 필자는 조선의 양반층이 중국의 친족질서를 진리의 차원에서 긍정하고 의식화한 결과 성립했다고 판단한다. 이러한 판단은 '동기론(同氣論)', '족장지(族葬地)', '계모관(繼母觀)'을 분석하여 내린 것이다. 조선의 양반층은 성리학을 신봉하였고, 성리학에서는 아버지의 기(氣)가 생명의 근원이 된다는 동기론을 진리로 설정하였다. 성리학을 수용하면 동기론에 부합하지 않는 혈연의식과 생활방식은 진리를 거스르는 것이 되었다. 이에 양반들은 기존 관행과 배치되고 자신의 정서를 거스르는 것일지라도 중국의 친족질서에 부합하는 삶을 살려고 노력하였다. 그 결과 동기론은 통념이 되었고, 부계남성의 무덤이 같은 묘역에 집중되었으며, 계모는 '아버지의 부인'에서 '어머니'가 되었다. 조선은 강력한 부계사회가 된 것이다.

필자가 어렸을 때에 부계질서는 의문을 품거나 객관화할 필요가 없었다. 지금은 부계질서가 급격히 이완되고 해체되고 있다. 필자도 부계 혈연과 윤리에 구속되지 않는 방향으로의 변화를 긍정한다. 자유분방한 아들들을 효자로 규정하여 울타리에 가두고, 혈기왕성한 딸들을 열녀로 규정하여 고통을 감내하게 한 시대는 옹호하고 싶지 않다. 그러나 현재의 변동이 지나치게 의식적이고 의도적일 필요 또한 없다는 것이 필자의 생각이다. 그러한 변동은 또 다른 강박과 피해를 유발할 우려가 있기 때문이다.

할아버지와 외할아버지를 '할아버지' 로 통칭한 고려 · 조선전기는 경험적 사회로서 선택의 폭이 넓었다고 볼 수 있다. 삶의 경험에 따라 애정의 정도를 달리할 수 있었기 때문이다. 반면에 아버지의 아버지만 '할아버지' 가 된 조선후기는 선험적 사회로서 선택의 폭이 좁았다고 볼 수 있다. 삶의 경험이 어찌되었던 '할아버지' 는 '외할아버지' 보다 중요하다고 전제되었기 때문이다. 우리 사회가 친족관계의 선택 가능성이 큰 사회로 나아가는데 본 연구가 조금이나마 도움이 되기를 기대한다.

연구에 든든한 토대를 놓아 주시고, 발전의 계기를 마련해 주시며, 보잘 것 없는 성취에 크게 기뻐해 주신 노명호 선생님께 감사드린다. 작은 장점을 평가하여 동료로 대우하고, 본서의 출간을 채근해 주신 유봉학 선생님께 감사드린다. 조리 없는 장광설에 귀기울여주고 성실한 자세와 뛰어난 연구로 필자를 분발하게 한 선후배 동학에게 감사드린다. 이 책을 출간해 주신 신구문화사에 감사드린다.

2009년 10월

이 종 서

차례

표 목차

도표 및 지도 목차

제1장

서론

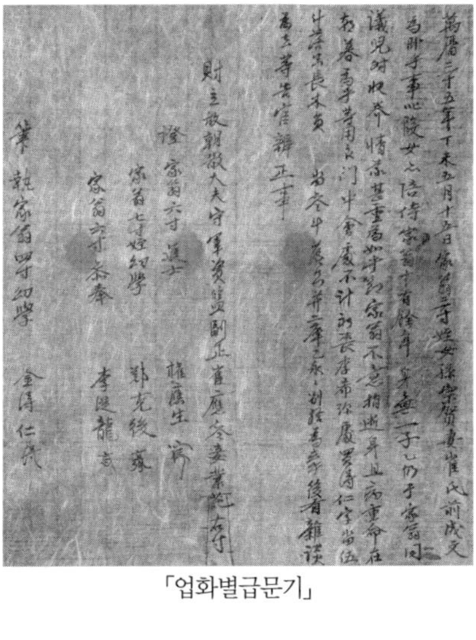

「업화별급문기」

1. 가족 · 친족 연구의 성과와 반성

1) 정체성론과 정체성론 비판

한국의 가족 · 친족 연구는 일본에 의한 식민지화와 서구 학설의 수용이라는 학문풍토를 배경으로 하여 중요한 연구주제로 떠올랐다. 일본인 학자들의 초기 연구의 특징은 '정체성론(停滯性論)' 으로 집약된다. 조선은 봉건사회 이전의 단계에 머물러 일본이나 서구에 비해 천 년 정도 낙오된 후진 상태에 있다고 주장하였다.[1)]

이렇게 주장한 근거는 대규모 부계집단의 존재였다. 福田德三은 조선에서 성족(姓族)이 사회조직의 거대한 단위를 이루며 이 단위가 궁극의 경제주체로서 공동의 권리와 의무를 진다고 설명하였다. 촌락은 씨족적인 사회통제의 기반 위에 보존되어 왔고, 대혈연집단이 있을 뿐 소혈연

1) 강진철, 1986「日帝 官學者가 본 韓國史의 '停滯性' 과 그 理論 -특히 封建制度 缺如論과 關聯시켜-」『韓國史學』7, 168쪽.

집단 단위로의 분리는 발생하지 않았다고 보았다.[2] 고대 씨족사회가 조선후기까지 그대로 유지되어 온 것으로 평가한 것이다.

이렇게 판단한 데에는 일본이 한국을 압도하던 시대적 분위기가 작용했음은 물론이다. 그러나 학문적인 견지에서 보면 서구에서 유입된 사회진화론이 큰 영향을 끼쳤다. 당시 서구에서는 스펜서의 사회진화론이 유행하였고, 근대화에 몰두한 일본에서는 이것을 진리로 받아들였다. 스펜서의 사회진화론은 모든 독서계급에 전파되었으며 일본의 미래상을 제시하는 것으로 여겨졌다. 그리고 진화론의 통속판이라 할 대중적 자민족중심주의가 팽배하였다.[3]

일본의 학문 풍토가 사회진화론을 신봉하였으므로 이후의 연구자들도 봉건제 결여론을 사실로 인정하고 연구의 전제로 삼았다. 고려시기 몽고침략 이래의 혼란 속에서 강화된 혈족단체의 자위를 배경으로 주자가례(朱子家禮)가 도입되었다고 보았으며,[4] 조선후기의 문중재산이 삼한시대의 족제(族制)에 기원한다고 보았다.[5] 취락 형태를 조사하여 '동족부락'의 전국적인 분포를 확인하고 이것을 고대 이래 지속되어 온 현상으로 평가하였다.[6]

이렇듯 일본인 학자들은 민족적 우월감과 사회진화론에 기반하여 한

---

2) 福田德三, 1907『改訂增補 經濟學硏究』, 日本 東京 同文館, 제2편 제2장.

3) 朴賢洙, 1993「日帝의 朝鮮調査에 관한 연구」, 서울대학교 인류학과 박사학위논문, 16~20쪽.

4) 稻葉岩吉, 1936「麗末鮮初に於ける家禮傳來及其意義」『青丘學叢』23, 9쪽.

5) 和田一郞, 1920『土地制度地稅制度調査報告書』, 朝鮮總督府.

6) 善生永助, 1935『朝鮮の聚落』後編, 朝鮮總督府調査資料.
四方博, 1937「李朝人口に關する一硏究」『京城帝大法學論集』9.

국사회의 정체성을 주장했지만 그들의 성향과 연구가 경박하기만 한 것은 아니었다. 그들은 독일의 실증사학을 수용하고 현상이나 사료를 정밀하고 조심스럽게 다루는 태도를 보였다. 실증적인 학풍은 식민지 조선 사회에 대한 연구가 심화될수록 장점을 드러내었다. 초기 학자들은 서구 이론을 한국사회에 그대로 적용하여 사실을 왜곡시켰지만 갈수록 사실을 분석하고 정리하는 작업이 강화되었다. 그럴수록 조선후기의 가족·친족을 고대의 유제로 보는 견해를 반박하는 정보들이 축적되었다.

관습조사에서는 문중, 동족촌, 장자상속 등 강력한 부계질서를 확인하였다. 그러면서도 부계질서의 연원이 오래지 않을 가능성을 확인하였다. 秋葉隆은 충청남도를 답사하며 동족촌의 선조가 자리잡은 시기를 조사하여 대부분 수백 년에 불과함을 확인하였다. 이러한 조사결과에 근거하여 조선후기의 동족촌을 원시적 사회결합의 잔존으로 보는 견해는 '속단의 비방을 면치 못할 것' 이라고 비판하였다.[7)]

문헌조사에서는 자녀에게 재산을 균분한 조선전기의 관행을 확인하였다. 조선의 재산상속법을 조사한 喜頭兵一은 조선전기의 상속이 균분상속임을 확인하였다.[8)] "공동상속제를 채택하여 남녀 사이의 차별 없이 분급" 했으며 "공동상속인의 협의에 의한 상속재산의 분할을 화회분집(和會分執)이라고 한다" 고 하였다.[9)] 그가 '공동상속' 에 어떠한 의미를 부여했는지 알 수 없으나, '공동상속' 을 '균분상속' 으로 대체하면 곧 현재의

7) 金斗憲, 1948『朝鮮家族制度研究』, 서울대학교출판부, 114쪽.
8) 喜頭兵一, 1936『李朝の財産相續法』, 朝鮮總督府中樞院.
9) 위의 책, 序說 一 相續の觀念.

통설이 된다.

이처럼 사회진화론을 앞세운 연구와 달리 개별 사실을 발굴하여 각 분야의 실상에 접근하는 연구가 진전되었다. 일제의 식민지 통치에 기여했다는 한계가 있고 보편성을 이끌어내는 단계에 이르지 못했지만 사실을 엄밀히 탐색하는 실증적 연구가 시작된 것이다.[10] 그러나 일본인들이 사회진화론에 기반하여 구축한 토대는 일제시기는 물론 해방 이후 한 세대가 지날 때까지 강하게 유지되었다.

1930년대에 이르면 한국인 학자들도 가족 · 친족 연구에 합류하였다. 일제시기 연구자 중에서 남한 학계의 연구에 가장 큰 영향을 끼친 인물로는 김두헌을 꼽을 수 있다. 김두헌이 일제시기의 연구를 종합하여 1948년에 출간한 『조선가족제도연구(朝鮮家族制度研究)』는 이 방면의 고전이 되었다. 일제시기 일본인과 한국인 학자의 연구를 망라했을 뿐더러 방대한 사료를 이용하였다. 이 저술 덕분에 일제시기 일본인들의 연구를 개괄하고 김두헌이 그들로부터 받은 영향을 확인할 수 있다. 나아가 해방 이후의 연구와 비교함으로써 일제시기의 그늘이 얼마나 길고 짙었는지 확인할 수 있다.

전체적으로 보면 김두헌 역시 사회진화론에서 설정한 발전단계를 수용했다는 점에서 일본인 학자들과 다르지 않다. 그는 사적유물론에서 주장하는 모계제에서 부계제로의 발전을 인정하고, 역사시대 이후 한국의 가족은 부계씨족제 → 부계공동가족 → 가장적가족으로 발전해 왔으며

10) 朴賢洙, 1993 「日帝의 朝鮮調査에 관한 연구」, 서울대학교 인류학과 박사학위논문, 90~95쪽.

각 단계별로 씨족사회, 부족국가, 고대국가에 해당한다고 보았다. 조선후기의 문중조직과 동족촌은 가장적가족의 확대된 형태인 대가족으로 규정하였다.[11)]

그리고 성씨와 종법(宗法), 동족촌(同族村) 등을 각 단계에 맞추어 해석하였다. 고대국가의 성립과 더불어 한국의 가족은 가장적가족으로 발전했으며 이러한 변화에 기반하여 성씨가 성립하고 동족촌이 성립했다고 보았다. 이후 여러 지파로 나뉘는 분지화(分枝化)로 족의 규모가 축소되었다고 하였다.[12)] 이 과정에서 중국의 종법이 도입되어 집단을 조직화하고 정연하게 만드는데 도움을 주었다고 보았다.

이처럼 한국의 부계집단이 계기적으로 변화했다고 봄으로써 조선후기의 동족촌을 고대 씨족집단과 연결시키는 정체성론을 반박하였다. 또 조선의 동족집단이 혈연과 지연으로 결합되었다는 점에서는 외형상 고대 씨족과 같지만 고대 씨족은 구성원의 권리가 평등한 유별적 조직체임에 반해 조선의 동족집단은 혈연관계의 원근과 항렬의 고하에 따라 권리에 차등이 있는 조직이라고 하여[13)] 양자의 성격을 달리 평가하였다.

이처럼 정체성론을 반박했다는 점에서 진일보한 듯 보이나 그의 연구 역시 정체성론에서 벗어나지 못하였다. 그가 다툰 것은 '사실' 이라기보다 '평가' 였기 때문이다. 게다가 김두헌 역시 사회진화론을 수용하여 단선적인 발전 단계를 설정했기에 사실이 이론에 종속되었다. 김두헌은 모

11) 金斗憲, 1948『朝鮮家族制度研究』, 乙酉文化社, 10쪽.
12) 위의 책, 60쪽.
13) 위의 책, 103쪽.

계에서 부계로 '발전' 한 이후 자본주의 핵가족이 출현하기까지 부계가족이 유지되었다고 보았다. 결국 계기적 발전을 주장할지라도 조선후기의 가족 · 친족은 고대성을 품게 되었다.

김두헌 역시 조선후기의 가족 · 친족으로부터 고대성을 느꼈음을 감지할 수 있다. 福田德三이 '성족[一姓一本]' 의 공동담보를 인정한 것에 대해 "조금 극단의 견해라고 하겠으나 성족보다는 좁은 범위의 종족 일문에 있어서의 공동관념은 뚜렷한 것"이라고 하였다.[14] 김두헌은 계기적 발전을 상정하고 정체성론을 반박했지만 결국 정도의 차이에 불과함을 알 수 있다.

이처럼 김두헌의 연구는 정체성론의 틀을 벗어나지 못하였다. 그러나 사료에 근거하여 개별 사실이나 현상을 지적한 부분에서는 진화론에 맞추어 전개한 논지와 반대되는 평가를 내린 것을 볼 수 있다.

동족촌의 연원이 대부분 300~500년에 지나지 않는다는 善生永助의 연구를 지적하며 "고려시대에 발생한 것이 있다고 할지라도 그대로 오늘까지 존속하였다고는 보기 어렵거늘, 하물며 삼국시대에 그 기원을 구한다는 것은 믿을 수 없는 일이다"라고 하였다.[15] 이는 중국식 성씨가 "혈족칭위일 뿐 아니라 지연적으로 집단화된 종족을 근거로" 한다거나 성씨 도입 이전에 이미 고유한 족칭(族稱)이 있었으며 "이 족이 변동하여 성씨를 필요로 하게 되었다"는 견해와[16] 크게 배치된다. 또 고려에서 질녀서

14) 위의 책, 101쪽.
15) 위의 책, 113~114쪽.
16) 위의 책, 49쪽.

(姪女婿), 손녀서, 자매지부(姉妹之夫), 백모숙모지부(伯母叔母之夫)를 본족(本族)으로 취급한 것에 대해 "일견 기이하게 느껴지나 인족(因族)이 현실 생활에 있어서 얼마나 친밀한 관계로 되었는가를 알기에 족한 것이 있다" 고 하였다.[17] 또 모족(母族)에 적용되는 중국식 칭호방식에 대해 "모족에 대해서도 부계혈족에 대해서와 대개 같은 태도와 친애의 정을 갖고 있었음에 인한 것으로 해석된다" 고[18] 하였다.

이론에 입각한 논지와 개별 현상에 대한 판단의 괴리는 상속(相續) 분야에서 극심하게 드러난다. 고려에서 종법을 적용하기 이전에는 이성으로 양자를 삼고 외손으로 후사를 삼는 것이 고려말까지 일반으로 행해졌으며[19] 조선초기에도 '보통 있는 일' 이라고 하였다.[20] 또 부부가 각기 노비를 소유하고 자손이 없으면 부부간에 상속했다가 사후에 각기 그 본손(本孫)에 귀속시키는 법률에도 주목하였다.[21] 조선에서 재산의 상속은 분할상속주의를 원칙으로 하였으며[22] 자녀간에 균분제를 취한 것은 '고려조에서도 명백한 일' 이라고[23] 하였다.

김두헌의 『조선가족제도연구』는 일제시기의 연구 경향을 종합적으로 보여준다. 사회진화론의 위력에 압도되어 사실이 이론에 종속됨으로써 조선후기의 현상을 고대에 연원한 것으로 판단하였다. 그러면서도 실증적

17) 위의 책, 144쪽.
18) 위의 책, 122쪽.
19) 위의 책, 263쪽.
20) 위의 책, 269쪽.
21) 위의 책, 226쪽.
22) 위의 책, 235쪽.
23) 위의 책, 235쪽.

규명이 진척되어 이론과 배치되는 사실들을 발견하였다. 이론에 근거한 판단과 실증적 분석의 괴리는 해방 이후에도 지속되었다.

해방 이후 1960년대까지는 소수의 연구자들이 가족 · 친족을 연구하였으며 발표된 논문도 몇 편에 지나지 않는다. 그런 만큼 이 시기에 이루어진 연구는 후학들에게 큰 영향을 끼쳤다. 이 시기의 대표적 연구자로는 김철준을 들 수 있다. 그는 고대사회의 조직원리를 규명하는 일환으로 가족 · 친족에 접근하였다. 첫 연구는 「신라 상대사회의 Dual Organization」이다.[24] 이 연구에서는 서구 인류학 이론을 적용하여 신라사회를 분석하였다. 신라 상대에는 두 친족집단이 상대해 있어 상호 결혼을 지속했으며 이것이 'Dual Organization(이부체제)' 에 해당한다고 하였다.

김철준이 상고기 신라사회를 'Dual Organization' 으로 파악한 것은 신라 상고기 기록에서 부계원리와 배치되는 현상들을 확인했기 때문이다. 이에 상고기 친족집단을 '이부체제' 로 보고 "씨족사회가 가부장적 가족으로 분열되어 나가는 사회변천에 수응되는 산물" 로서 "지배계급화한 가부장적 대가족 간에 조직된 양자 간의 타협과 세력균형" 을 이부체제의 성립 배경으로 제시하였다.[25] 모계에서 부계로의 전환이라는 일반원리를 벗어나지 않으면서 신라의 특수성을 인정하는 태도를 취한 것이다.

부계를 궁극의 귀결점으로 보는 인식은 후속 연구에서 더욱 분명하게

24) 김철준, 1952「新羅 上代社會의 Dual Organization」『역사학보』1 · 2 ; 一溪 金哲埈 全集, 1990『韓國古代社會研究』, 서울대학교출판부, 제1편 제6장으로 재수록.

25)『韓國古代社會研究』, 142쪽.

확인된다.[26] 모계에서 부계로의 전환, 씨족에서 부계혈족집단으로의 전환을 보편적 발전과정으로 상정하고, '가부장가족'에 기반하여 부족국가가 형성될 무렵 모계계승에서 부계계승으로 전환했다고 하였다. 부계집단은 이후 7세대공동체에서 5세대공동체로 규모가 축소되었다고 하였다. 신라 중대 이후 5대동일친족집단이 성립했으며, 고려 성종의 오복제(五服制) 도입은 7세대집단의 소멸과 5세대집단의 완성을 반영한다고 보았다.

그리고 성씨를 사회조직의 변화와 연결시켰다. 씨족공동체가 촌락공동체로 변모하는 과정에서 지배력을 확립한 족장들에게 국왕 등 상층지배자들이 성씨를 하사했다고 보았다. 또 성씨를 사용하기 전에는 "친족공동체의 주거지 명칭이 성의 기능을 하였으며 족장세력의 기반이 되는 지역 친족공동체가 성의 주체"라고 하였다.[27] 또한 신라 중대의 성씨는 씨족 내부에서 분화한 친족공동체를 표현하며, 지금까지 유지되고 있는, 다양한 본관의 단일 성씨는 친족 내부의 이차 분화 즉, 7대공동체에서 5대공동체로의 축소를 반영하는 것으로 보았다.

그러면서도 신라사회의 이부체제가 장기간 지속됨에 따라 이중출계적인 상속제의 흔적이 보이며 모계계승의 흔적이 고려초까지 보인다고 하였다. 신라에서 모계계승원리가 후기까지 존속하였으며 부계제도가 확립된 뒤에도 기층사회에서는 그대로 모계제를 병행하였을 가능성이 있

26) 김철준, 1968「新羅時代의 親族集團」『한국사연구』1 ; 一溪 金哲埈 全集, 1990『韓國古代社會研究』, 서울대학교출판부, 제2편 제2장으로 재수록.
27)『韓國古代社會研究』, 282쪽.

다고 하였다. 부계제와 배치되는 신라와 고려의 현상을 원시 모계제의 유제로 판단한 것이다.

김철준의 일관된 관심은 사회 발전에 따른 모계에서 부계로의 전환과 부계 혈연조직의 변동을 파악하는 데 있었다. 그리고 조선후기의 혈연관계를 부족국가 시기부터 시작된 계기적 변동의 귀결점으로 보았다. 5대 동일친족집단은 고조를 공동조상으로 하는 혈연조직으로 상복제도인 오복제(五服制)로 구체화된다.[28] 이 친족집단은 조선후기와 일제시기에 극성하였고, 지금까지도 '동고조팔촌(同高祖八寸)으로 불리며 어느 정도 유지되고 있다. 김철준은 이 집단에 앞서 7세대범위의 집단이 있었고, 그에 앞서 가부장가족에 기반한 부족국가가 있었으며, 그 이전에는 모계제였다고 보았다. 모계에서 부계, 대규모에서 소규모로의 변화를 계기적인 발전의 길로 인정한 것이다.

따라서 김철준의 연구도 정체성론의 틀을 벗어나지 못했다고 판단할 수 있다. 부족국가 이래 부계제가 유지되면서 계기적인 변화를 거쳐 조선후기의 가족 · 친족에 이르렀다는 점부터 고대성을 인정하게 한다. 그의 주장대로 나말여초에 5세대공동체로의 변화가 이루어졌다고 보면 한국의 친족조직은 1000여 년 간 별다른 변화가 없게 된다. 친족조직이 사회의 발전단계를 반영한다면 한국은 1000년 동안 별다른 변동 없이 정체되었다는 결론에 이르게 된다. 김두헌과 마찬가지로 김철준도 일본인들이 구축해 놓은 토대 위에서 한국의 가족 · 친족을 분석하는 한계를 보였다.

---

28) 본서 44쪽 참조.

김철준이 활발하게 활동하던 시기에 일본인 연구자 旗田巍도 국내에 큰 영향을 끼쳤다. 그는 "서술의 태도가 한국인을 이해하려는 입장에 섰다"는 점에서 국내 연구자에게 호평을 받았다.[29] 그가 한국학계에 끼친 영향력은 김철준이 "일본의 旗田巍의 영향을 지나치게 받아 旗田巍의 학설을 부연하는 경향"을 지적할 만큼[30] 컸다.

旗田巍의 연구가 중요한 이유는 고려시기의 혈연관계를 본격적으로 다루었을 뿐더러 '정치(精緻)'하다는 평을 받았기 때문이다. 이전의 연구는 사회진화론에 입각하여 고대사회를 분석한 뒤 그대로 조선후기의 양상과 연결하는 방식을 취하였다. 따라서 고려시기에 대한 판단은 실증이 부족한 연역으로 채워졌다. 그러나 旗田巍는 고려시기 기록을 집중적으로 분석하였다.

1957년에 발표한 논문에서는 단체적 소유에서 사적 소유로의 전환을 사회 단계를 판정하는 지표로 설정하고 상속 관련 기록을 분석하였다. 고려전기에는 토지를 '단체적'으로 소유했으며 국가에서는 이에 대응하여 적장자단독상속제를 시행했다고 보았다. 노비는 자녀간에 균분했는데 대부분의 노비가 관인층의 소유로 생산에 종사하지 않았기 때문에 소유권이 일찍 발달했다고 보았다. 토지는 전시과(田柴科) 제도가 붕괴한 고려중기 이후에 사유화되어 적장자단독상속에서 분할상속으로 전환하였다고 하였다.[31] 고려사회는 중기 이후 다른 단계로 발전했다고 파악한 것

---

29) 김용섭, 1966「일본 · 한국에 있어서의 韓國史敍述」『역사학보』31.

30) 서울대학교동아문화연구소 편, 1972「한국의 역사학」『한국학』, 현암사 ; 一溪金哲埈全集,『韓國史學史硏究』, 443쪽.

31) 旗田巍, 1957「高麗時代における土地の嫡長子相續と奴婢の均分相續」『東洋文化』22.

이다.

고려전기까지 '가족' 이 독립하지 못하고 '족' 이 소유단위를 이루었다는 주장은 왕실의 장 · 처(莊處)를 다룬 논문과 고려초의 부(府)를 다룬 논문에서 더욱 구체화되었다. 그는 장 · 처를 촌락인 동시에 족단의 거주지로 보았다. 『경상도지리지』 촌성(村姓) 중 토성(土姓)을 근거로 하여 고려시기의 장 · 처를 '일소일성(一所一姓)' 즉 단일한 동성촌락으로 추정하였다. 혈족의 연대가 강했기에 혈족자가 모여 살았으며 조선시기 이후에 동성촌락이 비상하게 많은 것도 이 때문이라고 하였다. 장 · 처의 행정을 담당하는 이(吏)는 본래 혈족단체의 수장 또는 간부였다고 하였다.[32)]

부(府)를 다룬 연구에서는 성씨에 주목하였다. 부에는 후대까지 존속한 대성(大姓) 즉 큰 족단이 있었고, 부의 지배를 받는 촌에는 다른 성씨의 족단이 있었다고 보았다. 다른 족단이 같은 성씨를 사용하기도 했으므로 성에 본관을 붙여 구별했다고 보았다. 한국의 성관제(姓貫制)가 고려시기 족단에서 연원했다고 본 것이다.[33)]

상속제, 촌락의 혈연조직 등을 분석하여 한국사회가 고려중기 이후에 새로운 단계로 발전했다고 평가한 旗田巍의 연구는 학계에 큰 영향을 끼쳤다. "군현조직의 세포는 촌락이었다. 촌락은 대체로 전시과체제하의 고려전기에 있어서는 토성 · 촌락성 · 촌성이라는 이름 아래 결집된 혈족단체의 취거지였을 것으로 생각되며, 국가는 이 촌락을 이른바 '토성이민(土姓吏民)' 의 '이(吏)' , 즉 혈족단체의 수장을 통해서 지배 · 통치하였

32) 旗田巍, 1960 「高麗時代の王室の莊園-莊 · 處」『歷史學硏究』 246.
33) 旗田巍, 1960 「高麗王朝成立期の〈府〉と豪族」『法制史硏究』 1.

다"는 서술은[34] 한국 학자가 한 것인지 旗田巍가 한 것인지 헷갈린다. 많은 연구자들이 '일촌락일성단(一村落一姓團)'을 연구의 전제로 수용하였다.

旗田巍의 영향력은 컸지만 그 역시 정체성론을 벗어나지 못하였다. 우호적으로 평가해도 정체성론의 개량에 불과하였다. 일제시기 연구자나 김철준이 실증을 결여한 채 동성촌락의 기원을 고대사회에 두었다면, 旗田巍는 '정치'한 분석을 통해 동일한 결론에 이른 것이 다를 뿐이다. 사실을 이론에 종속시킴으로써 '정치함'은 사실을 왜곡시키고 연구자들의 시각을 흐리게 하였다.

2) 실증적 연구와 통념의 극복

일제시기 이래 1960년대에 이르기까지 연구자들은 부계계승원리에 대한 신념을 확고하게 유지하였다. 돌이켜보면 실증이 부족하였고 선입견도 심하게 작용하였다. 그럼에도 불구하고 이러한 문제점이 장기간 지적되지 않은 것은 시대상황과 사회환경 때문이었다고 생각된다.

일제시기 이래 사회진화론은 검증의 대상이 아니라 자명한 사실로 받아들여졌다. 모계에서 부계로, 대규모 집단에서 소규모 집단으로의 분화라는 도식을 적용하여 한국 역사를 이해하는 것은 선진적이고 합리적인

---

34) 姜晋哲, 1980『高麗土地制度史硏究』, 고려대학교출판부, 433쪽.

방식으로 여겨졌다. 이러한 태도는 해방 이후에도 달라지지 않았다. 서구의 학설을 직접 접하게 되었지만 사회진화론을 지지하는 학설 위주로 수용하였다. 게다가 연구자 자신이 강력한 부계질서 속에서 생활하였기에 '부계' 는 이론적인 개념이 아니라 삶이었다. 체질화된 부계질서와 서구에서 유래한 사회진화론은 강력하게 결합하였다.

또 조선의 가족 · 친족을 고대의 부계조직에서 연원한 것으로 판단하려면 중간에 놓여 있는 고려시기를 엄밀하게 분석해야 했으나 그러지 못하였다. 고려시기에 대한 집중적인 분석은 旗田巍로부터 시작되었으며 그의 연구가 큰 영향력을 지녔던 것도 그 때문이라고 볼 수 있다.

그런데 법사학(法史學)을 전공한 박병호는 1962년에 중요한 연구를 발표하였다. 중국의 영향 아래에서도 끈질기게 지속된 '우리나라대로의 고유성' 을 발견한 것이다. 고려와 조선전기의 복상제(服喪制), 상피제(相避制), 분경금령(奔競禁令)의 적용 범위가 모족, 처족의 넓은 범위까지 확장되는 것을 확인하고 "부족(父族) 5촌 이하는 비록 동종일지라도 4촌 내의 모족 · 처족보다도 친족의식이 미약" 하였다고 판단하였다.[35]

고대 이래 부계사회가 유지되면서 발전 단계에 맞게 변모했다고 보는 시각은 최재석에 의해 본격적으로 부정되기 시작하였다. 사회학 연구자인 최재석은 1972년에 조선시대 분재문서를 분석하여 17세기 중엽 이전과 이후는 대단히 큰 차이를 보인다는 사실을 확인하였다.[35] 재산상속이

35) 朴秉濠, 1962「우리나라 率婿婚俗에 由來된 親族과 禁婚範圍-母族 · 妻族을 中心으로」『法學』4-2.

36) 崔在錫, 1972「朝鮮時代의 相續制에 關한 一硏究」『歷史學報』53 · 54합집.

자녀 균분에서 장남 우대로 바뀐 것을 밝힌 것이다. “그 때만 해도 본인은 불안과 흥분에 싸여 있었다. 그 월례발표회의 한 참석자가 ‘쇼킹하다’라고 한 말은 지금도 잊을 수 없다”는 회고는[37] 당시의 분위기를 잘 알려준다.

계속하여 제사방식이 윤회봉사에서 장자봉사로 변했음을 확인하였다. 이른 시기의 족보일수록 친손과 외손을 차별하지 않고 다양한 계보를 끝까지 기재하였고, 17세기까지는 자녀를 출생순서대로 기재했음을 확인하였다. 나아가 양자제(養子制)의 정착시기, 항렬자의 사용 등 다양한 요소를 살펴 조선전기까지는 문중조직이 성립하지 않았고 부계혈연의식도 미약했음을 밝혔다. 고려시기 연구에서는 친족용어, 족보, 양자, 항렬 등을 살펴 부계친족집단의 존재를 부정하였다. 사위가 처가에 머무는 서류부가혼(솔서혼)이 보편적인 관행이었음을 확인하고 고려시기에는 동성씨족이 형성될 수 없었다고 판단하였다.

최재석은 마침내 ‘부계’ 자체에 대해 문제를 제기하였다. 처음에는 “부계가 우위에 서는 비단계”라거나 “카테고리로서의 부계친은 존재하였지만 조직이나 집단으로서의 부계친은 존재하지 않았다”고 하여 조심스러운 입장을 취했다.[38] 그러나 나중에는 고려는 물론 신라시기까지도 부계의 존재를 부정하였다. “비단계적 제도는 실제, 부계적 제도는 중국의 영향을 받은 법제”라고 하여 한국 역사에서 부계제는 중국의 영향으로 성

37) 崔在錫, 1983『韓國家族制度史硏究』, 一志社, 머리말.
38) 최재석의 가족 · 친족관계 논문은『韓國家族制度史硏究』(1983, 一志社)에 재수록되었다.

립했다고 보았다.[39)]

최재석이 부계와 배치되는 조선시기의 관행을 확인하고 고려와 신라 시기로 연구를 확대할 무렵 노명호는 고려시기의 부계원리를 부정하는 연구를 발표하였다. 최재석은 사회학자이면서도 이론을 배제하고 사료에 근거하여 판단하는 방식을 취한 반면, 노명호는 서구의 새로운 인류학 이론을 적용했다는 점에서 특색이 있다.

신라의 왕위계승이나 고려의 상속 관련 기록을 검토하면 부계와 배치되는 현상이 발견된다. 김철준은 이것을 인류학의 'Dual Organization' 이론을 적용하여 원시 모계제 사회의 유제로 설명하였다. 인류학자 이광규도 이와 유사하게 '동속(同屬)' 혹은 '선계(選系)' 로 번역되는 'Ramage' 이론을 적용하여 출계(出系)와 귀속을 분리하였다.[40)]

노명호는 이러한 견해를 비판하고 고려의 친족조직을 '양측적 친속' 으로 번역한 'Bilateral Kindred' 로 파악하였다. '양측적 친속' 이란 서구 인류학에서 뒤늦게 성립한 개념으로 모계나 부계 등 특정한 출계율이 작용하지 않는 가운데 개인을 기준으로 조직된 친족관계를 뜻한다.[41)] 우선 17세기 초에 작성된 산음장적(山陰帳籍)을 분석하여 촌락 내부의 혈연관계를 살폈다. 그 결과 부측(父側), 모측, 처측으로 뒤얽혀 8촌 범위의 소혈연군을 형성하고, 소혈연군들은 서로 중첩되며 연결되기도 한 것을 확인하고 산음현의 친족조직은 '나' 를 기준으로 개인들이 관계를 맺는 형

39) 최재석, 1987『韓國古代社會史硏究』, 一志社, 408~417쪽.
40) 李光奎, 1977『韓國 家族의 史的 硏究』, 一志社, 115~117쪽.
41) 盧明鎬, 1979「山陰帳籍을 통해 본 17世紀初 村落의 血緣樣相」『韓國史論』5, 308~310쪽.

태라고 판단하였다. 이러한 양상이 고려 이래의 친족조직을 반영하는 것으로 보고 고려시기의 친족제도와 관련된 여러 요소를 살폈다.

외조부모의 상복을 친조부모와 같은 등급으로 올린 것이나, 상피 규정을 내외 4촌 이내의 혈연에 적용한 것이 고려의 실질적인 유대관계를 반영한다고 판단하고 부측과 모측으로 대칭되는 '양측적 친속'을 고려의 친족조직으로 판단하였다.[42] 중국의 음서제도가 거의 부계 후손에게 국한된 것과 달리 고려에서는 외조부, 외삼촌, 외고조에 연유하여 음서를 받은 경우가 적지 않았고, 음서 규정도 부계와 비부계의 구별이 없었음을 확인하였다. 특히 여자로만 이어진 계보에도 음서가 적용된 것을 확인하였다.[43] 정치세력과 혈연의 관계를 살핀 연구에서는 정치세력에 가담한 혈연이 중심인물을 둘러싼 다양한 계보 상에 대등하게 분포하고 처벌도 가담자에 국한되어 중심인물이 제거된 뒤에도 그의 가까운 혈연이 중앙정계에서 계속 활동한 것을 확인하였다.[44]

고려의 친족조직을 '양측적 친속'으로 파악한 노명호의 연구는 고려 가족·친족 연구에 큰 영향을 끼쳤다. 부계출계율이나 부계집단의 존재를 부정하는 데 대해서는 반론이 있지만 부계와 배치되는 관습과 제도가 보편적이었고 부계 이외의 다른 계보들이 크게 존중되었다는 데에는 이론(異論)이 없다.

이렇듯 한국의 가족·친족 연구는 1970년대 이후 크게 진전되었다. 고

42) 盧明鎬, 1981「高麗의 五服親과 親族關係 法制」『韓國史硏究』33.
43) 盧明鎬, 1983「高麗時의 承蔭血族과 貴族層의 蔭敍機會」『金哲俊博士華甲記念史學論叢』.
44) 盧明鎬, 1987「李資謙一派와 韓安仁一派의 族黨勢力」『韓國史論』17.

려 · 조선전기에는 부계원리와 배치되는 현상이 지배적이었음이 밝혀졌다. 최재석은 고문서를 분석하여 자녀균분상속, 윤회봉사 등을 실증함으로써 기존 통념을 흔들어 놓았다. 노명호는 '양측적 친속(Bilateral Kindred)' 개념에 착안하여 고려의 제반 관행과 제도가 이에 부합함을 확인하였다.

2. 문제의식과 연구방법

필자는 일제시기 이래 가족·친족 연구의 오류와 성과를 '실증'과 '이론'의 측면에서 평가하고자 한다. 일본 근대 역사학은 독일 랑케의 실증사학을 계승하였다고 한다. 굳이 특정 학파를 거론하지 않더라도 엄밀한 사료비판과 객관적인 검증은 역사 연구의 필수적인 과정이다. 해방 이후 역사학계를 이끌어 온 연구자들도 '실증'을 중시하였다. 그러나 가족·친족 연구는 '실증'에 큰 문제가 있었다. 1960년대 이전의 연구자들이 유념한 '실증'은 사회진화론에 비추어 가족·친족을 해석하고 판단하는 것이었다.

물론 그들은 주관을 배제하고 사료에 입각해서 분석한다고 생각했을 것이다. 그러나 서구학문에 압도되어 사회진화론을 '사실'로 믿었기에 실증에 이르지 못하였다. 일제시기 성공에 들뜬 일본인들은 일본은 봉건제를 이룩하여 자력으로 근대화에 성공했지만, 한국은 봉건제가 결여되어 타력에 의한 근대화가 불가피하다는 결론에 이르렀다. 일본의 제국주의화와 한국의 식민지화라는 시대상황은 그들의 판단이 사실임을 증명하는 듯 보였다. 해방 이후 한국인 학자들은 한국 역시 일본에 뒤지지 않은 봉건제 단계에 도달했다고 주장하며 그 증거로 '분지화(分枝化)' 나 '이차적 분화' 등을 제시하였다. 결국 같은 이론에 근거하여 시기의 늦고 빠름을 다투었을 뿐이다.

그러면서 정작 이용할만한 가치가 있는 실증적 성과는 무시하였다. 최재석은 자신의 발견을 대하고 '불안과 흥분' 에 쌓였지만 그가 내린 결론은 이미 1936년에 喜頭兵一이 조선총독부 중추원의 촉탁으로 상속관련 문헌기록을 수집하고 내린 결론이다.[45] 최재석이 이용한 자료도 일제시기에 관습조사의 일환으로 전국에서 수집해 놓은, 喜頭兵一도 이용한 고문서이다. 수만 건의 고문서는 광복 후 한 세대가 지나도록 연구에 제대로 이용되지 못하였다.

이렇듯 먼 길을 돌아온 것은 서구 이론에 압도되었기 때문이다. 중심지에서 생성된 이론이 주변부에 전파되는 것은 불가피하거니와 필요한 일이다. 수입된 이론은 새로운 지성의 영역을 발견하고 인식의 지평을 넓히게 한다. 그러나 이론에 압도되면 사실이 이론에 종속되고 연구방법이 고정되어 실체를 발견하는 데 장애가 된다. 발전 단계를 판단하는 일환으로 가족 · 친족을 분석함으로써 이론에 부합하는 사실을 골라내고, 부합하지 않는 현상조차 이론에 종속시키는 결과를 초래하였다. 중심권의 학설이 주변부에서 '진리' 가 되고, 중심권의 연구분야와 방법론이 주변부에서 '유행' 하는 것은 일제시기 이래 한국의 가족 · 친족 연구에도 해

45) 喜頭兵一, 1936 『李朝の財産相續法』, 朝鮮總督府中樞院.

당한다.

필자는 한국의 가족 · 친족 연구는 우선 한국 자료에 기반하여 귀납적인 방법으로 보편적인 현상과 변동을 확인하고 인과관계를 추출해야 한다고 생각한다. 부계나 모계 등의 조직원리에 대한 판단은 개별 요소들의 실증을 누적시킨 토대 위에서 이루어져야 한다고 생각한다. 이것은 본 연구의 방법론이기도 하다.

필자는 연구가 사회진화론의 틀 안에서 이루어지는 것을 반대하지만 친족의 조직원리를 규명하는 것을 중요한 과제로 삼는다. 그것은 조직원리의 규정력 때문이다. 예를 들어 조선후기에는 부계출계율(父系出系律)에 기반하여 '문중(門中)' 이라 불리는 혈족집단이 형성되었고, 이에 따라 개인은 이미 존재하는 집단의 일원으로 태어났다. 문중은 친족과 직접 관련되는 영역뿐 아니라 정치 · 경제 등 다른 영역에서도 인간관계와 행동방식을 강력하게 규정하였다. 19세기의 정파와 학파, 향촌사회의 질서 등을 규명할 때 어느 문중 소속인지는 반드시 확인해야 할 중요한 요소이다. 그러나 한국사회에서 출계율이 작용하지 않은 시기가 있었다면[46] 혈연은 다른 영역의 인간관계에 별다른 영향을 끼치지 못했을 것이고, 이

46) 본고에서 사용하는 '出系(decent)' 는 인류학의 '父系出系', '母系出系', '二重出系' 처럼 性別에 의거하여 친족관계가 결정되는 원리를 의미한다. 그런데 인류학에서는 性別에 따른 귀속원리가 작용하지 않는 가운데 특정 조상의 일부 후손들이 조상의 재산에 대한 권리를 중심으로 결집하는 '同祖集團(cognatic descent group)' 이라는 개념도 사용하고 있다.(슈스키/컬버트 著 · 李文雄 譯, 1981『人類學概論』, 255~256쪽) 그러나 필자는 '同祖集團' 은 성립의 必然性이 약할 뿐더러, 성별에 따른 귀속원리가 작용하지 않으면서 '同祖集團' 도 성립하지 않았을 경우 귀속원리(출계율)를 상정하기 어렵다고 판단하여, '出系' 의 개념을 '성별에 따른 귀속원리' 로 한정하였다. 따라서 본고에서 '出系律이 존재하지 않았다' 고 하는 것은 '성별에 따른 귀속원리가 작용하지 않았다' 고 하는 것과 같다.

에 따라 사회의 성격도 조선후기와 판이하게 달랐을 것이다.

그런데 대부분의 연구자들은 정도의 차이가 있을 뿐 부계원리를 고려나 조선전기에 적용하는 것을 당연시하였다. 고려시기의 묘지명을 살피면 중국에서 작성된 것과 구별되지 않을 만큼 혈연 기재방식이 비슷하다. 외국인이 이들 자료만 가지고 친족관계를 파악하면 아마 부계단계의 성씨집단을 도출할 것이다. 고려와 조선초기의 호구식(戶口式)도, 비부계의 비중이 대단히 크지만, 부계로 편중되었다. 중국의 친족질서에 근거한 예제가 고려와 조선에 도입되기도 하였다. 이러한 현상들은 다른 혈연계통에 비해 부계를 중시한 근거로 간주될 소지가 있다. 최재석도 이러한 현상에 근거하여 고려사회를 "부계가 우위에 서는 비단계의 사회"로 보고[47] "주의하여야 할 것은 부계의 존재와 부계혈연집단의 존재는 별개라는 것이다"라고 한 적이 있다.[48]

이러한 견해가 옳다면 한국사회에서 부계원리는 유구한 것으로 부계원리로 설명되지 않는 현상들은 비부계에 대한 배려이고 현상의 강약일 뿐 후대와의 격절을 의미하지는 않는다. 과거 한국사회의 인간관계를 규명하는 작업에서 부계여부는 언제나 중요하게 고려할 요소이며, 조선후기 부계친족질서의 강화 현상은 '내재된 질서의 외면화 과정'에 불과한 것이다.[49]

47) 崔在錫, 앞의 책, 359쪽.

48) 위의 책, 287쪽.

49) 鄭勝謨는 同族 結合이 이루어지기 위해서는 數代에 걸친 재생산과정이 선행되어야 한다고 보고, 族結合의 시기를 17세기 이후로 보는 것을 반대하였다.(1989 「향촌지배세력의 형성과 조직화과정」, 단국대 동양학술회의 강연초) 이러한 견해는 同族村이나 門中의 성립 등 조선후기 부계친족질서의 강화현상을 사회에 내재되어 있던 부계

필자는 이러한 견해는 다음과 같은 점에서 문제가 있다고 생각한다. 첫째, 혈연계통을 구별하는 인식방법을 당연시한다는 점이다. 고려나 조선전기에 '부계우위'나 '부계의 존재' 등과 같은 표현을 적용하려면 혈연에 대한 인식관행을 먼저 확인해야 한다.

현실의 친족관계는 사회 성원에게 일정한 통념을 갖게 하는데 이 통념은 '지식'이라기보다 '성향'이나 '태도'에 가까워 오류가 입증될지라도 쉽게 바뀌지 않는다. 유전학의 반대되는 증거들이 '조부모와 외조부모 네 사람'에게 똑같은 혈연관계를 갖는다고 믿는 서구인의 관념을 바꾸지 못하듯[50] '외조모의 외조부'를 '조상(祖上)'에 포함시키지 못하는 조선후기 이래의 인식관행 역시 쉽게 바뀌지 않을 것이다. 따라서 고려나 조선전기에 '부계를 구분하는' 인식관행과, '부계를 중시하는' 정서가 확인되어야 '부계원리의 존재'나 '부계우위'와 같은 표현은 타당성을 가질 수 있다.

둘째, 부계원리를 당연시함으로써 관련된 현상이나 개념을 제대로 실증하지도 않은 채 판단의 근거로 사용한다는 점이다. 현재의 통념으로 말미암은 사실의 곡해는 친족관계를 규명하는 데 핵심 역할을 할 수 있는 솔서혼속(率婿婚俗)에 대한 이해에서도 발생하였다. 박병호는 외친(外親)·처친(妻親)과의 긴밀한 유대를 가능하게 한 궁극의 원인을 솔서혼속에 돌리고, 이 혼속을 일정 기간만 처가에 거주하는 관습으로 파악함

원리가 士族層의 규모 팽창이나 위상 저하 등의 요인으로 말미암아 다른 혈연계통에 대한 배려가 약화되면서 자연스럽게 부각된 결과로 판단하는 입장에 기반하였다고 평가할 수 있다.

50) 슈스키/컬버트 著·李文雄 譯, 1981 앞의 책, 252쪽.

으로써 부계원리의 존재를 당연시하였다.[51] 최재석도 솔서혼속을 '모처(母處) · 부처(父處)거주제'로 보고, 고려로 올라갈수록 자녀들이 장대하도록 처가에 체류함으로써 외친과의 친밀성이 증대되었지만 강한 부계원리로 말미암아 모계혈연집단은 성립하지 못하였다고 하였다.[52]

그러나 정작 무덤의 소재에 집중한 연구는 이루어지지 않았다. 고려나 조선전기에 부계위주의 인식방법이 존재하는 가운데 향후 본가로의 이동을 전제한 솔서혼속이 관행이었다면, 부계남성들의 무덤은 일정한 묘역에 집중되어야 마땅하다. 확인 결과 부계직계친의 무덤 소재가 세대마다 달라지고, 한 묘역에 내리 장인과 사위가 묻히는 현상이 뚜렷하다면 솔서혼속은 반대로 부계원리의 존재를 의심하는 근거가 될 수 있다.[53]

셋째, 중국 친족윤리의 영향을 입은 제도들의 한계를 충분히 고려하지 못하였다는 점이다. 중국의 친족질서는 철저히 남성위주, 부계위주였고 성리학자들에게 이러한 질서는 옳고 그름을 판별하는 도리요, 규범이었다. 중국의 가치관은 이른 시기부터 한국사회의 지배층에게 영향을 끼쳤다. 후대로 갈수록 중국의 친족질서를 긍정하는 지배층이 늘어갔고, 이들에 의해 중국의 친족질서를 수용한 법제들이 성립하였다.

그러나 부계를 구별하여 중시하는 인식관행이 존재하지 않았고, 지배층에서조차 자신들이 성립시킨 법제(예제)와 전혀 다른 삶의 모습을 보인다면, 이러한 제도들은 사회 일반의 통념이나 정서와 배치되는 명분에

51) 朴秉濠, 1962 앞의 논문, 142쪽.
52) 崔在錫, 앞의 책, 93 · 97 · 160쪽.
53) 본서 223~237쪽.

불과했다고 판단할 수 있다. 이들 제도는 후대의 관점에서 친족관계를 연구할 때는 중요한 분석대상이지만 해당시대의 친족관행과는 괴리되는 것이다.

이러한 문제의식 아래 본 연구의 전반부에서는 친족용어를[54] 분석할 것이다. 먼저 고려 · 조선전기의 친족지칭을 조선후기의 친족지칭과 비교하며 분석하여 고려 · 조선전기의 친족관계를 도출할 것이다. 이어 고려 · 조선전기의 혈연을 범주화하는 용어를 살펴 친족지칭 분석에서 도출된 결론과 일치하는지 살필 것이다.

전반부에서 친족용어 분석에 집중하는 것은 이것이 '혈연에 대한 인식관행' 과 직결되는 요소이기 때문이다. 친족용어는 개인의 의지로 선택할 수 있는 것이 아니라 사회성원 전체의 통념에 기반한 약속이므로 특정 시기의 친족용어가 지시하는 대상과 그 체계를 확인하면 그 시기의 혈연의식과 친족관계를 규명할 수 있다. 특히 '부계의식' 은 부계를 다른 혈연계통과 구분하여 인식하는 것을 전제하므로 부계의식이 존재하는 사회에서는 부계와 비부계에 다른 형태의 지칭을 적용하게 된다. 따라서 친족지칭에 부계를 구분하는 기능이 있는지, 부계를 별도로 범주화하는 친족용어가 있는지 여부는 곧 혈연의식을 판단하는 근거가 될 수 있다.

그럼에도 불구하고 한국 학계에서 이 방면의 연구가 활성화되지 못한

---

54) 본고에서 쓰이는 '친족용어' 는 친족관계를 표현하는 모든 어휘를 포괄하는 것으로 '親族語彙' 로도 대체될 수 있다. 인류학에서는 친족용어의 하위체계를 '呼稱(terms of adress)' 과 '指稱(terms of reference)' 으로 구분하지만(李光奎, 1985『文化人類學槪論』修正重版, 247쪽), 본고에서는 '叔姪', '內外從' 등 양자의 관계를 표시하거나 '族', '族兄' 등 혈연관계의 유무를 표시하거나 혈연을 범주화하는 어휘까지 포함한다.

것은 문자체계의 복잡함에 기인한다. 과거의 문자체계는 한문, 이두, 한글로 구성되는데 문자체계마다 원리와 기능이 다를 뿐더러 교섭관계도 복잡하다. 따라서 친족용어를 분석하기 위해서는 국어학 방면의 이해가 필수로 요구되나, 국어학에서는 주로 음운의 변화에 관심이 집중되고 인류학이나 역사학에서는 국어학에 대한 이해가 부족하여 연구가 활성화되지 못하였다.

필자는 한자(漢字)를 빌려 표기할 수밖에 없었던 한국 역사의 특수성을 고려하면서, 고려 · 조선전기와 조선후기의 친족지칭을 분석할 것이다. 나아가 고려 · 조선전기의 지칭원리와 지칭체계를 확인하고 이에 근거하여 조선후기와 대비되는 친족관계의 조직원리와 형태를 도출할 것이다.

본 연구의 후반부에서는 부계원리를 옹호하는 형이상 이론의 확산과 그에 기인한 혈연의식의 변화를 살필 것이다. 조선후기 가족 · 친족관계의 변동은 상속, 부부관계, 부모관, 자녀관, 혼인방식, 거주율 등 총체적인 변동을 수반하였다. 변동과정에서 부계질서를 옹호하는 형이상 이론에 대한 신념이 공공연하게 표출되었다. 필자는 조선후기 변동의 기저에는 이 형이상 이론의 확산과 존숭이 자리하고 있으며, 그 변동은 내면의 정서까지 변화시킨 심중한 것이었다고 판단한다. 형이상 이론으로는 '동기 이론' 의 이해와 확산과정을 살필 것이다. 혈연의식의 변화는 무덤의 위치와 계모관을 통해 확인할 것이다.

친족관계는 사회 기층의 인간관계로 제도나 법제에 앞서 존재하며 삶의 조건과 정서를 결정한다. 따라서 친족관계의 연구는 현상에 주목하든 구조에 주목하든 생동하는 삶의 모습을 드러내고 당시의 정서에 접근할 수 있어야 하며, 이러한 방식의 연구는 그 시대의 인간으로 사고하고 행동하는 것을 궁극의 목표로 삼는 역사학의 큰 장점이기도 하다. 필자는 문제의식을 결여한 실증에 치우치거나, 이론을 앞세워 현상을 성급히 재단하는 것을 피하고 현상의 분석을 집적하여 구조와 원리가 저절로 드러나도록 노력하겠다.

제2장

친족지칭과 친족관계

1. '전통적' 친족지칭과 문자체계
2. 고려 · 조선전기와 조선후기의 친족지칭
3. 고려 · 조선전기의 친족지칭원리와 친족관계

『노걸대』

1. '전통적' 친족지칭과 문자체계

1) '전통적' 친족지칭의 종류와 기능

현재 한국에서 통용되는 친족지칭은 형태나 원리가 다양하다. 예를 들어 '삼촌'과 '작은아버지', '숙부'는 동일한 대상을 가리킨다. '삼촌'은 혈연의 거리를 나타내는 '촌(寸)'에서 유래되었고, '작은아버지'는 고유어이며, '숙부'는 한자어이다. 이 중에서 '숙부'는 공식적이고 '전통적'인 지칭으로 간주된다. '전통적'인 친족지칭은 종류가 많을 뿐더러 부계와 비부계를 구분하는 기능이 탁월하다.

그런데 한자어로 된 '전통적' 친족지칭의 상당수는 중국에서 유래한 것과 형태와 용법이 일치할 뿐더러 중국의 전통 친족조직이자 조선후기 이래 한국의 '전통' 친족조직으로 굳어진 오복친(五服親)의 범위와 구성을 완벽하게 표현한다. '오복친'이란 상복의 형태와 슬픔의 지속 기간을 규정한 오복제(五服制)에 근거하여 성립한 친족조직이다. 상복의 종류는 참최(斬衰), 자최(齊衰), 대공(大功), 소공(小功), 시마(緦麻)의 다섯 등급으로 구분된다. 대개 참최는 3년, 자최는 1년, 대공은 9개월, 소공은 5개월, 시마는 3개월이 애도기간으로 규정되었다.

이러한 다섯 등급의 복제가 적용되는 범위를 '유복친(有服親)' 이라 하고, 그 범위를 넘으면 '친함이 다했다[親盡]' 고 하였다. 각각의 등급에 따라 '기친(期親)', '대공친(大功親)', '소공친(小功親)', '시마친(緦麻親)' 으로 세분되는 유복친은 기쁜 일에 함께 기뻐하고, 슬픈 일에 함께 슬퍼하는 관계로 규정되었다. 유복친의 전체 범위인 오복친조직을 남성인 '나' 를 기준으로 하여 혈족의 계보를 그리고 '전통적' 친족지칭을 기재하면 아래와 같다.

〈도표 1〉 '오복친' 조직의 도표

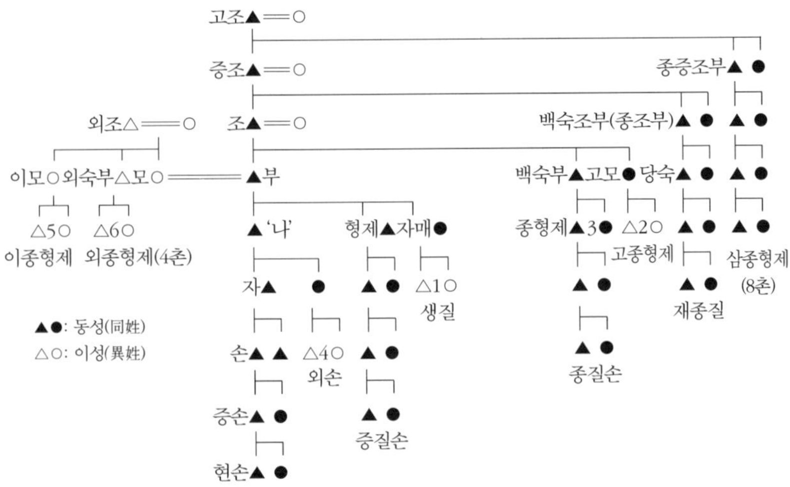

〈도표 1〉에서 보듯 한국의 '전통적' 친족지칭이 표현하는 친족관계는 고조를 공동 조상으로 하는 부계친이 대부분을 차지하는 가운데 일부 비부계친이 포함된 형태이다. 부계는 몇 대를 내려가도 애도의 의무가 적용되는 반면, 비부계는 1~2대에서 그친다. 동항렬 이하로서 복제가 적용되는 비부계친은 자매의 자녀인 '생질(1)' 과 고모 · 이모 · 외숙부의 자녀인 '고종 · 이종 · 외종 형제자매(2 · 5 · 6)', '외손(4)' 뿐이다. 사촌 중에서 '종형제(3)[친사촌]' 는 손자까지 유복친에 포함되나 다른 사촌들은 본인만 해당한다. 게다가 혈연거리가 같더라도 부계여부에 따라 복제의 등급에 현격한 차이가 있다.

〈표 1〉 오복제에 규정된 애도 의무의 혈연계통별 차이

등급	부계[同姓]	비부계[異姓]
기친(1년)	조부, 형제, 백숙부(3촌), 형제	
대공친(9개월)	종형제(4촌)	
소공친(5개월)	당백숙(5촌), 재종형제(6촌)	외조부, 외숙부(3촌)
시마친(3개월)	고조부, 삼종형제(8촌)	내종 · 외종 · 이종형제(4촌)

위 〈표 1〉에 정리된 것처럼 부계인 조부는 1년 동안 애도해야 하는 기친이나 비부계인 외조부는 5개월만 애도하면 되는 소공친이다. 친사촌인 종형제는 대공친인 반면 다른 사촌들은 시마친에 불과하다. 나아가 일정한 혈연거리를 벗어나면 부계에만 복제가 적용되었다. 고조부의 죽음은 슬퍼해야 하지만 고조부와 같은 항렬에 있는 비부계 직계친인 '외조의 외조' 나 '조모의 조부' 의 죽음은 슬퍼할 의무가 없다. 이러한 차별은 대상에 대한 친밀도 나아가 대상에 부여하는 의미의 유무가 부계여부에 의

해 결정되었음을 잘 보여준다.

오복제에 의거한 친족관계는 조선후기의 공식 친족관계였을 뿐더러 근대법으로 수용되어 장기간 지속되었다. 1989년까지 대한민국 민법상의 친족범위는 '부계8촌, 모계4촌' 이었다. 이는 오복제에서 혈연거리가 가장 먼 부계 시마친이 '삼종형제' 로서 촌수로 '8촌' 이고, 비부계는 외조부의 내외손[외종 · 이종형제]과 고모의 자녀[고종형제]로서 촌수로 '4촌' 인 데서 연유한 것이다.

그런데 한국의 '전통적' 친족지칭이 중국에서 유래한 오복친조직을 완벽히 표현할지라도 지칭형태는 중국과 다른 것이 많다. 특히 4촌 이내에서 이러한 경향이 뚜렷하다. 이 범위 내에서 현재 한국에서 통용되는 한자어 지칭과 중국의 지칭을 비교하면 다음과 같다.

〈표 2〉 4촌 이내에 적용되는 한국과 중국의 친족지칭

<table>
<tr><th colspan="2">촌수</th><th>중국</th><th>한국</th><th>관계</th></tr>
<tr><td rowspan="8">삼촌</td><td rowspan="6">존속</td><td>伯父(백부) · 叔父(숙부)</td><td>백부 · 숙부</td><td>아버지의 형제</td></tr>
<tr><td>伯母(백모) · 叔母(숙모)</td><td>백모 · 숙모</td><td>아버지 형제의 처</td></tr>
<tr><td>舅(구)</td><td>외숙부(外叔父)</td><td>어머니의 형제</td></tr>
<tr><td>妗(금)</td><td>외숙모(外叔母)</td><td>어머니 형제의 처</td></tr>
<tr><td>姑(고)</td><td>고모</td><td>아버지의 자매</td></tr>
<tr><td>姨(이)</td><td>이모</td><td>어머니의 자매</td></tr>
<tr><td rowspan="2">비속</td><td>姪(질)</td><td>질(姪)</td><td>형제의 아들</td></tr>
<tr><td>甥(생)</td><td>생질(甥姪)</td><td>자매의 아들</td></tr>
<tr><td colspan="2" rowspan="4">사촌</td><td>從兄弟(종형제)</td><td>종형제[친사촌]</td><td>아버지 형제의 아들</td></tr>
<tr><td>表兄弟(표형제)</td><td>외종형제[외종사촌]</td><td>아버지 자매의 아들</td></tr>
<tr><td>表兄弟(표형제)</td><td>고종형제[고종사촌]</td><td>어머니 형제의 아들</td></tr>
<tr><td>表兄弟(표형제)</td><td>이종형제[이종사촌]</td><td>아버지 자매의 아들</td></tr>
</table>

앞의 〈표 2〉를 보면 한국과 중국의 지칭형태가 부계에서는 일치하지만 비부계에서는 일치하지 않음을 알 수 있다. 부계친인 '백숙부(伯叔父)', '질(姪)', '종형제(從兄弟)'는 양국 간에 일치한다. '고모'도 일치하는 것으로 처리할 수 있다. 반면에 비부계에 적용되는 지칭은 '이모' 외에는 형태가 전혀 다르다. 중국의 '甥(생)'과 '舅(구)'가 한국에서는 '생질(甥姪)'과 '외숙부(外叔父)'이고, 중국의 '表兄弟(표형제)'가 한국에서는 혈연계통에 따라 '외종(外從)형제, 고종(姑從)형제, 이종(姨從)형제'로 구분된다.

그런데 중국과 형태가 다른 지칭들은 중국에서 부계친에 적용되는 지칭에 혈연계통을 표시하는 요소를 덧붙인 형태라는 점에 주목할 수 있다. 한국의 '외숙부(外叔父)'와 그의 처인 '외숙모(外叔母)'는 '숙부', '숙모'에 '외(外)' 자를 붙인 것이다. '외종 · 고종 · 이종형제'도 '종형제(從兄弟)'에 '외(外)', '고(姑)', '이(姨)'를 붙여 혈연계통을 표시한 것이다.

역시 이러한 원리가 적용되는 '생질(甥姪)'은 중국인의 입장에서 보면 납득할 수 없는 지칭이다. 중국에서 '甥(생)'과 '姪(질)'은 각기 자매의 아들과 형제의 아들을 가리킨다. 따라서 '생질(甥姪)'이라고 하면 '甥(생)'과 '姪(질)' 즉, 자매의 아들과 형제의 아들이 되지 자매의 아들만 한정할 수 없다. 그러나 현재 한국에서는 '자매의 아들'이라는 단일한 개념을 갖는다.

이러한 양상은 한국에서 통용되는 '전통적' 친족지칭의 상당수가, 비록 한자어일지라도, 한국 고유의 산물임을 알려준다. 중국과 형태가 다른 지칭들이 비부계에 집중되며, 그것이 중국에서 부계친을 한정하는 지칭에 혈연계통을 표현하는 지칭요소를 덧붙인 형태라는 점은 단일한 지칭으로 부계와 비부계를 포괄하던 시기가 있었음을 짐작케 한다. 그러한 지칭방식을 장기간 유지하다 언제부터인지 혈연계통을 구분할 필요가 생기자 이미 익숙해진 지칭형태에 계통을 표시하는 요소를 덧붙인 결과 중국과 개념은 같지만 형태가 다른 '전통적' 친족지칭이 성립했다고 볼 수 있는 것이다. 이렇게 볼 때, 한자의 자의(字意)나 중국의 용법에 비추어 납득하기 어려운 '이종(姨從)' 이나 '생질(甥姪)' 과 같은 지칭형태의 성립 연원을 설명할 수 있다.

그러므로 한국의 '전통적' 친족지칭은 중국의 오복친조직과 일치하는 친족관계를 반영하는 동시에 과거에 있었던, 오복친조직과 전혀 다른 형태의 친족관계를 반영한다고 판단할 수 있다. 그것은 부계와 비부계가 동등하게 포함되는 형태였을 가능성이 크다. '외숙부' , '생질' , '이종형제' 등의 지칭들은 숙부와 외숙부를 '숙부' 로, 질[친조카]과 생질을 '질' 로, 고종 · 외종 · 이종형제를 '종형제' 로 통칭한 시기가 있었음을 알려준다. 그렇다면 그때의 친족형태는 특정 혈연계통으로 치우치지 않는 방사형, 대칭형이었음을 짐작할 수 있다.

2) 문자체계별 친족지칭

한국의 '전통적' 친족지칭은 오복친으로 표상되는 부계친족조직을 완벽하게 표현하는 한편, 과거에 부계와 비부계를 동일한 지칭으로 포괄한

시기가 있었음을 알려준다. 따라서 숙부와 외숙부가 단지 '숙부'로 통칭되었던 시기와 이것이 '숙부'와 '외숙부'로 분화된 시기를 밝히면 그것은 곧 친족관계의 정형과 변동을 추적하는 작업이 될 수 있다. 다만, 본격적인 분석에 앞서 문자체계별 특징을 살펴 분석에 유효한 것과 불필요한 것을 분리할 필요가 있다.

과거 한국의 문자체계는 중국에서 유래한 한문(漢文), 차자표기(借字表記)인 이두문(吏讀文), 발음까지 드러나는 한글의 3가지로 구성되었다. 이 중 어떠한 문자체계를 선택하느냐에 따라 동일한 대상을 가리킬지라도 표현이 크게 달라졌다. 조부에 대한 지칭을 예로 들면 한문에서는 '祖父'로 쓰고 '조부'라고 읽으며, 이두문에서는 '大父'로 쓰고 '대부' 또는 '한아비(할아비)'라고 읽으며, 한글에서는 '한아비(할아비)'로 쓰고 또 그렇게 읽었다.

이 중 한문은 가장 권위 있는 문자체계였고, 이러한 경향은 후대로 갈수록 더욱 심해졌다. 전왕조의 역사를 정리한 역사서나 현왕조의 시정을 기록한 실록(實錄)은 한결같이 한문으로 기록되었다. 그런데 한문자료는, 비록 한국인이 작성했을지라도, 중국어 자료라고 하는 것이 사실에 가깝다. 이는 번역자가 한 나라의 언어를 다른 나라의 글로 옮기면서 반드시 당면하는 문제가 한문 기록 작성자에게도 적용됨을 의미한다.

한국에서 발생한 사건을 중국의 문어(文語)인 한문으로 기록하면, 사건의 흐름이나 인과관계는 알려주지만, 문장에 쓰인 용어가 한국의 현실을 그대로 반영하는지는 알려주지 않는다. 친족과 관련된 용어라면 더욱 그렇다. 친족용어는 혈연의식에 기반한 친족관계를 표현하므로 친족용어에 관철된 원리를 파악하면 친족관계는 물론 사회의 구조와 성격까지 이해할 수 있다. 그런데 이것이 한문장에 나타나는 것이라면 찬술자가 중국 용어를 빌려 기록하는 과정에서 실제 형태 및 지칭방식이 감추어졌을 가능성을 배제할 수 없다.

이러한 사례는 매우 이른 시기부터 확인된다. 720년에 작성된 「감산사 아미타여래조상기(甘山寺阿彌陀如來造像記)」는 설총(薛聰)이 찬술했다고 여겨지는데 여기에 '망고(亡考)'와 '망비(亡妣)'라는 용어가 등장한다.[1] 중국에서는 사망한 부모를 '考(고)'·'妣(비)'라고 지칭한다. '考妣'는 찬술자의 한문 어휘에 대한 이해수준을 보여주는 것일 수는 있어도 신라에서 생존한 부모와 사망한 부모를 달리 지칭했다는 증거가 될 수는 없다.

그러므로 한문자료에 보이는, 중국에서 유래한 친족용어에 기대어 혈연의식이나 친족관계를 파악하는 연구는 사실과 어긋날 위험이 크다. '외조(外祖)', '외손(外孫)'이나 '본족(本族)'과 같은 용어가 나타난다고 해서 그에 어울리는 부계의식 및 친족집단이 존재했다고 판단하는 견해는[2] 지나치게 성급한 것이다. 오히려 한문장에서도 간혹 확인되는, 어휘의 형태나 용법이 중국과 다른 사례들이야말로 중요한 분석대상이다. 일례로 『고려사』 「오복제도(五服制度)」의[3] 친족지칭을 『신당서(新唐書)』 「오복지제(五服之制)」와[4] 비교해 보자.

1) 『韓國古代金石文』 295쪽 「甘山寺彌勒阿彌陀像造像記」(韓國古代史硏究所 編, 1992).
2) 李鍾旭, 1995 「新羅時代의 血族集團과 相續」 『韓國親族制度硏究』 重版, 20쪽.
咸翰姬, 1997 「한국사학과 인접학문-인류학을 중심으로-」 『한국사시민강좌』 20, 255쪽.
3) 『高麗史』 권64 志18 禮6 凶禮 五服制度.
4) 『新唐書』 권20 禮樂10 凶禮 五服之制.

齋衰周年…正服　爲祖父母 爲**伯叔父及妻** 爲姑 · 姉妹在室(『高麗史』)

齊衰不杖周　正服 爲祖父母 爲**伯叔父**

義服 爲**伯叔母**(『新唐書』)

위의 지칭 중 밑줄 친 것이 비교 대상이다. 『고려사』의 '伯叔父及妻[백숙부 및 처]'는 의미를 전달하는 데 무리가 없다. 그러나 『신당서』에 보이는 것처럼 중국에서는 '伯叔父(백숙부)'의 처를 '伯叔母(백숙모)'라고 지칭하지 '백숙부의 처'라고 하지 않는다. '叔母(숙모)'가 아닌 '숙부(叔父)의 처(妻)'라는 표기형태는 고려의 특수한 사정을 반영한 것일 가능성이 크다.

이렇듯 중국의 지칭형태와 한국의 지칭형태가 다른 경우는 『조선왕조실록(朝鮮王朝實錄)』에서도 확인된다. 가장 뚜렷한 사례로 '숙부(叔父)'와 '숙모(叔母)'를 제시할 수 있다. 『조선왕조실록』에서는 '同姓三寸叔母(동성삼촌숙모)'나 '同姓三寸叔父(동성삼촌숙부)' 처럼 성씨의 같고 다름을 표시한 사례가 있다. 또한 '三寸叔母夫(삼촌숙모부)'의 형태도 다수 발견된다.[5] 중국에서 '叔父(숙부)'는 아버지의 남동생을, '叔母(숙모)'는 그의 처를 뜻하므로 '동성 · 이성'을 부기하거나 '叔母夫[숙모의

5) 『朝鮮王朝實錄』 중 '三寸叔母(叔母夫)'의 용례

기준인물	피칭인물	지칭	출현일자
尹瑄	尹氏	同姓三寸叔母	成宗 16년 9월 16일(甲子)
李礬	權氏	三寸叔母	中宗 7년 11월 21일(辛卯)
王巨乙吾未	李密冲	三寸叔父	太宗 13년 11월 21일(丁酉)
成俊	李師哲	三寸叔父	燕山君 7년 11월 17일(辛卯)
尹三山	河演	五寸叔母夫	世宗 24년 1월 15일(丁丑)
李德崇	尹弼商	三寸叔母夫	成宗 24년 7월 8일(庚子)

남편]' 라고 표현하는 것은 있을 수 없다. 따라서 『조선왕조실록』에 쓰인 '同姓三寸叔父(동성삼촌숙부)' 의 '叔父' 는 삼촌과 외삼촌을 포괄하고, '三寸叔母夫[삼촌숙모의 남편]' 의 '叔母' 는 고모와 이모를 포괄한다. 뒤에 보겠지만 '叔父' 는 고유어 '아자비(아촌아비)' 를 가리키고, '叔母' 는 '아ᄌᆞ미(아촌어미)' 를 가리켰다.[6]

그러므로 한문자료에 형태와 용법이 중국과 일치하는 친족지칭이 쓰였다고 해서 중국과 비슷한 혈연의식과 친족관계를 추론하는 것은 사실과 괴리될 위험이 매우 크다. 한문은 중국의 어휘를 중국의 개념대로 기록한 외국어 기록이라는 한계를 갖는다.

반면에, 한문자료에서 확인되는 중국과 다른 형태나 용법의 지칭들은 일상에서 실제로 통용되었다고 판단된다는 점에서 중요한 분석대상이다. 한문 작성자는 되도록 중국의 고유한 용법에 맞게 한자 어휘를 구사하려고 노력하는 경향을 인정할 수 있다. 특히 산문이나 시와 같은 문학작품에서 이러한 경향이 두드러진다. 그러면서도 중국과 전혀 다른 형태나 용법을 갖는 지칭들이 간혹 확인되는 것은 한문사용층의 문자생활과 언어생활이 괴리되었기 때문이라고 판단할 수 있다.

일례로 김종직(金宗直, 1431~1492)의 저술을 모은 『점필재집(佔畢齋集)』에는 '從兄(종형)', '表兄(표형)' 등 대부분의 지칭들이 중국 용법에 맞게 쓰였다. 그런데 단 한 사례 '郭叔母(곽숙모)' 라는 표현이 보이는데,[7] 이 곽씨 성의 남성과 혼인한 '叔母' 는 중국과 전혀 다른 개념을 갖

6) 본서 73~74쪽.

7) 『佔畢齋集』 詩集 第四 "三月十八日雙山與家人分路而別 家人時往謁郭叔母."

는다. '郭叔母(곽숙모)' 는 김종직 장모의 언니로서 김종직의 처에게는 이모에 해당하는 데도 '叔母[숙모 ; 아ᄌᆞ미]' 라고 하였다.[8] 김종직이 한자 '姨(이)' 의 뜻을 몰랐을 리 없으므로 이 '叔母[아ᄌᆞ미]' 야말로 당시의 일상용어였다고 판단할 수 있다. 따라서 한문에서 확인되는, 중국과 다른 형태나 용법의 지칭들은 친족관계를 규명하는 데 중요하게 이용될 수 있다.

나아가 한문기록일지라도 현실을 그대로 반영하는 데 주력한 문헌자료가 있다. 개인의 일기가 이에 해당하는 가장 두드러진 자료이다. 비록 한문 어순을 따를지라도 '붓을 가져갔다' 를 '持筆去' 로 '아랫집에 내려갔다' 를 '下下家' 라고 하듯 한국어의 표현방식을 그대로 드러낸다. 어휘도 중국 용법에 구애되지 않고 일상에서 사용되는 그대로를 채택하는 경향을 보인다. 따라서 일기에 나타나는 친족지칭도 매우 중요한 분석대상이다.

그런데 한문자료에서 확인되는, 형태가 중국과 전혀 다르거나 형태는 일치하면서도 중국과 용법이 다른 지칭들은 대부분 이두문에서 널리 쓰인 것들이다. 이두자료에서는 오히려 중국 용법과 부합하는 사례를 발견하기 어렵다.

이두문은 한문과 성격이 전혀 다른 표기체계로서 중국 한자를 빌려 고유어를 표현하는 차자표기(借字表記)이다. 한국어 어순을 취할 뿐더러 '爲

8) 김종직 妻母의 언니인 李氏는 郭孟孫과 혼인하였으며 김종직의 딸을 收養하였다.(『佔畢齋集』 詩集 卷11「挽李氏夫人」"夫人故別試郭孟孫妻 乃我妻母之兄也 無子育我長女守殯") 남편의 姓氏에 '叔母' 를 붙여 호칭(지칭)하던 당시의 언어습관으로 미루어 '郭叔母' 는 郭孟孫의 妻로 비정된다.

[~하]', '臥乎隱[는]' 과 같이 한자의 음이나 새김[釋]을 빌려 허사를 발음 그대로 나타낸다. 뿐만 아니라 '主' 가 '님' 이고, '唯只' 이 '오직' 인 것처럼, 실사까지도 고유어 발음대로 읽힌다. 가능한 모든 어휘를 새겨 읽는 향찰(鄕札)은 가장 발달된 단계의 차자표기이다. 친족지칭과 관련하여 차자표기가 갖는 의의는 한자가 비록 중국에서 유래한 표의문자일지라도 중국이 아닌 한국의 어휘를 표기하고자 사용되었다는 점이다. 국어학계의 연구성과를 이용하여 알기 쉽게 설명하면 다음과 같다.[9)]

표의문자인 한자가 한국사회에 처음 소개되었을 때에는 당연히 글자마다 고유어를 일 대 일로 대응시켜야 그 뜻을 이해할 수 있었다. '하늘 천(天)', '땅 지(地)' 처럼 새김[釋]과 한자음을 결합하여 학습하는 방식은 이러한 이언어대응 단계의 유산이다. 그런데 중국 한자의 개념을 정확히 표현하는 한국어가 없을 때 가장 근접한 개념을 지닌 어휘를 대응시킨 결과 양자간에 어의(語義)의 불일치 현상이 발생하였다.

어의의 불일치는 친족지칭에서도 발생하였다. 양국의 친족관계가 다르면 당연히 개념을 표현하는 어휘도 다르다. 이러한 상태에서 한자와 고유어를 일 대 일로 대응시킨 결과 『훈몽자회(訓蒙字會)』에서 '질(姪)' 과

---

9) 이와 관련하여 아래의 논문들이 참고된다.
李基文, 1961『改訂國語史概說』, 民衆書館(1982, 개정판).
______, 1981「吏讀의 起源에 대한 一考察」『震檀學報』52.
______, 1991『國語語彙史研究』, 東亞出版社.
南豊鉉 · 沈在箕, 1976「舊譯仁王經의 口訣研究」『東洋學』6.
南豊鉉, 1975「漢字借用表記法의 發達」『國語學論集』7 · 8합집.
______, 1981「漢字 · 漢文의 수용과 借字表記法의 發達」『한국 고대와 인접 文化의 관계-보고논총 81-1』한국정신문화연구원.

'생(甥)' 의 새김이 모두 '아ᄎᆞ나ᄃᆞᆯ' 인 것처럼,[10] 한자 본연의 자의가 변질되었다.

그런데 중국에서 형제와 자녀의 아들을 구별하여 지칭하는 '姪(질)' 과 '甥(생)' 에 '아ᄎᆞᆫ아ᄃᆞᆯ' 이라는 단일한 새김을 적용한 것이야말로 한국의 친족관계와 직결된 현상이다. '甥(생)' 과 '姪(질)' 을 '아ᄎᆞᆫ아ᄃᆞᆯ' 로 새겨 읽는다는 사실은 양국간의 혈연의식과 그로 말미암은 친족관계의 차이를 알려주기 때문이다. 이두문에 쓰인 '姪' 은 형제의 아들을 가리키는 중국의 '姪(질)' 이 아니라 형제자매의 아들을 통칭하는 한국의 '아ᄎᆞᆫ아ᄃᆞᆯ' 인 것이다.

이두문의 이와 같은 이언어대응 방식은 한국의 상황을 왜곡 없이 표현하고자 하는 의도에 기인한 것이다. 한문으로 기록할 경우 '아ᄎᆞᆫ아ᄃᆞᆯ' 이 혈연계통에 따라 '姪(질)' 이나 '甥(생)' 으로 달리 표기되지만, 거꾸로 이두문에서는 '姪' 자를 쓰든지 '甥' 자를 쓰든지 독자가 '아ᄎᆞᆫ아ᄃᆞᆯ' 로 받아들이게 된다. 따라서 복수의 한자에 단일한 고유어 새김이 적용될 경우, 한문 작문에서는 중국의 개념에 따라 한자를 일일이 구별하여 사용하지만, 이두문에서는 그 중 특정 한자만을 대표로 쓰고 나머지는 버리는 경향이 나타난다. 한문에서는 '아ᄎᆞᆫ아ᄃᆞᆯ' 이 '甥' 과 '姪' 로 구별되어 표기되지만 이두문에서는 '甥' 과 '姪' 중 한 글자가 '아ᄎᆞᆫ아ᄃᆞᆯ' 로 읽히면서 형제자매의 아들을 포괄하는 것이다. 앞으로 살피겠지만, '姪' 이 대표자

---

10) 『訓蒙字會』 上卷 天倫 "姪아ᄎᆞ나ᄃᆞᆯ딜 孫손ᄌᆞ손 甥아ᄎᆞ나ᄃᆞᆯ싱 壻사회셔"
『훈몽자회』를 제외한 다른 자료들에서는 '아ᄎᆞᆫ아ᄃᆞᆯ' 의 형태로 나타나므로(權在善, 1975 「麗代 親族 및 男女 親族員에 對한 考察」『麗代時代의 言語와 文字』, 韓國語文學大系II, 147쪽) 이후 'ᄋᆞᄎᆞᆫ아ᄃᆞᆯ' 로 통일하여 표기하겠다.

가 되어 '異姓三寸姪(이성삼촌질)' 이나 '外三寸姪(외삼촌질)' 과 같은, 중국에서는 있을 수 없는 형태의 지칭이 사용되었다.

이로부터 '叔母[숙모 ; 아즈미]' 가 고모와 이모를 포괄하는 사례가 『조선왕조실록』에 왜 나타나는지 이해할 수 있다. 중국에서 '叔母(숙모)' 는 아버지의 남동생의 처를 한정하는 지칭이었지만 한국에서는 아버지의 형제의 처에게 적용되는 지칭(호칭)인 '아즈미' 가 고모나 이모에게도 적용되었기 때문에 '叔母[아즈미]' 가 대표 지칭이 된 것이다. 중국의 한자 어휘를 한국의 현실에 비추어 이해할 수밖에 없었던 이언어대응 단계에서는 한국사회의 특성에 근거한 변용이 일어날 수밖에 없는 바, '姪[아촌아돌]' 이나 '叔母[아즈미]' 가 바로 이러한 경우에 해당한다.

이처럼 중국에서 분화된 개념이 한국에서 미분화된 경우 특정 한자나 한자 어휘를 대표 글자로 삼은 것으로부터 이두문은 한국의 고유어를 표현하는 문자체계에 해당함을 알 수 있다. 한문과 이두문의 지칭이 형태는 같지만 적용방식이 다를 경우 이두문의 지칭이 실제로 쓰인 것이고, 한문의 지칭은 한국어를 중국어로 번역하는 과정에서 발생한 왜곡이라고 판단할 수 있다. 이두문은 한국사회의 혈연의식 및 그에 기반한 친족관계를 밝혀줄 수 있는 중요한 표기체계이다.

친족 관련 연구에서 이두문이 갖는 또 하나의 장점은 실용성이 강하면서 사용계층의 범위가 한문에 비해 넓다는 점이다. 이두는 한문에 비해 익히기 쉬워 한문 구사력이 미흡한 계층의 의사전달수단이 되었다. 뿐만 아니라 이두는 사회의 실상을 왜곡 없이 드러내므로, 민간의 생활과 밀접히 관련되는, 말단 행정이나 소송과 같은 분야에서는 한문보다 실용성이 높았다. 그렇기에 상급지배층이 한문 실력을 자랑할지라도 조선후기에 이르기까지 분재문서나 소송문서 등 일상생활과 직결되는 문서들은 대개 이두문으로 작성되고, 서리층은 이두전문 사용층으로서의 독특한 정체성을 지녔던 것이다.[11] 이러한 점에서도 이두자료에 나타나는 친족지칭은 한문자료에 나타나는 것보다 사회 전반에 적용되는 보편성을 인정할 수 있다.

그런데 이두문도 문제점이 있으니 이는 조선후기로 갈수록 심각해진다. 위에서 밝혔듯이 이두문은 한자를 빌려 고유어휘를 표현하는, 석독(釋讀) 전통에 기반한 표기체계이다. 그러나 이 석독 전통은 점차 약화되어 마침내 조사만 한국말로 읽고 실사(實辭)는 음독하게 되는데 한문 어휘가 이두문의 실사(實辭)로 대거 채택되어 흡사 한문의 어휘를 한국어 어순대로 배열하면서 이두토만 붙인 것과 같은 문장이 된다. 따라서 이두문에서도 실제 쓰임과 부합하지 않는 친족지칭이 나타날 가능성을 배제할 수 없다.

한글은 이러한 문제점을 보완해 줄 수 있는 표기체계이다. 한글은 이두문이 화석화한 시점에 일상생활에서 통용된 지칭을 발음까지 그대로 드러낸다. 따라서 한문어휘의 간섭으로 말미암아 이두문이 실상을 제대로 반영하지 못할 우려를 한글문헌에 쓰인 지칭과 비교함으로써 해소할 수 있다.

한글문헌에서 현재의 고모와 이모를 '아ᄌᆞ미' 나 '숙모' 로 표기한 것이 확인된다면, 이두문에 쓰인 '叔母[아ᄌᆞ미]' 는 고모와 이모를 뜻한다고

11) 남풍현, 1996「언어와 문자」『조선시대생활사』, 19~31쪽.

확신할 수 있다. 반면에 '고모', '이모'로 표기한 것이 확인된다면 그 시기에 작성된 이두자료의 '叔母(숙모)'는 작은어머니를 가리킨다고 판단할 수 있다. 한글은 이두문에 쓰인 지칭의 구어 발음을 확인해 주는 동시에 그것이 일상에서 통용되었는지 판단할 수 있게 한다.

본 연구의 목적이 고려 · 조선전기 친족관계의 정형을 확인하고 조선후기의 변동을 규명하는 것이므로 이두자료에 쓰인 친족용어가 핵심 분석대상이 된다. 한문자료에 쓰였으면서 중국과 용법이 다른 것들도 이에 못지않은 중요성을 지닌다. 한글자료의 지칭은 조선전기 이두문의 지칭이 당시에 실제 통용된 것인지, 조선후기에 한국의 친족용어가 어떻게 변했는지를 알려줄 것이다.

2. 고려 · 조선전기와 조선후기의 친족지칭

1) 분석대상 자료

친족지칭을 분석하는 작업에서 이용할 자료 중 이두문으로 작성된 것은 『대명률직해(大明律直解)』와 법률행위를 담고 있는 고문서를 분석대상으로 채택하였다. 한문자료는 『경국대전(經國大典)』, 『고려사(高麗史)』, 『조선왕조실록』과 『묵재일기(墨齋日記)』, 『미암일기(眉巖日記)』를 채택하였다. 한글자료는 『노걸대(老乞大)』 류(類)의 외국어 회화서 및 중국어 사전인 『방언류석(方言類釋)』을 채택하였다. 이들 자료의 효용성을 소개하면 다음과 같다.

조선초기에 편찬된 『대명률직해』는 친족관계를 규명하는데 매우 큰 장점을 지니고 있다. 첫째로 이 책이 법률서라는 점을 지적할 수 있다. 법조문에서는 대개 부화한 수식이 배제되면서 관계를 가장 정확하게 드러내는 지칭이 채택되는 경향을 인정할 수 있다. 그리고 법조문은, 특히 상속이나 형법과 관련된 부분에서, 전체 사회성원에게 적용되므로 법조문 중의 친족지칭은 사회 전체에 통용된 것일 가능성이 크다. 『대명률직해』에 쓰인 친족지칭은 약칭이나 모호한 형태를 배제하고 관계를 가장 정확히 표현하는 공식성을 지니면서도, 전체 사회성원이 이해하는 보편성을 지녔다고 볼 수 있다.

이 자료가 갖는 두 번째 장점은 매우 이른 시기에 편찬되어, 적어도 14세기 이래의 정형을 보존하고 있다는 점이다. 현존하는 『대명률직해』는 조선건국 직후인 1395년의 초간본이므로[12] 여기에 기재된 친족지칭은 14세기 후반에 실제로 통용되었음은 물론 그보다 오랜 연원을 갖는다고 판단할 수 있다.

『대명률직해』의 세 번째 장점은 한문 원문에 이두문 대역(對譯)을 부기한 방식의 번역서라는 점이다. 중국 법전인 『대명률』을 건국초의 조선 사회에 적용하려는 의도에서 실무자가 이해하기 쉽도록 이두문으로 번역하여 이러한 체제가 되었다. 그런데 단순히 어순을 바꾸고 이두토만 단 것이 아니라 한문 원문을 '반복하여 상세히 탐구하고[詳究反覆] 글자를 따라 직해[逐字直解]' 하여 실사까지도 바꾸었다.[13] 따라서 『대명률직해』 번역문의 친족지칭도 당시 익숙하게 통용되거나 법을 운용하는 관리들이 쉽게 이해할 수 있는 형태로 번역되었다고 판단할 수 있다. 따라서 일상에서 쓰인 친족지칭을 확인할 수 있을 뿐더러 원문과 번역문의 지칭을

12) 鄭肯植 · 趙志晩, 2001 「大明律 解題」『奎章閣資料叢書法典篇 大明律直解』, 26쪽.

13) 『大明律直解』 識 "政丞平壤伯趙浚 乃命檢校中樞院高士褧 與予 囑其事 某等 詳究反復 逐字直解 於虗予二人 草刱於前 三峰鄭先生道傳 工曹典書唐誠 潤色於後 豈非切磋琢磨之謂也."

비교함으로써 중국과 대비되는 고유한 특징을 도출할 수 있다.

『대명률직해』는 이러한 장점을 지닌 반면, 번역에 통일성이 부족하다는 문제점이 있다. '반복하여 상세히 탐구하고 글자를 따라 직해' 하는 지침 아래 여러 사람이 나누어 번역함으로써, 담당자의 취향이나 의도 등의 차이에 따라 원문에서 반복된 동일한 지칭을 번역문에 그대로 쓰거나, 다른 형태의 지칭으로 바꾸거나, 풀어서 설명하는 등 번역형태가 일정하지 않다.[14] 따라서 동일한 원문지칭의 각기 다른 번역형태 중에서 일상에서 통용된 지칭을 선별하는 작업이 필요하다. 이러한 점에서 『경국대전』 오복조(五服條)와 상피조(相避條)에 기재된 친족지칭은 중요한 분석 대상이다.

『경국대전』은 편찬시기가 『대명률직해』와 비슷할 뿐더러 조선의 기본 법전으로서 온전히 한국사회에 적용하기 위하여 편찬되었다. 따라서 두 법전의 지칭형태가 일치할 경우 실제로 통용되었다고 확신할 수 있고, 『대명률직해』 원문에 반복하여 출현하는 지칭의 번역형태가 각기 다를 경우 『경국대전』과 일치하는 것을 정형으로 판단할 수 있다. 『대명률직해』와 『경국대전』의 지칭을 종합하여 분석하면 14~15세기의 친족관계를 반영하는 친족지칭을 규명할 수 있다.

그리고 법률행위를 담고 있는 이두문 고문서의 지칭들은 『대명률직해』와 『경국대전』의 지칭이 관부뿐만 아니라 민간에서도 통용되었는지 확인해주는 역할을 할 것이다. 본고에서는 주로 분재문서에 나타나는 친족지칭을 분석할 것인데 이로부터 16세기 이전의 정형뿐 아니라 이후 변

14) 朴秉濠, 1992 앞의 논문, 4쪽.

동하는 모습까지 추적할 수 있을 것이다.

다음으로 사서(史書)인 『고려사』와 『조선왕조실록』, 개인의 일기인 『묵재일기』와 『미암일기』를 분석자료로 선정하였다. 『고려사』에서 중요한 부분은 고려시기의 자료를 편찬자가 수정 없이 그대로 전재했다고 판단되는 부분이다. 이 부분의 친족지칭은 사건이 발생한 시점까지 소급할 수 있으므로, 친족지칭이 기재되어 있는 고려시기 이두자료가 거의 전하지 않는 취약점을 보완할 수 있다.

『조선왕조실록』의 중요성은 『고려사』와는 다른 측면에서 제시할 수 있다. 이 자료의 작성자는 당대 최고의 지식층이었으며 기사의 내용을 제공한 인물들도 대부분 양반관료로서 중국의 친족조직과 친족용어에 해박한 한문사용층이었다.[15] 그러므로 『조선왕조실록』에 차자표기 방식의 지칭이나 중국지칭의 변용사례가 나타난다면 그것은 그들이 일상에서 늘 사용하여 습관화된 것들이라고 판단할 수 있다. 실록에서 '고(姑)'와 '叔母[아ᄌᆞ미]'가 동일한 대상을 지칭하면 '叔母[아ᄌᆞ미]'에 비중을 둘 수 있고, '叔母[아ᄌᆞ미]'의 출현이 '고(姑)'보다 잦으면 '叔母[아ᄌᆞ미]'에 보편성을 부여할 수 있다.

이러한 점에서 유희춘(柳希春, 1513~1577)의 『미암일기』와 이문건(李文楗, 1494~1567)의 『묵재일기』도 『조선왕조실록』과 동일한 가치를 지

15) 歷史學에서 신분계층을 표현하는 용어는 經濟力, 政治基盤, 學問性向 등을 고려하여 만들어졌으므로 시기별로 다르고 같은 시기라도 성격별로 다르다. 본고에서는 14~16세기에 한문해득력이 높은 계층에서 固有指稱(吏讀, 한글)을 사용하거나 부계를 한정하는 中國指稱을 모든 혈연계통에 적용하는 현상에 주목하였다. 따라서 시기나 성격과 관계없이 '한문을 능숙하게 구사하고 중국의 친족용어에 해박한 계층'이라는 개념의 용어가 필요하기에 '漢文使用層'이라는 표현을 사용하였다.

닌다. 당대의 유학자이자 고위관리였던 그들이[16] 16세기 중후반에 기록한 일기에는 친족과의 교류사실이 빈번하게 기재되어 다양한 친족용어가 여러 곳에서 반복된다. 여기에 기재된 친족용어가 대부분 『대명률직해』나 『경국대전』과 일치한다면 그들은 중국의 친족지칭에 해박할지라도 일상의 문서생활이나 언어생활에서는 거의 사용하지 않았다고 확신할 수 있다. 『조선왕조실록』과 더불어 『묵재일기』와 『미암일기』는 한문사용층이 일상에서 익숙하게 사용한 친족지칭을 확인해 줄 것이다.

한편, 이들 일기에서 형태와 용법이 중국과 일치하는 사례가 발견된다면 『조선왕조실록』과 달리 큰 의미를 부여할 수 있다. 『조선왕조실록』에 기재된 '고(姑)'나 '이(姨)'는 당대의 한문사용층이 시나 산문을 지을 때 드러내는 경향처럼 일부러 의도한 결과일 수 있다. 그러나 이러한 부담감을 갖지 않아도 되는 일기에서 '고(姑)'나 '이(姨)'가 나타난다면 그것은 작성자가 일상에서 익숙하게 사용한 것일 가능성이 높다.

이러한 점은 현재 한국에서 통용되는 친족지칭에 비추어도 이해할 수 있다. 대부분의 친족지칭이 한자어휘로 이루어져 있고, 이 중 상당수는 중국에서 유래한 것들과 형태와 용법이 일치한다. 형태가 다를지라도 중국 친족지칭이 담고 있는 개념과 거의 일치한다. 현재 한국사회는 중국 친족조직의 전형이라고 할 수 있는 오복친조직을 완벽하게 표현하는 지칭을 갖추고 있다.

---

16) 宋宰鏞, 1996 「《眉巖日記》 硏究」, 단국대 박사학위논문.
金景淑, 2000 「16세기 사대부 집안의 제사설행과 그 성격 - 이문건의 『默齋日記』를 중심으로 -」 『韓國學報』 98.

한국의 친족지칭이 이와 같은 형태와 체계를 갖추게 되기까지는 중국의 친족조직과 친족지칭에 해박한 계층에서 시작된 변화가 전 사회에 파급되는 과정을 거쳤다고 추론할 수 있다. 따라서 한문사용층에서 기존 지칭들을 중국과 일치하는 방향으로 대체하는 경향이 확인된다면 그것은 이후 사회 전체가 나아갈 방향과 관련하여 매우 중요한 의미를 지닌다. 16세기에 작성된 『묵재일기』와 『미암일기』는 이러한 변화의 단초를 확인할 수 있는 좋은 자료이다.

다음으로 한글자료인 『노걸대(老乞大)』 류를 살피면 『대명률직해』의 번역서라는 장점이 여기에도 그대로 적용된다. 『노걸대』는 고려 무역상이 중국 상인과 동행하여 북경에 가서 물품을 매매하는 내용의 중국어 회화서이고, 이 책의 중국어 원문에 한글번역을 부기한 것이 『번역노걸대(飜譯老乞大)』, 『노걸대언해(老乞大諺解)』, 『중간노걸대언해(重刊老乞大諺解)』 등의 언해본이다. 따라서 여기에서도 번역문과 원문의 지칭을 비교하여 중국과 대비되는 고유한 특징을 규명할 수 있다. 나아가 한글표기라는 점은 이두문의 지칭이 일상에서 어떻게 발음되었는지를 알려줄 뿐더러, 16세기 전반에 처음 번역되었으므로 『대명률직해』에 쓰인 친족지칭의 실제사용 및 지속여부를 확인할 수 있다. 『대명률직해』와 『번역노걸대』의 지칭방식이 일치한다면 친족지칭에는 별다른 변화가 없었다고 판단할 수 있으며, 이는 친족관계에 대한 판단으로 이어질 것이다.

뿐만 아니라 『대명률직해』가 갖지 못하는 장점이 있으니 그것은 이 책이 구어체 문장을 담고 있다는 점이다. 『대명률직해』는 법률서이므로 여기에 쓰인 용어는 형식이 엄격할 뿐더러 쉽게 변치 않는 문어로서의 성격이 강하다. 그러나 『노걸대』 류는 일상생활의 구어를 표기하므로 그간 의 변화를 반영하여 수차에 걸쳐 다시 간행되었다. 따라서 『노걸대』 류는 한 시기의 정형을 보일 뿐더러 조선후기에 이르는 변화양상까지 확인해 준다.

또한 이 책은 몽골어와 만주어 회화서로도 편찬되었다. 중국어 『노걸대』에 비해 친족지칭 부분이 많이 생략되었지만 실린 부분은 내용이 거의 일치한다. 현재 18세기 후반에 간행된 『청어노걸대(淸語老乞大)』와 『몽어노걸대(蒙語老乞大)』가 전하여 중국어 『노걸대』와 비교할 수 있다. 중국어 『노걸대』는 초간본인 『번역노걸대』에 구애되어, 시대에 뒤졌지만 아직 완전히 소멸하지 않은 것들을 유지함으로써 변화를 제대로 반영하지 못했을 가능성이 있다. 그러나 『청어노걸대』와 『몽어노걸대』는 18세기 후반에 처음 간행되었으므로 모본에 구애받지 않고 당시에 보편적으로 통용된 지칭을 채택함으로써 중국어 번역보다 변화를 적극 반영할 가능성이 크다. 앞으로 살피겠지만, 이 책의 친족지칭은 현재 통용되는 것과 직결된다. 중국어 『노걸대』 류와 『몽어노걸대』, 『청어노걸대』를 분석하면 지칭의 지속여부 및 변화양상을 추적할 수 있다.

그리고 중국어사전인 『방언류석(方言類釋)』은 18세기 후반에 통용된 친족지칭을 폭넓게 확인하는 역할을 할 것이다. 1778년에 편집된 이 책에는 '친속류' 라는 항목 아래 다수의 중국지칭을 기재하고 한글 새김[釋]을 달아 놓았다. 따라서 『노걸대』 류에서 확인한 변동이 실제와 얼마나 부합하는지 살필 수 있다.

2) 법률서의 친족지칭

(1) 『대명률직해』의 친족지칭

① 부계직계친과 형제자매의 지칭

『대명률직해』의 원문과 번역문에서 부계직계친과 형제자매에게 적용된 지칭형태를 비교하면 다음과 같다.[17)]

〈표 3〉 『대명률직해』의 부계직계친과 형제자매의 지칭

<table>
<tr><th>대명률</th><th>직해</th><th>출현횟수</th><th>중추원본 쪽수</th></tr>
<tr><td>高祖(고조)</td><td>高祖(고조)</td><td>1</td><td>99</td></tr>
<tr><td>曾祖(증조)</td><td>曾祖(증조)</td><td>1</td><td>99</td></tr>
<tr><td>祖父母(조부모)</td><td>祖父母(조부모)</td><td>다수</td><td></td></tr>
<tr><td>父母(부모)</td><td>父母(부모)</td><td>다수</td><td></td></tr>
<tr><td>曾孫(증손)</td><td>曾孫(증손)</td><td>1</td><td>99</td></tr>
<tr><td>玄孫(현손)</td><td>玄孫(현손)</td><td>1</td><td>99</td></tr>
<tr><td rowspan="5">兄姊(형 · 자)</td><td>兄果 長妹(형과 장매 ; 형과 맏누이)</td><td>2</td><td>24, 205</td></tr>
<tr><td>兄果 姊(형과 자)</td><td>1</td><td>448</td></tr>
<tr><td>兄(형)</td><td>1</td><td>202</td></tr>
<tr><td>兄姊(형 · 자)</td><td>1</td><td>217</td></tr>
<tr><td>姊妹(자매)</td><td>1</td><td>286</td></tr>
<tr><td>兄弟(형제)</td><td>兄弟(형제)</td><td>다수</td><td></td></tr>
<tr><td>姊妹(자매)</td><td>姊妹(자매)</td><td>2</td><td>209, 386</td></tr>
<tr><td>兄弟姊妹(형제자매)</td><td>兄弟姊妹(형제자매)</td><td>1</td><td>38</td></tr>
</table>

17) 본서에서는 1936년에 중추원조사과에서 편찬한 『校訂大明律直解』에 기준하여 친족지칭을 분석할 것이다.(이하 '중추원본' 으로 약칭함) 친족지칭비교표에는 卷次와 條文을 밝히지 않고 『교정대명률직해』의 쪽수만 표시한다.

위 〈표 3〉을 보면 원문과 번역문의 지칭형태가 거의 일치하는 것을 볼 수 있다. 위로 고조(高祖)에 이르고, 아래로 현손(玄孫)에 이르는 이들 지칭은 현재에도 명확한 의미를 지니고 통용된다. 이 부분만 보면 부계직계친은 중국에서 유래한 지칭이 본래의 개념대로 사용되었다고 판단하기 쉽다.

그런데 원문에서 6회 출현하는 '兄姊(형·자)'가 이두문에서 '兄(형)과 長妹(장매)', '兄(형)과 姊(자)', '兄(형)', '兄姊(형자)', '姊妹(자매)'의 5가지 형태로 번역된 것을 볼 수 있다. 이 중에서 '兄(형)과 長妹(장매)'가 가장 주목된다. 원문의 '兄姊(형·자)'는 형제자매 중에 연장자인 남성[兄]과 여성[姊]을 뜻한다. 지금 한국에서도 그렇게 쓰인다. 그런데 원문의 '姊(자)'가 이두번역문에서 '長妹(장매)'로 바뀌었다. 중국과 현재 한국에서 '妹(매)'는 여동생을 뜻한다. 그럼에도 불구하고 '자(姊)'를 '長妹(장매)'로 번역한 것에서 15세기 이두문에 사용된 '妹(매)'는 중국과 다른 개념을 지녔음을 짐작할 수 있다.

그리고 『훈몽자회』는 이두문에 쓰인 '妹[매 ; 누이]'의 개념과 이것이 표현하는 고유어 지칭을 알려준다. 『훈몽자회』에서는 '姊'와 '妹'를 '몯누의[맏누이]'와 '아ᄋᆞ누의[아우누이]'로 새겨[18] '누이'라는 단일한 지칭을 대입하였다. 따라서 『대명률직해』에서 원문의 '姊(자)'를 '長妹[장매 ; 맏누이]'라고 번역한 것은 '妹'로 '누이'를 표현하고 '장(長)'자를 부기하여 연장자임을 표시한 것임을 알 수 있다. 한문에 쓰인 '妹(매)'는

18) 『訓蒙字會』 上卷 人倫.

여동생을 한정하지만 이두문에 쓰인 '妹[매 ; 누이]' 는 당시의 고유어 지칭을 반영하기에 누나일 수도 여동생일 수도 있는 것이다. 이처럼 중국의 '姉' 와 '妹' 를 단일한 지칭으로 포괄하는 한국의 언어 습관은 지금까지 일부 유지되고 있다. 누나의 남편을 '매형(妹兄)' 이나 '매부(妹夫)' 라고 지칭해도 무방한 것이 이에 해당한다.

'兄姉(형 · 자)' 를 '兄(형)' 으로 번역한 것도 조선전기의 고유한 지칭 방식을 반영한 결과라고 볼 수 있다. 중국에서 '兄弟(형제)' 와 '姉妹(자매)' 는 피칭자의 성별이 기준이 된다. 형제자매끼리 서로를 지칭할 때 상대방이 남성이면 '兄弟(형제)' 라 하고 여성이면 '姉妹(자매)' 라 할 뿐 지칭자의 성별에 따라 피칭자의 지칭형태가 달라지지는 않는다. 반면에 한국에서는 지칭자가 남성이면 중국의 '姉妹(자매)' 는 '누이' 가 되고, 지칭자가 여성이면 중국의 '兄弟(형제)' 는 '오라비' 가 된다. 중국의 한자는 '오라비' 를 표현할 수 없기에 한국에서는 '娚[남 ; 오라비]' 자를 만들어서 문제를 해결하였다.[19] 중국의 '兄弟姉妹(형제자매)' 가 한국의 이두문에서는 '娚妹[남매 ; 오랍누이]' 가 되는 것이다.

그리고 '형' 과 '제[弟 ; 아우]' 는 지칭자와 피칭자의 성별이 같을 때 사용되었다. 중국에서 '兄弟(형제)' 가 지시하는 대상은 반드시 남성이지만 조선전기에는 '형' 과 '아우' 로 풀이되면서 지칭자가 여성이면 그녀의 언니나 여동생을 가리키고 남성이면 그의 형이나 남동생을 가리켰다.[20]

19) '娚' 자는 700년대 후반에 작성된 신라의 금석문부터 확인된다.(『譯註韓國古代金石文』 III 276쪽 「葛項寺石塔記」 "娚姉妹三人 業以成在之 娚者 零妙寺言寂法師在旀")
20) 趙恒範, 1996 『國語親族語彙의 通時的 硏究』, 260~264쪽.

현재 한국에서 여성이 언니나 여동생의 배우자를 '형부(兄夫)' 나 '제부(弟夫)' 라고 하는 것은 이와 같은 용법의 흔적이다.

따라서『대명률직해』원문의 '兄姊(형 · 자)' 를 '兄(형)' 으로 풀이한 사례는 번역자가 지칭자와 피칭자의 성별을 단일하게 상정한 결과임을 짐작할 수 있다. 고유어를 반영하는 이두문에서 '兄(형)' 과 '弟[제 ; 아우]' 는 같은 성별 사이에 적용되는 지칭이었으므로 지칭자와 피칭자의 성별을 단일하다고 보고 원문의 '兄姊(형 · 자)' 를 '兄(형)' 으로 번역한 것이다. 번역문의 '兄(형)과 長妹[장매 ; 맏누이]' 는 기준인을 남성으로 한정했을 때의 지칭이고, '兄(형)' 은 지칭자와 피칭자의 성별을 단일하게 상정했을 때의 지칭으로 모두 여말선초의 구어를 반영한다.

② 부친의 형제자매와 그 배우자의 지칭

『대명률직해』에서 부계직계친과 형제자매의 지칭을 살펴 원문의 '兄姊(형 · 자)' 가 당시의 언어 습관을 반영하여 다른 형태로 번역되었을 뿐 대부분 원문과 번역문의 지칭형태가 일치함을 확인하였다. 그러나 이 범위를 넘는 친족의 지칭을 살피면 원문과 번역문의 불일치가 매우 심한 것을 볼 수 있다. 아버지의 형제자매와 그 배우자의 지칭부터 정리하면 〈표 4〉와 같다.

부친의 형제자매와 그 배우자의 지칭은 일치하는 것보다 일치하지 않는 것이 더 많다. 원문의 '伯叔父母(백숙부모)' 가 번역문에 그대로 쓰인 경우도 많지만 두 사례는 '아버지의 형제인 백숙부와 백숙의 처[伯叔妻]인 어미[母]' , '아비의 형제와 처' 로 뜻풀이하듯 번역하였다. 또 '3촌(三

〈표 4〉『대명률직해』의 부친의 형제자매와 그 배우자의 지칭

대명률	직해	출현횟수	중추원본 쪽수
伯叔父母(백숙부모)	父矣 兄弟在 伯叔父果 伯叔妻在 母[아버지의 형제인 백숙부와 백숙처인 어미]	1	24
	父矣 兄弟果 妻 [아비의 형제와 처]	1	38
	伯叔父母(백숙부모)	4	103, 202, 205, 217
	三寸伯叔父母(삼촌백숙부모)	2	467, 480
伯叔父(백숙부)	伯叔父(백숙부)	1	386
伯叔(백숙)	伯叔(백숙)	3	167, 286, 448
	三寸伯叔父(삼촌백숙부)	1	467
伯叔母(백숙모)	伯叔父矣 妻[백숙부의 처]	1	209
	同姓三寸叔妻(동성삼촌숙처)	1	543
姑(고)	父矣 同生妹在 姑 [아버지의 동생매인 고]	1	24
	父矣 同生妹 [아버지의 동생매]	1	38
	父矣 姉妹 [아버지의 자매]	5	206, 465, 467, 468, 480
	姑姨(고 · 이)	1	202
	姑(고)	1	217
	叔母[숙모 ; 아자미]	2	209, 286
	三寸叔母[삼촌숙모 ; 삼촌아자미]	1	543
	三寸少爲母[삼촌아촌어미]	1	208
	同姓三寸少爲母[동성삼촌아촌어미]	1	208
姑夫(고부)	父矣 同生姉妹之夫 [아버지의 동생자매의 부]	1	39

寸)'을 부기하여 '삼촌백숙부모'로 번역하였다. 이러한 번역은 중국에서 유래된 '백숙부모(伯叔父母)'가 아직 일상생활에 뿌리내리지 못한 단계였음을 시사한다.

'伯叔母(백숙모)'는 원문과 번역문의 차이가 더욱 뚜렷하다. 현재 한

국에서 '백모 · 숙모' 는 중국과 같은 개념을 지니고 보편적으로 통용된다. 이 지칭은 뜻풀이하듯 설명할 필요가 없다. 그러나 『대명률직해』에서는 '백숙부의 처' 와 '동성삼촌숙의 처[同姓三寸叔妻]' 로 번역하였다. '伯叔母(백숙모)' 를 이렇게 번역한 것은 '伯叔母(백숙모)' 가 통용되지 않았거나 중국과 다른 개념으로 쓰였기 때문임을 짐작할 수 있다. '伯叔母(백숙모)' 가 번역문에 다른 형태로 기록된 이유는 '姑(고)' 의 번역을 살피면 알 수 있다.

고모를 뜻하는 '姑(고)' 는 원문에 모두 14차례 쓰였다. 이토록 자주 쓰인 '姑(고)' 를 이두문에서 같은 형태로 번역한 것은 단 한 사례에 불과하다. '아버지의 동생매(同生妹)인 고(姑)' 와 '아버지의 동생매(同生妹)', '아버지의 자매(姊妹)' 처럼 의미를 풀이한 것이 7사례이다. 나머지는 '叔母[숙모 ; 아즈미]', '三寸少爲母[삼촌아춘어미]' 등 다른 형태의 지칭을 대입하였다.

원문의 '姑(고)' 를 뜻풀이하듯 번역한 것은 이두문에서 이 글자가 고모를 뜻하는 글자로 쓰이지 않았기 때문임을 짐작할 수 있다. 지금 한국에서 통용되는 '고모(姑母)' 가 아직 성립하지 않아 원문의 '姑(고)' 를 번역문에 그대로 옮기지 못했던 것이다. 그리고 '姑(고)' 의 또 다른 번역형태인 '叔母[숙모 ; 아즈미]' 는 지금의 '고모' 에 해당하는 고려와 조선전기의 보편적인 지칭형태를 알려준다. 지금은 '고모(姑母)' 와 '숙모(叔母)' 의 지칭형태와 개념이 중국과 일치하지만 당시 이두문에서는 고모를 '叔母[숙모 ; 아즈미]' 로 표기했기 때문에 원문의 '伯叔母(백숙모)' 를 번역문에 그대로 쓰면 읽는 사람은 이것을 고모의 뜻으로 잘못 이해하였다.

이에 원문의 '伯叔母(백숙모)' 는 '백숙부(伯叔父)의 처' 로 번역하고, '姑(고)' 를 '叔母[숙모 ; 아즈미]' 로 번역한 것이다.

이처럼『대명률직해』에서는 고모를 뜻하는 보편적 지칭형태가 '叔母[숙모 ; 아즈미]' 였음이 분명히 확인된다. 나아가 원문의 '姑(고)' 가 이두 번역문에 '三寸少爲母[삼촌아춘어미]' 나 '同姓三寸少爲母[동성삼촌아춘어미]' 로도 기재된 것을 보면 여말선초에는 지금의 고모를 가리키는 이두문의 표기형태에 '叔母[숙모 ; 아즈미]' 와 '少爲母[아춘어미]' 의 두 가지가 있었음을 알 수 있다. '少爲母[아춘어미]' 는 중국에는 없는 지칭형태라는 점에서 이것이 '叔母[아즈미]' 보다 앞선 단계의 차자표기임을 짐작할 수 있다.

'少爲母' 는 고유어 '아춘어미' 를 표현하는 것으로 차자표기 방식에 충실한 표기형태이다. '아춘어미' 를 의미소별로 분해하면 '앚' 과 'ᄒᆞᆫ' 과 '어미' 로 나뉜다. '앚' 은 적다는 뜻이고 'ᄒᆞᆫ' 은 '~한' 에 해당한다. '어미' 는 지금의 어머니이다. 각각의 의미소에 해당하는 개념을 한자에서 찾으면 '少[앚]', '爲[ᄒᆞᆫ]', '母[어미]' 가 된다. 이 세 글자가 합쳐져서 '아춘어미' 를 표현한 것이다.[21] 따라서『대명률직해』에 기재된 '少爲母' 는 '소위모' 가 아니라 '아춘어미' 로 읽혔음을 알 수 있다.

그렇다면 고모를 뜻하는 '叔母' 도 '숙모' 가 아닌 '아춘어미(아즈미)' 로 읽혔을 가능성이 있다.[22] '少爲母' 는 고유어의 의미소에 각각의 한자

21) 李基文, 1983「'아자비' 와 '아즈미'」『國語學』12, 10~11쪽.

22)『훈몽자회』에서 '姑(고)' 를 '아즈미' 로 새긴 것도 이두문에 쓰인 '叔母' 의 독음이 '아즈미' 였음을 알려준다.

를 대입시킨 차자표기이다. 반면에 이두번역문에 쓰인 '叔母'는 중국에서 '叔母'를 빌리되 한국의 개념으로 변질시킨 차자표기이다. '少爲母[아촌어미]'는 중국의 글자를 빌리고, '叔母[숙모 ; 아즈미]'는 중국의 어휘를 빌렸다는 점에서 차이가 있지만 한국의 개념을 표현하는 차자표기라는 점에서 동일하다.

이처럼 『대명률직해』는 '叔母'와 '少爲母'가 지금의 고모를 뜻하는 차자표기이며 '少爲母'가 '叔母'보다 시원적인 표기임을 알려준다. 그런데 이 '少爲母 · 叔母'는 고모만 가리키지 않고 이모까지 포괄한다. 원문의 '姑(고)'를 '同姓三寸少爲母[동성삼촌아촌어미]'로 번역한 사례가 있기 때문이다. '동성삼촌(同姓三寸)'이라는 표기는 '少爲母[아촌어미]' 중에 '이성삼촌(異姓三寸)'도 있음을 알려준다. 3촌에 해당하는 여성 존속혈족은 고모와 이모뿐이므로 '異姓三寸少爲母'는 이모에 해당한다. 따라서 단지 '少爲母[아촌어미]'라고만 하면 고모를 가리킬 수도 있고, 이모를 가리킬 수도 있다. '叔母[아즈미]'도 마찬가지이다. 부계친을 상정하고 '叔母[아즈미]'라고 하면 고모가 되지만, 그렇지 않을 때는 고모일 수도 이모일 수도 있다.

'少爲母 · 叔母'가 고모와 이모를 포괄하는 것처럼 번역문의 '伯叔父'도 외삼촌까지 포괄한다. 원문의 '伯叔母(백숙모)'를 '同姓三寸叔妻(동성삼촌숙처)'로 번역한 사례가 확인되므로 외삼촌의 처는 '異姓三寸叔妻(이성삼촌숙처)'로 번역할 수 있다. 그렇다면 동성 여부가 표기되지 않은 '三寸叔(삼촌숙)'에는 외삼촌도 포함된다. 중국에서 '叔(숙)'은 부계친을 한정하지만 이두문에 쓰인 '叔'은 숙부와 외숙부를 포괄하는 고유어 지칭을 표현하는 것이다. 그리고 『훈몽자회』에서 '아자비 叔[슉]', '아자비 舅(구)'라고 한 것으로부터 이두번역문의 '叔'은 부모의 형제를 포괄하여 지칭하는 고유어 '아자비'에 해당함을 알 수 있다.

③ 부계방계친과 그 처의 지칭

『대명률직해』에서 아버지의 형제와 그 배우자는 원문과 번역문의 지칭 형태가 대부분 일치하지 않음을 확인하였다. 이는 현재 '전통적'인 것으로 간주되는 한자어 지칭이 최근친에서도 적용되지 않았음을 알려준다. 원문

〈표 5〉 『대명률직해』의 부계방계친(父系傍系親)과 그 처(妻)의 지칭

대명률	직해	횟수	쪽수
從祖祖母(종조조모)	同姓四寸大父妻[동성사촌대부(한아비)처]	1	543
從祖祖姑(종조조고)	同姓四寸大母[동성사촌대모(한어미)]	1	543
從祖伯叔母(종조백숙모)	同姓五寸叔父矣 妻[동성오촌숙부(아자비)의 처]	1	543
從祖姑(종조고)	同姓五寸叔母[동성오촌숙모(아즈미)]	1	543
堂姑(당고)	五寸少爲母[오촌아촌어미]	1	208
房族伯叔(방족백숙)	同姓五寸叔父[동성오촌숙부(아자비)]	1	39
同堂伯叔父母(동당백숙부모)	父母以 同等爲在 同姓伯叔父及妻[부모와 동등한 동성백숙부 및 처]	1	465
同堂弟妹(동당제매)	同姓四寸弟妹[동성사촌제매]	2	408, 466
從父姊妹(종부자매)	同姓四寸姊妹[동성사촌자매]	1	543
房族兄弟(방족형제)	同姓四寸 · 六寸兄弟[동성사촌 · 육촌형제]	1	39
姪(질)	姪女[질녀 ; 아찬딸]	1	209
	姪[질 ; 아찬아들]	1	467
	三寸少爲子[삼촌아찬아들]	1	39
堂姪(당질)	同姓五寸姪[동성오촌질(아찬아들)]	1	466
姪孫(질손)	姪孫(질손)	2	408, 466

과 번역문의 불일치는 혈연거리가 멀어질수록 더욱 뚜렷하다.

〈표 5〉는 부계존속, 동항렬(同行列), 비속 및 그들의 처에게 적용된 지칭을 비교한 것이다. 원문의 지칭형태가 번역문에 그대로 쓰인 것은 '姪(질)' 과 '姪孫(질손)' 뿐이고 나머지는 모두 다르다.

우선, 원문의 '伯叔母(백숙모)' 를 번역문에서 '백숙부의 처' 로 표기한 것과 같은 번역 방식이 뚜렷하게 확인된다. 현재 '당숙모' 로 불리는 '從祖伯叔母(종조백숙모)' 가 '同姓五寸叔父(동성오촌숙부)의 처' 로 번역되었다. 현재 '작은할머니' 로 불리는 '從祖祖母(종조조모)' 는 '同姓四寸大父妻[동성사촌할아비처]' 로 번역되었다.

이렇듯 원문의 '從祖伯叔母(종조백숙모)' 와 '從祖祖母(종조조모)' 가 번역문에서 '~의 처' 의 형태로 바뀐 것은 여말선초의 언어 습관을 반영할 가능성이 크다. 만약 이들을 가리키는 고유어 지칭이 있었다면 이두문에서도 '~의 처' 로 번역하지 않고 독립된 지칭을 부여했을 것이다. 현재의 '큰 · 작은할아버지' 의 처가 '큰 · 작은할머니' 가 되는 관계를 고려하면 '동성사촌대부(同姓四寸大父)' 의 처는 '동성사촌대모(同姓四寸大母)' 로 표기되었을 것이다. 그러나 그렇게 표기하지 않고 '동성사촌대부처' 로 번역한 것은 현재의 큰 · 작은할머니에 해당하는 고유어 지칭이 없었기 때문이라고 판단할 수 있다.

위 〈표 5〉에서 확인되는 또 다른 특징은 중국에서 '姑(고)' 자가 들어가는 친족을 '叔母[숙모 ; 아ᄌᆞ미]' 나 '少爲母[아촌어미]', '大母[대모 ; 한어미]' 등으로 번역했다는 점이다. '從祖姑(종조고)' 와 '堂姑(당고)' 는 아버지의 친사촌누이로서 현재 한국에서 '당고모' 로 지칭되는 친족이다.

이들이 번역문에서는 '同姓五寸叔母[동성오촌숙모 ; 동성오촌아즈미]' 와 '五寸少爲母[오촌아촌어미]' 로 번역되었다. 여기에서도 '고모' 가 아직 친족용어로 성립하지 않았음이 확인된다. '同姓四寸大母[동성사촌대모 ; 동성사촌한어미]' 로 번역된 '從祖祖姑(종조조고)' 는 할아버지의 누이로서 현재 한국에서 흔히 '고모할머니' 로 불리는 친족이다. 그러나 당시에는 '四寸大母' 의 형태로 기록하고 '사촌할머니' 로 지칭했음을 알 수 있다. 이 역시 '姑(고)' 가 친족지칭으로 쓰이지 않았음을 알려준다. 또한 '동성(同姓)' 을 붙인 것에서 '四寸大母[사촌할머니]' 는 이성친까지 포함함을 알 수 있다.

다음으로 원문의 '姪(질)' 을 '少爲子[아촌아돌]' 와 '姪' 로 번역한 것을 주목할 수 있다. '少爲子' 의 조어법이 '少爲母[아촌어미]' 와 같음은 쉽게 알 수 있다. '少爲子' 는 '앛[少]', '흔[爲]', '아돌[子]' 에 해당하는 한자를 결합한 것이므로 '아촌아돌' 로 읽힌다. 그리고 '少爲母[아촌어미]' 와 '叔母[아즈미]' 의 관계를 고려하면 번역문의 '少爲子' 와 '姪' 은 표기원리가 다를 뿐 동일한 대상을 가리키는 차자표기임을 알 수 있다. 원문의 '姪(질)' 은 형제의 자녀를 뜻하지만 번역문의 '少爲子' 와 '姪' 은 형제자매의 자녀를 포괄한다. 이는 '당질(堂姪)' 의 번역이 '同姓五寸姪(동성오촌질)' 인 것에서도 확인된다. 이두문에 쓰인 '姪[아촌아돌]' 은 동성일 수도, 이성일 수도 있는 것이다. 이두문의 '少爲子' 와 '姪' 은 형제자매의 아들을 포괄하는 여말선초의 고유어 '아촌아돌' 을 표현하는 것으로 '少爲子' 가 시원적인 표기가 된다.

이처럼 단일한 지칭이 부계와 비부계를 포괄하는 것은 〈표 5〉에 정리된 번역문의 모든 지칭에 적용된다. '同姓四寸大父[동성사촌할아비]' 에서 '동성' 을 제거하면 조부의 형제뿐 아니라 조모의 형제와 외조부모의 형제까지 포괄한다. 아버지의 친사촌 누이를 뜻하는 '同姓五寸叔母[동성오촌숙모 ; 동성오촌아즈미]' 에서 '동성' 을 제거하면 부모의 모든 사촌 자매를 포괄한다.

④ 비부계친의 지칭

『대명률직해』 원문에서 부계친을 한정하는 지칭이 이두문에 다른 형태로 번역된 경우가 많고, 이두문의 지칭은 부계와 비부계를 포괄하는 고유어를 표현한 것임을 확인하였다. 따라서 비부계친을 한정한 원문지칭의 번역에서도 동일한 원리가 확인될 것임을 짐작할 수 있다.

〈표 6〉『대명률직해』의 비부계친의 지칭

대명률	직해	출현횟수	중추원본 쪽수
外祖父母(외조부모)	母矣 父母[모의 부모]	1	24
	外祖父母(외조부모)	다수	
外孫(외손)	外孫(외손)	다수	
母舅(모구)	母矣 同生娚[모의 동생남(오라비)]	1	39
	母矣 娚[모의 남(오라비)]	1	465
舅(구)	母矣 娚[모의 남(오라비)]	1	209
	三寸少爲父[삼촌아츤아비]	1	208
	異姓三寸少爲父[이성삼촌아츤아비]	1	208
母姨(모이)	母矣 姊[모의 자]	1	465
母姨夫(모이부)	母之同生兄弟矣 夫[모의 동생형제의 부]	1	39

『대명률직해』에 기재된 비부계친의 지칭은 부계친에 비해 종류가 매우 적다. 이는 『대명률』이 오복제(五服制)로 표현되는, 부계위주의 친족

관계에 입각하여 권리의무관계를 설정하였기 때문이다. 부계친족의 한계는 8촌인 '三從兄弟(삼종형제)' 에 이르는 데 반해, 비부계는 4촌인 '表兄弟(표형제)' 에 그치므로 이 범위 내의 지칭들만 기재된 것이다. 이렇듯 종류도 적고 기재횟수도 적지만 원문과 번역문의 지칭형태가 일치하지 않는 현상이 뚜렷하다.

〈표 6〉에 정리된 지칭 중에서 직계친인 '外祖父母(외조부모)' 와 '外孫(외손)' 은 대부분 번역형태가 일치한다. 다만, '外祖父母(외조부모)' 를 '母矣父母[어머니의 부모]' 로 번역한 사례는 '외조부모' 가 일상의 구어로 활발하게 쓰이지 않았을 가능성을 시사한다.

이처럼 직계친에서도 원문과 번역문의 표기형태가 다른 경우가 있거니와 범위를 방계친으로 확대하면 지칭의 형태가 완전히 다른 것을 볼 수 있다. 원문의 '母舅(모구)' 와 '舅(구)' 는 지금의 외삼촌을 뜻한다. 그런데 번역문에서는 '母矣娚[어머니의 오라비]' 이라고 하여 '娚[남 ; 오라비]' 자를 사용하였다. 이모를 뜻하는 '姨(이)' 는 '母矣姉[모의자 ; 어머니의 누이]' 로 번역하였다. 현재 한국에서 통용되는 '외숙부' 나 '이모' 가 아직 지칭으로 성립하지 않았음을 알 수 있다. 또한 '어머니의 오라비' 처럼 설명하는 방식으로 표기한 것으로부터 어머니의 형제 · 자매를 한정하는 지칭이 없었음을 알 수 있다. 이는 이모의 남편을 뜻하는 '母姨夫(모이부)' 를 '母之同生兄弟矣夫[어머니의 형제의 남편]' 로 번역한 것에서도 확인된다.[23)]

23) 고려와 조선전기에 사용된 '同生' 은 '아우' 가 아니라 '부모가 같음' 을 뜻한다. 본서에서는 해석하지 않겠다.

그리고 '舅(구)'를 '異姓三寸少爲父[이성삼촌아촌아비]'로 번역한 사례는 '少爲父'가 부계와 비부계를 포괄하는 지칭임을 다시 알려준다. 따라서 '母矣姊[어머니의 누이]'로 번역된 이모도 '叔母[숙모 ; 아즈미]'나 '少爲母[아촌어미]'로 표기될 수 있었음을 알 수 있다.

⑤ 관계를 나타내는 지칭

『대명률직해』에는 단독지칭뿐 아니라 양자간의 관계를 표시하는 지칭들도 기재되었다. 원문의 '姑舅姊妹(고구자매)'와 '兩姨姊妹(양이자매)'가 이에 해당한다. 그런데 이들 지칭이 번역문에서는 전혀 다른 형태로 표기되었다.

> 원문 : 若娶己之<u>姑舅 · 兩姨姊妹</u>者 杖八十 並離異(자신의 고종사촌누이와 외사촌누이, 이종사촌누이와 결혼하면 장 80대를 때리고 아울러 이혼시킨다.)
>
> 번역 : 吾矣 <u>同姓三寸少爲母果 異姓三寸少爲父果 異姓三寸少爲母等矣 所生</u>乙 交嫁者 杖八十 並只 離異(나의 고모[同姓三寸少爲母 ; 동성삼촌아촌어미]와 외삼촌[異姓三寸少爲父 ; 이성삼촌아촌아비]과 이모[異姓三寸少爲母 ; 이성삼촌아촌어미]들의 소생과 혼인하면 장 80대를 치고 모두 이혼시킨다.)[24]

원문의 '姑舅 · 兩姨姊妹(고구 · 양이자매)'는 '姑舅姊妹(고구자매)'와

24) 『대명률직해』 律6 戶律 「尊卑爲婚」.

'兩姨姊妹(양이자매)' 로 나뉜다. '姑舅(고구)' 는 일방의 어머니가 타방의 고모인 관계, 즉 남매의 자녀들 간의 관계를 뜻한다. '兩姨(양이)' 는 일방의 어머니가 타방의 이모인 관계, 즉 자매의 자녀들 간의 관계를 뜻한다. 현재 한국에서는 '내외종(內外從)' 이 '姑舅(고구)' 를 뜻하고 '이종(姨從)' 이 '兩姨(양이)' 를 뜻하여 표기형태만 다를 뿐 개념은 완전히 일치한다. 그런데 이 '姑舅 · 兩姨姊妹(고구 · 양이자매)' 가 이두문에서 매우 장황하게 번역되었다.

원문의 '姑舅姊妹(고구자매)' 에 해당하는 번역은 '同姓三寸少爲母[동성삼촌아춘어미]와 異姓三寸少爲父[이성삼촌아춘아비]의 소생' 이다. '동성삼촌아춘어미' 는 고모이고 '이성삼촌아춘아비' 는 외삼촌이므로 '동성삼촌아춘어미' 와 '이성삼촌아춘아비' 의 자녀는 내외종 관계가 되어 원문의 의미와 일치한다. '兩姨姊妹(양이자매)' 는 '異姓三寸少爲母等矣所生[이성삼촌아춘어미들의 소생]' 으로 번역되었다. '이성삼촌아춘어미' 는 이모를 뜻하므로 이 역시 원문의 의미와 일치한다.

이처럼 번잡한 번역형태는 현재 한국에서 통용되는 '이모' , '고모' , '숙부' , '외숙부' 는 물론 '내외종' , '이종' 의 개념을 담고 있는 지칭이 없었음을 알려준다. '三寸少爲母[삼촌아춘어미]' 가 이모와 고모를 포괄하고 '三寸少爲父[삼촌아춘아비]' 가 삼촌과 외삼촌을 포괄했으므로 당연히 지금의 내외종이나 이종과 같은 개념도 성립할 수 없었다. '姨(이)' 나 '姑(고)' 는 대응되는 개념이 없더라도 동성(同姓)과 이성(異姓)을 부기하여 표현할 수 있다. 그러나 존재하지 않는 개념에 근거한 2차 관계를 표시하는 것은 쉽지 않다. 원문의 '姑舅 · 兩姨姊妹(고구 · 양이자매)' 에 대응되는 번잡한 번역형태는 이러한 사정을 잘 반영한다.

(2) 『경국대전』의 친족지칭

이제까지 『대명률직해』를 살펴 원문의 지칭이 이두문에서 대부분 다른 형태로 번역된 것을 확인하였다. 번역문의 지칭은 여말선초의 고유어에 기반하는 것으로 중국은 물론 지금의 '전통적' 지칭과도 형태나 원리가 달랐음을 알 수 있다. 다만 『대명률직해』의 번역자는 원문지칭의 개념을 번역문에 정확하게 표현하는 데 힘썼으므로 원문지칭에 대응되는 번역형태가 다양하다. 이 중 어느 것이 당시에 보편적으로 통용된 것인지 확인하기 어렵다. 이 문제는 『경국대전』을 이용하여 보완할 수 있다.

『경국대전』은 『대명률직해』보다 1세기 가량 늦게 편찬된 법전으로 한문으로 작성되었다. 그러나 조선사회에 적용하기 위해 편찬한 만큼 조선 전기의 고유어를 반영하는 지칭들이 많이 쓰였다. 이러한 경향이 특히 뚜렷한 부분은 권1 이전(吏典) 상피조(相避條)의 세주 부분과 권3 예전(禮典) 오복조(五服條)이다. 먼저 상피조 세주 부분의 원문을 제시하고 번역을 달면 다음과 같다.

원문 : 史官則 並避 本宗 三寸叔母姪女夫 四寸姊妹夫 外親 三寸叔母夫 妻妾親 同姓三寸叔姪, 叔母 · 姪女夫 四寸兄弟

번역문 : 사관(史官)은 본종(本宗)의 삼촌숙모부와 삼촌질녀부(三寸叔母姪女夫), 사촌자매부(四寸姊妹夫)를 모두 피한다. 외친(外親)은 삼

> 촌숙모부(三寸叔母夫)를 피한다. 처첩친(妻妾親)은 동성삼촌(同姓三寸)의 숙(叔) · 질(姪), 숙모부 · 질녀부(叔母 · 姪女夫), 사촌형제(四寸兄弟)를 피한다.

상피조에서는 친족을 '본종(本宗)', '외친(外親)', '처첩친(妻妾親)'으로 나누었다. 본종에는 '三寸叔母(삼촌숙모)의 남편', '三寸姪女(삼촌질녀)의 남편', '四寸姊妹(사촌자매)의 남편'이 기재되었다. 외친에는 '三寸叔母(삼촌숙모)의 남편'이 기재되었다. 본종의 '三寸叔母(삼촌아ᄌᆞ미)'는 고모이고 외친의 '三寸叔母(아ᄌᆞ미)'는 이모에 해당한다. '三寸叔母'는 지금의 작은어머니가 아니라 이모와 고모를 포괄하는 지칭으로 통용되었음이 다시 확인된다. '처첩친'으로 분류된 친족에 '동성(同姓)'이 표시된 것도 단일한 지칭으로 부계와 비부계를 포괄하였음을 알려준다.

이처럼 『경국대전』 상피조는 형태만 중국과 같을 뿐 개념이 다른 지칭들이 조선전기에 통용되었음을 확인해 준다. 그리고 『대명률직해』 번역문의 지칭 중 '叔母[숙모 ; 아ᄌᆞ미]', '姪[질 ; 아촌아ᄃᆞᆯ]', '叔[숙 ; 아자비]'이 당시의 보편적인 표기형태였음을 알려준다. 15세기에는 '少爲母[아촌어미]' 처럼 시원적인 차자표기 형태가 소멸하고 '叔母[숙모 ; 아ᄌᆞ미]' 처럼 중국의 지칭형태에 한국의 개념을 담은 지칭들이 통용된 것이다.

그리고 『경국대전』 오복조에는 더욱 많은 지칭이 기재되어 있어 지칭의 형태뿐 아니라 전체적인 지칭원리와 표기방식까지 확인할 수 있다. 오복조에서는 상복의 등급별로 해당 친족명을 기재하였다. 지칭 중에는 큰 글씨로 먼저 중국지칭을 기록하고 그 옆에 다른 형태의 지칭을 작은 글씨로 부기해 놓은 경우가 많다. 작은 글씨로 기재된 지칭은 대부분 『대명률직해』 번역문에서 확인한 것과 형태가 일치한다. 이들 사례를 정리하면 다음과 같다.

〈표 7〉 『경국대전』 예전(禮典) 오복조의 친족지칭 비교

본문지칭	세주지칭	본문지칭	세주지칭
族曾祖父母 (족증조부모)	五寸大父及妻 [오촌대부(할아비) 및 처]	族伯叔父母 (족백숙부모)	七寸叔及妻 [칠촌숙(아자비) 및 처]
族曾祖姑 (족증조고)	五寸大母 [오촌대모(한어미)]	族姑 (족고)	七寸叔母 [칠촌숙모(아즈미)]
族伯叔祖父母 (족백숙조부모)	六寸大父及妻 [육촌대부(한아비) 및 처)	堂兄弟 (당형제)	四寸兄弟 (사촌형제)
族祖姑 (족조고)	六寸大母 [육촌대모(한어미)	再從兄弟 (재종형제)	六寸兄弟 (육촌형제)
伯叔祖父母 (백숙조부모)	四寸大父及妻 [사촌대부(한아비) 및 처]	族兄弟 (족형제)	八寸兄弟 (팔촌형제)
從祖祖姑 (종조조고)	四寸大母 [사촌대모(한어미)]	堂姪 (당질)	五寸姪 [오촌질(아춘아돌)]
伯叔父母 (백숙부모)	三寸叔及妻 [삼촌숙(아자비) 및 처]	再從姪 (재종질)	七寸姪 [칠촌질(아춘아돌)]
姑 (고)	父之姉妹, 母之姉妹 [부의 자매, 모의 자매]	姪孫 (질손)	四寸孫 [사촌질(아춘아돌)]
堂伯叔父母 (당백숙부모)	五寸叔及妻 [오촌숙(아자비) 및 처]	曾姪孫 (증질손)	五寸孫 (오촌손)
堂姑 (당고)	五寸叔母 [오촌숙모(아즈미)]	堂姪孫 (당질손)	六寸孫 (육촌손)

위 〈표 7〉에서 세주로 기록된 지칭은 모두 방계친에 해당하여 『대명률직해』에서 확인한 양상과 일치한다. 『대명률직해』에서도 직계친은 원문 지칭이 번역문에 그대로 쓰인 반면, 방계친은 대부분 다른 형태로 번역되었다. 따라서 세주로 기록된 '大父[대부 ; 한아비]', '大母[대모 ; 한어미]', '叔[숙 ; 아자비]' 등의 지칭형태가 일상에서 보편적으로 통용되었

다고 판단할 수 있다. 나아가 『경국대전』 오복조는 『대명률직해』에서 확인한 지칭원리와 체계를 더욱 분명하게 드러낸다.

첫째, '姑(고)' 를 '父之姉妹[아버지의 자매] · 母之姉妹[어머니의 자매]' 라고 표기한 것이 주목된다. 이러한 표기형태는 이 조항의 작성자가 '姑(고)' 를 '아즈미' 로 상정했음을 알 수 있다. 중국에서 '姑(고)' 는 부계친을 한정하지만 한국의 친족관계를 표현하고자 사용할 때는 비부계친까지 포함하는 것으로 개념이 달라진 것이다. 그리고 '堂姑(당고)' 에는 '五寸叔母[오촌숙모 ; 오촌아즈미]' 가, '族姑(족고)' 에는 '七寸叔母[칠촌숙모 ; 칠촌아즈미]' 가 대입된 것을 보면 '姑(고)' 는 친족용어를 표현하는 글자로 채택되지 않았음을 알 수 있다. 조선전기에 '아즈미' 를 표현하는 보편적 지칭형태는 '叔母' 였던 것이다.

둘째, 『대명률직해』에서 부계여성혈족인 '從祖姑(종조고)' 와 '從祖祖姑(종조조고)' 가 이두번역문에서 '~叔母[숙모(아즈미)]' 와 '~大母[대모 ; 한어미]' 로 번역되고, 부계남성의 처인 '從祖伯叔母(종조백숙모)' 와 '從祖祖母(종조조모)' 가 '~의 妻(처)' 로 번역된 것을 보았거니와 〈표 7〉에서도 이러한 현상이 뚜렷하게 확인된다. '族曾祖姑(족증조고)' 가 '五寸大母[오촌대모 ; 오촌한어미]' 가 되었다. '族曾祖父母(족증조부모)' 는 '五寸大父及妻[오촌대부(한아비) 및 처]' 가 되어 중국의 '族曾祖母(족증조모)' 가 '오촌할아비의 처' 로 바뀌었다.

셋째, 오복조의 세주지칭은 『대명률직해』에서 발견하지 못한 원리도 보여준다. 방계 존속과 비속의 지칭을 보면, 숙부와 조카 항렬은 '~寸叔[숙 ; 아즈비]' , '~寸姪[질 ; 아촌아들]' 로 표기되었다. 아버지 항렬과 아들 항렬의 방계친은 각기 '숙(叔)'과 '질(姪)'이 들어 있어 저절로 항렬이 드러난다. 반면에 조부 이상 항렬의 방계친은 '~寸大父[대부 ; 할아비]'로 표기되어 그러한 촌수가 나오게 되는 혈연계통을 따지지 않으면 항렬을 알 수 없다. 손자 항렬 이하에서도 마찬가지다. 본문의 '姪孫(질손)', '曾姪孫(증질손)', '堂姪孫(당질손)'이 세주에서 '四寸孫(사촌손)', '五寸孫(오촌손)', '六寸孫(육촌손)'으로 바뀌었다. 따라서 숙부와 조카 항렬은 지칭이 스스로 항렬을 드러내지만 그 이상과 이하는 촌수를 표시하지 않으면 항렬을 드러내는 기능이 없었음을 알 수 있다.

넷째, 『경국대전』은 『대명률직해』 번역문의 다양한 지칭형태 중 어느 것이 보편적으로 사용되었는지 알려준다. 『대명률직해』에서는 '어머니의 오라비[母矣娚]'처럼 풀어서 번역하기도 하였고, '少爲母[아촌어미]'와 '叔母[숙모 ; 아즈미]', '少爲父[아촌아비]'와 '叔父[숙부 ; 아자비]', '少爲子[아촌아돌]'와 '姪[질 ; 아춘아돌]'처럼 개념이 같으면서 생성원리를 달리하는 지칭이 쓰였다. 반면에 『경국대전』에서는 '叔母[숙모 ; 아즈미]', '叔[숙 ; 아자비]', '姪[질 ; 아춘아들]'만 쓰였다. 따라서 『대명률직해』에서 설명하듯 번역한 것은 일상에서 사용된 지칭이 아니었음을 알 수 있다. 또한 『대명률직해』를 편찬한 시점은 시원적인 차자표기 방식에 충실하게 발음형태까지 지시하는 '少爲母[아촌어미]' 계열과 중국의 지칭형태에 한국의 개념을 담은 '叔母[숙모 ; 아즈미]' 계열이 공존하던 마지막 단계였음을 알 수 있다. 『경국대전』을 편찬한 시점에는 '少爲母[아촌어미]' 계열이 소멸하고 '叔母[숙모 ; 아춘어미]' 계열이 보편적으로 쓰였다고 판단할 수 있다.

3) 이두문서의 친족지칭

(1) 조선전기 이두문서의 친족지칭

『대명률직해』와 『경국대전』의 친족지칭은 오복친조직을 표현하는 중국의 지칭이 통용되지 않았음은 물론 현재 한국에서 '전통적' 인 것으로 간주되는 지칭도 성립하지 않았음을 알려준다. '叔母' 등 중국에서 유래한 지칭형태가 이두문에 쓰였지만 그것은 '아춘어미(아ᄌᆞ미)' 처럼 부계와 비부계를 구분하는 기능이 없는 고유어 지칭에 근거하고 또 그 고유어 지칭을 표현하였다. 이로부터 '叔母' 와 '叔父' 가 '아ᄌᆞ미' 와 '아자비' 를 뜻하던 시기의 친족관계는 '전통적' 친족지칭이 성립한 이후의 친족관계와 크게 달랐음을 짐작할 수 있다. '叔母' 의 개념이 '작은어머니' 가 아닌 '아ᄌᆞ미' 로서 이모와 고모를 포괄하던 시기의 친족관계는 '전통적' 친족지칭이 표현하는 친족관계인 오복친조직이 될 수 없기 때문이다. 따라서 『대명률직해』와 『경국대전』의 지칭들이 언제까지 통용되었는지 확인하면 '전통적' 친족관계의 형성시기를 파악할 수 있다.

법률행위를 담고 있는 이두문서는 일상에서 통용된 친족지칭을 시기별로 확인하는 데 적합한 자료이다. 개인이 작성했으므로 민간의 언어습관을 반영할 가능성이 크고, 행위의 법적효력을 염두에 두고 작성한 만큼 개념을 정확하게 표현했다고 판단할 수 있다. 특히 분재문서는 가족이나 친족간에 이루어진 행위를 담고 있어 다양한 지칭이 기재되었다. 소송과정에서 작성된 입안(立案)도 소송 당사자가 친족인 경우 해당 지칭이 기재되었다. 16세기 이전의 분재문서에서 방계친의 지칭을 추출하면 다음과 같다.

〈표 8〉 16세기 이전 분재문서의 친족지칭[25)]

연번	연대	기준인	친족지칭	대상인물
1	1370	백문질(白文質)	族長(족장)	선사(禪師) 석총(釋聰)
			三寸少子[삼촌소자 ; 삼촌아촌아둘]	왕종시(王宗侍)
2	1398?	남은(南誾)	七寸叔(칠촌숙)	남재(南在)
			九寸姪(구촌질)	남아무개(南某)
			九寸姪(구촌질)	박양(朴楊)
3	1452	이우양(李遇陽)	三寸叔母(삼촌숙모)	이씨(李氏)
			五寸叔(오촌숙)	박봉례(朴奉禮)
4	1463	김씨(金氏)	五寸叔(오촌숙)	이완도(李完道)
			五寸姪(오촌질)	한요오(韓堯頫)
			五寸姪(오촌질)	한요순(韓堯順)
5	1469	하씨(河氏)	三寸姪女(삼촌질녀)	하위지의 딸(河緯地女子)
			三寸姪子(삼촌질자)	하빈(河砏)
			三寸姪女(삼촌질녀)	이씨(李氏)
			三寸姪子(삼촌질자)	하구동(河龜仝)
6	1480	황씨(黃氏)	三寸姪女(삼촌질녀)	김씨(金氏)
			三寸姪(삼촌질)	정인로(鄭仁老)
			四寸孫子(사촌손자)	김효원(金孝源)
			三寸姪(삼촌질)	김채(金蔡)
			四寸孫女(사촌손녀)	정씨(鄭氏)
			四寸孫女(사촌손녀)	김씨(金氏)
			四寸孫子(사촌손자)	김장룡(金長龍)

25) 이 표에서 제시된 지칭들은 ①『韓國古代中世古文書研究』上(盧明鎬 외, 2000, 서울대학교출판부), ②『朝鮮前期古文書集成』(鄭求福 外, 1997, 국사편찬위원회), ③『慶北地方古文書集成』(李樹健, 1981, 영남대학교출판부)에 수록된 고문서에서 추출한 것이다. 중복수록된 경우 ①→②→③의 순서로 이용하였다.

<table>
<tr><td rowspan="3">7</td><td rowspan="3">1509</td><td>김효원(金孝源)</td><td>三寸姪(삼촌질)</td><td>김연(金緣)</td></tr>
<tr><td rowspan="2">오씨(吳氏)</td><td>四寸孫女(사촌손녀)</td><td>조씨(曺氏)</td></tr>
<tr><td>三寸叔母(삼촌숙모)</td><td>권씨(權氏)</td></tr>
<tr><td rowspan="6">8</td><td rowspan="6">1509</td><td rowspan="3">권이(權邇)</td><td>異姓三寸姪(이성삼촌질)</td><td>김용석(金用石)</td></tr>
<tr><td>姪(질)</td><td>김용석(金用石)</td></tr>
<tr><td>三寸姪(삼촌질)</td><td>한주(權柱)</td></tr>
<tr><td rowspan="3">전씨(全氏)</td><td>七寸姪(칠촌질)</td><td>이지손(李枝孫)</td></tr>
<tr><td>七寸甥(칠촌남)</td><td>이형(李亨)</td></tr>
<tr><td>七寸姪壻(칠촌질서)</td><td>양치홍(梁致洪)</td></tr>
<tr><td rowspan="3">9</td><td rowspan="3">1509</td><td rowspan="3">석간(石玕)의 부친</td><td>異姓三寸叔(이성삼촌숙)</td><td>한(韓)</td></tr>
<tr><td>異姓三寸叔(이성삼촌숙)</td><td>주아무개(朱某)</td></tr>
<tr><td>異姓三寸姪(이성삼촌질)</td><td>주아무개(朱某)</td></tr>
<tr><td rowspan="3">10</td><td rowspan="3">1510</td><td rowspan="3">이계세(李繼世)</td><td>三寸姪(삼촌질)</td><td>이적(李迪)</td></tr>
<tr><td>五寸姪(오촌질)</td><td>이관(李寬)</td></tr>
<tr><td>五寸姪(오촌질)</td><td>이홍(李弘)</td></tr>
<tr><td rowspan="2">11</td><td rowspan="2">1514</td><td rowspan="2">김장룡(金長龍)</td><td>三寸姪(삼촌질)</td><td>김연(金緣)</td></tr>
<tr><td>四寸大父(사촌대부)</td><td>김효지(金孝之)</td></tr>
<tr><td>12</td><td>1517</td><td>이계세(李繼世)</td><td>五寸姪女(오촌질녀)</td><td>조씨(曹氏)</td></tr>
<tr><td rowspan="2">13</td><td rowspan="2">1521</td><td rowspan="2">이씨(李氏)</td><td>六寸甥(육촌남)</td><td>김예수(金禮守)</td></tr>
<tr><td>六寸姪(?)(육촌질)</td><td>여종림(呂從林)</td></tr>
<tr><td rowspan="3">14</td><td rowspan="3">1535</td><td rowspan="3">이훈(李壎)</td><td>六寸弟(육촌제)</td><td>이자예(李自藝)</td></tr>
<tr><td>三寸姪(삼촌질)</td><td>정괄(鄭栝)</td></tr>
<tr><td>三寸姪(삼촌질)</td><td>이제(李濟)</td></tr>
<tr><td>15</td><td>1543</td><td>이씨(李氏)</td><td>四寸甥(사촌남)</td><td>김아무개(金某)</td></tr>
<tr><td rowspan="2">16</td><td rowspan="2">1545</td><td rowspan="2">최씨(崔氏)</td><td>三寸姪(삼촌질)</td><td>손엄(孫曮)</td></tr>
<tr><td>三寸姪(삼촌질)</td><td>손보(孫普)</td></tr>
<tr><td>17</td><td>1559</td><td>김수(金綏)</td><td>五寸叔(오촌숙)
五寸叔(오촌숙)
五寸叔(오촌숙)
五寸叔(오촌숙)
五寸叔(오촌숙)</td><td>김부신(金富信)
김부윤(金富倫)
금응협(琴應夾)
금응훈(琴應壎)
김락춘(金樂春)</td></tr>
</table>

위 〈표 8〉은 『대명률직해』 및 『경국대전』 상피조와 오복조에 기재된 지칭들이 조선전기에 민간에서 통용되었음을 알려준다. 중국의 친족지칭과 일치하는 개념을 지녔거나 현재 한국에서 통용되는 한자어 지칭은 확인되지 않는다. 중국에서 부계친을 한정하는 '叔(숙)', '姪(질)', '孫女

(손녀)' 가 문서에서는 성씨가 다른 혈연까지 포괄하였다.

고려말에 작성된 1번 문서의 '三寸少子[삼촌소자 ; 삼촌아춘아들]' 는 『대명률직해』의 편찬 시점이 '少爲母[아춘어미]' 계열이 '叔母[숙모 ; 아자미]' 계열로 대체되는 마지막 단계였음을 다시 확인해 준다.[26] 여말선초에 '少爲母[아춘어미]', '少爲子[아춘아돌]' 계열의 지칭형태가 소멸하고 '叔母[아ᄌᆞ미]', '姪[아춘아돌]' 등 중국에서 유래한 지칭형태를 사용하게 되었지만 이는 단순히 표기형태의 변화일 뿐 개념의 변동은 아니었다. 조선전기 이두문에서 '叔母' 와 '姪' 은 '少爲母' 와 '少爲子' 가 그러했듯 고유어 '아춘어미(아ᄌᆞ미)' 와 '아춘아돌' 을 표현하였다.

이처럼 조선전기의 분재문서는 일상에서 통용된 지칭형태를 분명하게

〈표 9〉 16세기 결송입안(決訟立案)의 친족지칭

연대	기준인	지칭형태	대상인물	관계
1560	최득충(崔得忠)	叔母[숙모 ; 아ᄌᆞ미]	최씨(崔氏)	최씨는 최득충의 고모 최씨는 손중돈의 처
		叔[숙 ; 아ᄌᆞ비]	손중돈(孫仲暾)	
		三寸叔[삼촌숙 ; 삼촌아ᄌᆞ비]		
1583	김사형(金士亨)	三寸叔母[삼촌숙모 ; 삼촌아ᄌᆞ미]	김씨(金氏)	김씨는 김사형의 고모 김씨는 이은보의 처
		三寸叔母夫[삼촌숙모부 ; 삼촌아ᄌᆞ미 남편]	이은보(李殷輔)	
		叔父[숙부 ; 아ᄌᆞ비]		

26) '少爲子' 와 형태가 완전히 일치하지는 않는 '少子' 를 '少爲子' 와 동일한 지칭으로 보는 것에 대한 지적이 있을 수 있다. 그러나 李基文은 고유어 '아ᄌᆞ미' 와 '아춘어미' 는 같은 대상에 대한 지칭으로서 '少爲母' 는 '앛[少], ᄒᆞ[爲], 어미[母]' 의 구조임을 밝혔다.(1983, 앞의 논문, 9~10쪽) 그러므로 '少子' 와 '少爲子' 의 발음형태가 '아ᄌᆞ미' 와 '아춘어미' 의 관계가 같은지 여부는 논외로 하더라도, '少子' 와 '少爲子' 를 동일한 대상에 대한 고유어 지칭으로 보는 것은 무리가 없다.

알려준다. 나아가 16세기의 소송문서에서는 『대명률직해』나 『경국대전』에서는 확인되지 않지만 일상의 언어생활을 반영한다고 판단되는 지칭도 확인된다.

앞의 〈표 9〉에 정리된 지칭은 각기 1560년과 1583년에 작성된 장문의 소송문서에서 추출한 것이다.[27] 1560년 문서에서는 최득충 남매를 기준으로 최씨와 손중돈 부부를 지칭하였다. 문서의 내용을 보면 최득충에게 최씨는 고모이고 손중돈은 고모부이다. 1583년 문서에서는 김사형 형제를 기준으로 김씨와 이은보 부부를 지칭하였다. 역시 김씨가 고모이고 이은보는 고모부이다.

이 중에서 최득충의 고모 최씨와 김사형의 고모 김씨에게 적용된 '叔母[숙모 ; 아즈미]'와 김사형의 고모부 이은보를 지칭한 '叔母夫[숙모부 ; 아즈미남편]'는 지칭형태나 지칭원리가 『경국대전』과 일치한다. 그러나 최득충의 고모부 손중돈을 '叔[숙 ; 아자비]'으로, 김사형의 고모부 이은보를 '叔父[숙부 ; 아자비]'로 기재한 것은 원리가 다르다. 법전에서 '叔母[숙모]'의 배우자는 '叔母夫[숙모부 ; 아즈미의 남편]'로 표기하였지만 여기에서는 '叔父[숙부 ; 아즈비]'로 표기한 것이다.

이로부터 일상의 구어에서 사용하는 지칭형태와 관계를 정확히 나타낼 필요가 있을 때 사용하는 지칭형태에 차이가 있었음을 알 수 있다. 공식문서에 기록할 때에는 혈연과 인척(姻戚)을 구별하여 '叔母[숙모 ; 아즈미]'와 '叔母夫[숙모부 ; 아즈미 남편]'로 기재하지만, 일상의 구어에

27) 『慶北地方古文書集成』 252쪽 「孫光晛崔得忠奴婢訴訟立案文記」. 같은 책, 258쪽 「李涵金士元奴婢訴訟立案文記」.

서는 '叔母[숙모 ; 아즈미]' 의 남편도 '叔父[숙부 ; 아자비]' 로 통칭한 것이다.[28] 따라서 '아자비' 의 부인 역시 일상의 구어에서는 '아자미' 로 통칭되고 '叔母[아즈미]' 로 기재되었음을 알 수 있다.

이렇듯 '叔母[아즈미]' 의 남편까지 '叔父[아자비]' 로 통칭한 사례는 중국에서 유래한 '叔母(숙모)' 가 한국에서 이모와 고모를 뜻하게 된 경위를 알려준다. 1103년에 고려에 다녀간 북송의 사신 손목(孫穆)은 중국의 '伯叔母(백숙모)' , '姨(이)' , '妗(금)[외숙모]' 을 고려에서 '丫子彌[아즈미]' 라고 한다고 기록하였다.[29] 이는 고려전기의 고유어 지칭이 혈연뿐 아니라 혈족의 배우자까지 포괄하였음을 시사한다. 이에 중국에서 숙부의 처를 뜻하는 '叔母[(숙모)' 가 차자표기에서 대표 지칭으로 선정되어 이모와 고모, 외숙모와 백숙모를 포괄하게 되었다고 볼 수 있다.

이후 혈족과 인척을 구분하는 의식이 강화되면서 백숙모와 외숙모는 '叔母[숙모 ; 아즈미]' 에서 배제되어 갔을 것이다. 그러나 구어에서는 혈연과 인척을 포괄하는 용법이 지속되어 '叔妻[숙처 ; 아자비 처]' 가 보편적으로 쓰이면서도 '叔母[숙모 ; 아즈미]' 로 기재하는 경우가 있었을 것이다. 이렇게 추론하면 조선전기의 소송문서에서 동일인을 '叔母夫[숙모부 ; 아즈미남편]' 로도, '叔父[숙부 ; 아자비]' 로도 기재한 이유를 이해할 수 있다. 문서 기록에서는 혈족과 인척을 가르는 지칭형태가 보편적이었

28) 결송입안에서 사건의 진행 과정을 보면 고모부를 '叔' , '三寸叔' , '叔父' 로 기재한 부분은 소송 당사자가 제출한 문서의 기록을 옮긴 것이 아니라 소송당사자가 관청에 나와 말로 진술한 것을 이두문으로 받아 적은 부분으로 판단된다. 따라서 '아자비' 를 '叔' , '三寸叔' , '叔父' 로 적었을 가능성이 크다.

29) 『鷄林類事』 方言 "叔伯母皆曰丫子彌 姨妗亦皆曰丫子彌."

지만 구어에서는 혈족과 인척을 포괄하는 용법이 유지되어 문서 기록에도 간혹 적용된 것이다.

(2) 조선후기 이두문서의 친족지칭

16세기 이전에 작성된 이두문서는 『대명률직해』와 『경국대전』의 지칭 형태와 원리의 보편성을 확인해 줌과 더불어 인척까지 포괄하는 구어지칭도 알려준다. 그런데 17세기 이후의 이두문서에서는 새로운 형태의 지칭들이 발견된다. 이들 지칭은 부계와 비부계를 가르는 기능이 있다는 점에서 16세기 이전의 지칭과 다르다.

〈표 10〉 조선후기 분재문서의 이형태(異形態) 친족지칭

연번	연대	기준인물	친족지칭	피칭인물	비고
1	1634	이함(李涵)	甥姪(생질)	이태운(李泰運)	
			甥姪(생질)	박돈복(朴敦復)	
2	1636	이신일(李莘逸)	外三寸(외삼촌)	박래(朴琜)	
3	1660	김씨(金氏)	外三寸姪(외삼촌질)	박탕(朴盪)	
4	1682		姑母(고모)	성씨(成氏)	기준인 결락
5	1709	이계진(李啓眞)	外從姪(외종질)	권창엽(權昌燁)	
6	1718	이수담(李壽聃)	甥姪(생질)		삭제되었음

위 〈표 10〉에 정리된 지칭들은 조선후기 지칭의 변화과정을 잘 보여준다. 1634년 문서에서 처음 확인되는 '甥姪(생질)'은 한자 '姪(질)'이 형제자매의 자녀를 포괄하던 단계에서 형제의 자녀만을 한정하는 단계로 전환했음을 알려준다. 조선전기 이두문의 '姪'은 고유어 '아촌아들'

을 표현하는 지칭이었지만 이제 중국과 일치하는 개념을 갖게 되었다. 이에 중국에서 자매의 자녀를 뜻하는 '甥(생)' 자를 덧붙여 '누이의 아들[甥]인 姪[질 ; 아촌아돌]' 을 나타냄으로써 '甥姪(생질)' 이라는 지칭형태가 성립하였다. '생질' 은 '姪[질 ; 아촌아돌]' 로 형제자매의 아들을 포괄하던 기존 관행과 혈연계통을 구분하는 새로운 변동이 결합되어 성립한 지칭이다.

'外三寸(외삼촌)' 과 '外三寸姪(외삼촌질)' 도 같은 맥락에서 이해할 수 있다. '외삼촌' 은 '三寸叔父(삼촌숙부)' 에 '외(外)' 자를 붙이고 '숙부' 를 생략한 형태이다. 기존의 '三寸叔父[삼촌숙부 ; 아자비]' 에서 '외삼촌숙부' 를 분리함으로써 '三寸叔父(삼촌숙부)' 는 중국과 일치하는 개념을 갖게 되었다. '外三寸姪(외삼촌질)' 도 '三寸姪[삼촌질 ; 아촌아돌]' 에 '외(外)' 자를 붙인 것이다. '외삼촌(外三寸) 관계에 있는 姪[질 ; 아촌아돌]' 이므로 누이의 아들에 해당하여 '생질(甥姪)' 과 개념이 같다. 이 역시 '姪[질 ; 아촌아돌]' 의 혈연계통을 구분하는 단계로 접어들었음을 알려준다.

이렇듯 조선후기의 이두문서에는 부계와 비부계를 가르는 지칭이 발견된다. 이 중 '외삼촌질' 은 1579년에 이이(李珥, 1536~1584)가 작성한 토지매매문기에도 기재되었다.

> 만력(萬曆) 7년(1579) 기묘 12월 초2일 '**<u>從弟(종제)</u>**' 권처균(權處均) 전 명문(明文) ……
>
> 자필답주(自筆畓主) 절충장군첨지중추부사(折衝將軍僉知中樞府事) 이이(李珥)

증(証) 三寸姪子(삼촌질자) 유학(幼學) 이경진(李景震)

外三寸姪(외삼촌질) 유학(幼學) 조린(趙嶙)[30)]

위 문서는 이이가 자필로 기재했으므로 지칭형태도 그가 직접 선택했을 것이다. 그는 친조카인 이경진을 '三寸姪子(삼촌질자)' 로 기재한 반면 누이의 아들인 조린은 '外三寸姪(외삼촌질)' 로 기재하여 형제의 아들과 자매의 아들을 구분하였다. 이러한 표기는 이이에게 '姪[질 ; 아촌아들]' 의 혈연계통을 구분하는 의식이 있었음을 알려준다.

그런데 이이는 조린을 '外三寸姪(외삼촌질)' 로 기재하면서도 성씨가 다른 권처균은 '종제' 로 기재하였다. 중국에서 '從弟(종제)' 는 친사촌을 한정하는 지칭이다. 이로부터 혈연계통을 구분하는 이이의 의식은 그리 강한 것이 아니었다고 판단할 수 있다. '종제(從弟)' 로 비부계친을 포괄하면서 '외삼촌질(外三寸姪)' 로 비부계친을 구분하는 태도는 계통을 구분하지 않는 혈연의식의 지속과 계통을 구별하는 새로운 방향으로의 변동을 함께 보여주기 때문이다.

그러므로 16세기부터 확인되는 부계와 비부계를 구분하는 혈연의식이 점차 강화됨에 따라 17세기에는 '외삼촌질(外三寸姪)' 과 '생질(甥姪)' 이 성립하여 경쟁했으며, 이후 '외삼촌질' 이 소멸하고 '생질' 이 남아 현재까지 이어짐을 알 수 있다. '생질' 과 '외삼촌질' 은 한국의 친족지칭이 새로운 정형을 확립해가던 과도기의 모습을 잘 보여준다.

30) 판독문은 박성종의 연구를 이용하였다.(2000, 「栗谷의 土地賣買文記에 대하여」『古文書研究』16 · 17).

다음으로 4번문서의 '고모(姑母)' 는 '이모(姨母)' 의 성립뿐 아니라 '숙모(叔母)' 가 중국과 일치하는 개념을 지니게 되었음을 알려준다. '고모' 가 문서에 기재될 정도로 익숙하게 사용되었다면 '이모' 도 사용되었을 것이고, 그렇게 되어야만 '숙모' 가 현재와 같은 개념을 가질 수 있기 때문이다. '생질' , '외삼촌' , '외삼촌질' , '고모' 는 16세기 이후 새롭게 성립한 지칭들이며 이들 지칭의 성립은 친족의식과 친족관계의 심각한 변동을 반영한다고 볼 수 있다. 변동은 부계와 비부계를 가르는 '전통적' 친족지칭과 그 지칭이 표현하는 '오복친조직' 의 성립으로 귀결되었음을 짐작할 수 있다.

4) 사서(史書)와 양반층 일기의 친족지칭

(1) 『고려사』의 친족지칭

앞에서 고려와 조선전기 이두문서를 살펴 『대명률직해』와 『경국대전』의 지칭이 민간에서 장기간 사용되었음을 확인하였다. 일상의 구어에서는 비부계뿐 아니라 인척까지 동일한 지칭으로 포괄한 것도 확인하였다. 반면, 조선후기 이두문서에서는 '외삼촌(外三寸)' 이나 '생질(甥姪)' 처럼 혈연계통을 구분하는 의식을 반영하는, 새로운 형태와 개념의 지칭들이 사용된 것을 확인하였다. 조선후기와 대비되는 고려 · 조선전기의 유형은 국가의 공식 기록인 『고려사』와 『조선왕조실록』에서도 확인된다.

『고려사』는 권위 있는 한문 기록인 만큼 친족지칭도 대부분 중국과 일치한다. '姑(고)'와 '姨(이)'를 사용하여 아버지와 어머니의 자매를 구별하였다.[31] '甥姪(생 · 질)'도 지금의 생질이 아닌 '甥[자매의 아들]'과 '姪[형제의 아들]'을 뜻한다.[32] 아래의 〈표 11〉에서 보듯 '從弟(종제)'는 동성 사이에만 적용되고 이성은 '表兄弟(표형제)'로 기록되었다.

〈표 11〉『고려사』의 종제(從弟)와 표제 · 표형(表弟 · 表兄)의 용례

從弟		
기준인물	대상인물	출 전
辛氏	辛克恭	열전4 종실 神宗
太祖(王建)	王式廉	열전5 제신 王式廉
太祖(王建)	王萬歲	열전14 제신 王珪
韓安仁	韓沖	열전10 제신 韓沖
順敬王后 金氏	金琿	열전16 제신 金慶孫 附 金琿
睦仁吉	睦忠	열전24 제신 慶復興
尹有麟	尹思康	열전28 제신 李穡
宋邦英	宋璘	열전38 간신 宋邦英
金蘭	金千寶	열전45 반역 辛旽
表弟 · 表兄		
기준인물	대상인물	출 전
景明王(朴昇英)	敬順王(金傅)	세가1 태조 10년 9월
韓安仁	鄭克永	열전11 제신 鄭克永
韓曒如	鄭克永	열전12 제신 崔惟淸
趙甫壽	宋白恭	열전42 반역 崔忠獻 附 崔怡

그러면서도 간혹 중국 용법과 전혀 다르게 쓰인 부분도 확인되는데 이

31) 『高麗史』 권89 열전2 후비 忠烈王 齊國大長公主 "齊國大長公主(중략)公主邀慶昌宮主及安平公妃 令與都妻面約婚 宮主 安平公之姨也", 같은 책, 권107 열전20 諸臣 權呾附權準 "元尹申汝桂妻金氏 徙宅 率婢僕行 有惡少十餘人 大呼擔金氏走 汝桂奔告淑妃 金氏 妃之姨也". 같은 책, 권131 열전44 반역 洪倫 "以萬生倫首惡 幷流姨子姑子."

32) 위의 책, 권75 지29 選擧 銓注 蔭敍 "忠宣王卽位 敎曰 宰樞 及文武三品以上致仕見存者 各許一子蔭官 無子 則甥姪女婿內外孫及收養子 許一名初職."

에 해당하는 것으로 이미 오복제 조항의 '伯叔父及妻[백숙부 및 처]'를 확인하였다. 따라서 『고려사』에 기재된 친족지칭의 형태와 용법이 중국과 일치하는 것은 기록자가 의도한 결과이지 실제 언어생활이나 문자생활과는 괴리되었다고 판단할 수 있다. 『고려사』에서 주목되는 부분은 앞서 살핀 오복제 조항과 더불어 상피(相避) 조항이다.[33]

〈본족(本族)〉

父・子・孫[부・자・손], 同生兄弟[형제], 堂兄弟[당형제], 同生姊妹之夫[자매의 남편], 堂姊妹之夫[당자매의 남편], 伯父叔父[백부・숙부], 伯母叔母之夫[백모・숙모의 남편], 姪女之夫[질녀의 남편], 女壻[사위], 孫女壻[손녀사위]

〈외족(外族)〉

母之父母[어머니의 부모], 母之同生兄弟[어머니의 형제], 母之同生姊妹之夫[어머니의 자매의 남편], 母之同生兄弟姊妹之子[어머니의 형제자매의 아들]

〈처족(妻族)〉

妻之祖父[처의 부모], 妻之同生兄弟[처의 형제], 妻之同生姊妹之夫[처의 자매의 남편], 妻之伯父叔父[처의 백부・숙부], 妻之伯母叔母之夫[처의 백모・숙모의 남편], 妻之兄弟姊妹之子[처의 형제자매의 아들], 姪女之夫[질녀의 남편]

33) 『高麗史』 권84 지38 형법1 公式 相避.

『고려사』에는 상피제도를 제정한 기록이 없으나 『고려사절요』에는 1092년(선종 9)에 제정하였다는 기사가 확인된다.[34] 위 상피조를 『경국대전』 상피조와 비교하면 적용 범위는 거의 같으면서도 표기형태가 크게 다르다. 『경국대전』에서는 '본종(本宗) 대공이상친(大功以上親)…외친(外親) 시마이상친(緦麻以上親)' 처럼 오복제의 등급으로 대부분의 범위를 표시하였다.[35] 중국에서도 복제를 이용하여 상피규정을 표기하였다.[36] 반면에 『고려사』에서는 위에 보이는 것처럼 지칭을 일일이 기재하거나 관계를 번잡하게 설명하였다.

그런데 표기형태에서 매우 특이한 모습을 보인다. '본족' 중에 '伯母叔母之夫[백모 · 숙모의 남편]' 가 나타나는데 '伯父叔父(백부 · 숙부)' 에 이어 기재되었으므로 '伯母(백모)' 와 '叔母(숙모)' 는 분명히 현재의 고모에 해당한다. '伯母' 는 큰고모, '叔母' 는 작은고모가 되는 것이다. 아버지의 누이를 '伯母' 라고 지칭한 것은, 필자가 확인한 바로는, 이 사례가 유일하다. 또한 '본족' 의 '堂兄弟(당형제)' 는 백숙부의 아들뿐만 아니라 고모의 아들까지 포함한다. '외족' 에서 '母之同生兄弟姊妹之子[어머니의 형제자매의 아들]' 즉 외삼촌의 아들과 이모의 아들이 상피대상이라면 당연히 고모의 아들도 상피대상이 된다. 그런데 고모의 아들을 특정한 부분이 없으므로, '堂兄弟(당형제)' 는 고모의 아들까지 포괄한다.

34) 『高麗史節要』 권6, 宣宗 9년 壬申 11월 "定五服相避式."

35) 『經國大典』 권1 吏典 相避 "京外官 本宗大功以上親 及女夫孫女夫姊妹夫 外親緦麻以上 妻親父祖父兄弟姊妹夫 並相避."

36) 朴秉濠, 1962 「우리나라 率婿婚俗에 由來된 親族과 禁婚範圍-母族 · 妻族을 中心으로」 『法學』 4-2, 152쪽.
盧明鎬, 1981 「高麗의 五服親과 親族關係 法制」 『韓國史硏究』 33, 19~20쪽.

이처럼 상피조의 지칭은 중국 한문과도, 조선전기의 이두문과도 맞지 않는다. 나아가 외족의 표기형태는 더욱 어색하다. '본족' 에서 일일이 지칭을 명기한 것과 달리 '외족' 에서는 '母之父母[어머니의 부모]', '母之同生姉妹之夫[어머니의 자매의 남편]', '母之同生兄弟姉妹之子[어머니의 형제자매의 아들]' 라고 하여 대상을 가리키는 '지칭' 은 전혀 없고 지칭들을 조합하여 관계를 설명하였다. 15세기에 이들을 이두문에 기재하면 '外祖父母(외조부모)', '異姓三寸叔母夫(이성삼촌숙모부)' 와 '異姓四寸兄弟(이성사촌형제)' 가 될 것이고 중국 한문이라면 '外祖父母(외조부모)', '姨夫(이부)', '表兄弟(표형제)' 가 될 것이다.

이로부터 『고려사』 상피조가 문자로 정착된 시점은, 중국의 친족지칭을 적용하는 것이 극히 힘들었을 뿐 아니라 아직 조선전기 이두문의 지칭형태도 갖추지 못한 시점이었다고 추론할 수 있다. 그러면서도 애써 관계를 명확히 드러내려고 한 결과 위 상피조와 같이 표기하게 되었다고 볼 수 있다. '外祖父母(외조부모)' 가 아닌 '母之父母[어머니의 부모]' 는 '外祖' 라는 지칭조차 일상에 통용되지 못했던 상황을 반영한다. '伯母 · 叔母' 로 현재의 고모를 가리키면서 이모는 '母之同生姉妹[어머니의 자매]' 라고 풀어 설명한 것은 이모를 가리키는 친족지칭이 별도로 존재하지 않았음을 알려준다. 더불어 조선전기의 이두문에서 이모와 고모를 포괄한 '三寸叔母[삼촌숙모 ; 삼촌아ᄌᆞ미]' 의 표기형태도 아직 성립하지 못하였음을 시사한다. 이러한 점에 비추어 『고려사』 상피조가 문자로 정착된 시점을 상피제 제정 연도인 1092년까지 소급할 수 있다.

그런데 『고려사』 상피조의 지칭이 정연한 체계를 갖추지 못했을지라도 조선전기 이두문에 기재된 지칭과 일치하는 원리가 확인된다. '伯母(백모)' 와 '叔母(숙모)' 를 여성혈족에게 적용했다는 점이다. 이는 남성혈족의 처를 '叔母(숙모)' 나 '祖母(조모)' 가 아닌 '叔妻[숙처 ; 아자비처]' 나 '大父妻[대부처 ; 한아비처]' 로 지칭하는 것과 동일한 맥락을 갖는데 이러한 경향은 이미 『고려사』 오복제 조항에서도 확인하였다. 여기에서는 현재의 백숙부와 백숙모를 '伯叔父及妻[백숙부 및 처]' 로 지칭하여 혼인으로 관계되면 '~妻' 라고 지칭하는 태도를 보였다.

따라서 『고려사』 상피제 조항과 오복제 조항은, 비록 완성된 표기형태를 보이지 못할지라도, 어떠한 관계에 있는 여성에게 어떠한 형식의 지칭을 부여할지에 대한 일관된 입장이 성립했음을 보여준다. 여성혈족에게 '叔母[아ᄌᆞ미]' 를 적용하고 혈족의 처는 '~妻(처)' 로 간접지칭하는 것은 중국과 대비되는 큰 특징이다. 『고려사』 상피조와 오복조는 중국의 지칭을 고려의 실정에 맞게 변용하려고 시도한 초기 단계이자, 중국과 대비되는 지칭방식과 태도가 지칭형태에 이미 뚜렷하게 반영되던 시기에 문자로 정착된 것이라고 판단할 수 있다.

(2) 『조선왕조실록』 전기 기록의 친족지칭

『조선왕조실록』도 한문으로 작성된 권위 있는 기록인 만큼 형태와 개념이 중국과 일치하는 지칭들이 기재되었다. 그러나 이두문에 쓰인 차자표기 방식의 지칭도 적지 않게 확인된다.

〈표 12〉『조선왕조실록』의 '삼촌숙모부(三寸叔母夫)·삼촌숙부(三寸叔父)'

기준인물	피칭인물	지칭	출현일자
이덕숭(李德崇)	윤필상(尹弼商)	삼촌숙모부(三寸叔母夫)	성종 24년 7월 8일
윤삼산(尹三山)	하연(河演)	오촌숙모부(五寸叔母夫)	세종 24년 1월 15일
왕거을오미(王巨乙吾未)	이밀충(李密冲)	삼촌숙부(三寸叔父)	태종 13년 11월 21일
성준(成俊)	이사철(李師哲)	삼촌숙부(三寸叔父)	연산군 7년 11월 17일

위 〈표 12〉에서 보듯 성준과 성씨가 다른 이사철이 '三寸叔父[삼촌아자비]'로 지칭되었다. '叔母夫(숙모부)'의 형태로 쓰인 '叔母[아ᄌᆞ미]'는 '叔母'가 남성혈족의 처가 아니라 여성혈족임을 알려준다. 이덕숭의 '三寸叔母[삼촌아ᄌᆞ미]'는 '3촌'이 붙어 있어 현재의 고모나 이모에 해당한다. 윤삼산의 '오촌숙모(五寸叔母)'는 '5촌'이므로 아버지의 친사촌 누이인 당고모를 포함하여 모두 8가지나 되는 혈연계통에서 출현할 수 있다. 이로부터 『조선왕조실록』에 기재된 '姑夫(고부)'는 실생활과 관련이 없고 '叔母夫(숙모부)'가 통용되었다고 판단할 수 있다. 단독으로 기재된 '叔母'도 지시하는 구체적인 대상을 확인한 후에야 '叔母[숙모 ; 작은어머니]'인지 '叔母[아ᄌᆞ미]'인지 확정할 수 있다.

이처럼 조선전기 이두문에 쓰인 것과 형태와 용법이 같은 지칭들이 『조선왕조실록』에 기재된 것은 양반층에서도 이들 지칭을 광범하게 사용하였음을 알려준다. 특히 '從兄弟(종형제)'는 친족관계를 규명하고자 친족지칭을 분석할 때 신분계층별 차이를 고려해야 하는 부담을 해소해 준다.

〈표 13〉『조선왕조실록』 전기 기록의 '종형제'

출현일자	관계인물	지칭형태
문종 2년 2월 13일	조화(趙禾)와 박포(朴苞)	異姓從弟
단종 1년 9월 29일	조근(趙瑾)의 처와 이영유(李永蕤)	同姓從弟
성종 9년 4월 16일	조념(趙恬)과 이시애(李施愛)	從弟
성종 9년 6월 8일	한보(韓堡)와 왕종신(王宗信)	異姓從兄弟
성종 9년 10월 20일	한희맹(姜希孟)과 박중선(朴仲善)	從弟
성종 18년 7월 15일	윤숙(尹俶)과 이덕숭(李德崇)	從兄弟
성종 20년 7월 25일	정은부(鄭殷富)와 하치성(河致成)	從弟
연산군 8년 4월 4일	이극균(李克均)과 구수영(具壽永)	從兄弟
연산군 10년 4월 29일	어세겸(魚世謙)과 박숭질(朴崇質)	從弟
중종 8년 12월 15일	신광한(申光漢)과 신용개(申用漑)	同姓從弟
중종 8년 12월 15일	유순정(柳順汀)과 유예신(柳禮臣)	從弟
중종 14년 3월 6일	조원기(趙元紀)와 김우증(金友曾)	從兄弟
명종 즉위년 8월 28일	유인숙(柳仁淑)과 이기(李芑)	異姓從兄弟
명종 4년 12월 8일	유진동(柳辰仝)과 홍언필(洪彦弼)	異姓從弟

'종형제'는 이두문에서 극히 드물게 확인되는 지칭형태이다. 따라서 '종형제'는 양반층에서 주로 구사한 지칭형태로 이두문의 '사촌형제'보다 품격 있는 용어로 간주되었음을 짐작할 수 있다. 양반층은 이두문서에 '사촌형제'라고 기재한 반면 편지나 일기 등 다른 층위의 작문에서는 '종형제'를 쓴 것이다. 그런데 위 〈표 13〉에서 보듯 중국에서 부계친을 한정하는 '종형제'가 『조선왕조실록』에서는 모든 혈연계통을 포괄하였다. 이는 양반층에서 모든 사촌들을 '종형제'로 포괄하는 언어 습관이 있었음을 알려준다.

이처럼 양반층에서 비부계까지 '從兄弟(종형제)'로 포괄한 사례는 양반층에서 구사한, 형태와 용법이 중국과 일치하는 지칭들은 일부러 의도한 결과일 뿐 일상생활과 무관함을 분명하게 알려준다. 양반은 중국 한문에 기재된 친족지칭의 개념을 정확히 파악하였고, 시문과 같이 이른바 순한문을 의도한 문장을 지으면서 중국의 용법에 맞게 사용하였다. 그러면서도 일상에서는 모든 사촌을 '從兄弟(종형제)'로 포괄하여 '叔[숙 ; 아자비]'이나 '姪[질 ; 아촌아돌]'과 같은 적용 방식을 보였다. 양반층이 주로 사용한 '종형제'는 양반층의 지칭 습관도 이두문에서 확인되는 경향과 동일했음을 알려준다.

(3) 『미암일기』와 『묵재일기』의 친족지칭

① 『미암일기(眉巖日記)』의 친족지칭

국가의 공식기록인 『고려사』와 『조선왕조실록』 전기 기록에는 중국과 일치하는 지칭들이 많이 기재되었다. 그러나 부분적으로 이두문에 쓰인 지칭과 형태나 용법이 일치하는 사례들이 확인되어 양반층의 문자생활과 언어생활이 괴리되었음을 확인하였다. 따라서 양반들이 순한문(純漢文)에 대한 부담 없이 작성한 일기에는 이두문과 일치하는 지칭들이 더욱 많이 기재되었음을 짐작할 수 있다.

유희춘(柳希春, 1513~1577)은 고위관리로 활동하였으며 경연관(經筵官)이 되어 경사(經史)를 강론하고 경서의 구결언해(口訣諺解)에 참여하는 등 당대의 성리학자로서의 면모를 보였다.[37] 따라서 그가 일상생활에서 구사한 친족지칭은 한문사용층 전반에 적용할 수 있다. 그가 남긴 일

37) 宋宰鏞, 1996 「《眉巖日記》 硏究」, 단국대 박사학위논문, 39~52쪽.

기에는 다양한 친족지칭이 확인된다. 그 중에는 언어생활의 각기 다른 측면에 기인한 지칭형태의 차이까지 확인된다.[38)]

① 니팔곡의 송정순(宋庭筍)이 여묘하는 곳에 이르러 그 '태부인숙모씨(太夫人叔母氏)' 의 영좌에 들어가 절하였다.[39)]

② 송무안(宋務安)[송정순]의 어머니 댁에 가서 절하였다. '장삼촌숙부처씨(丈三寸叔父妻氏)' 가 되는 까닭이다.[40)]

③ 경차관 신연(辛璉)이 해질무렵 '삼촌숙모최첩처씨(三寸叔母崔疊妻氏)' 를 거쳐 들렀으니 즉 나의 '오촌숙처씨(五寸叔妻氏)' 이다.[41)]

①에서 '太夫人叔母氏(태부인숙모씨)' 로 기록된 송정순의 모친은 유희춘의 처 송씨의 작은어머니, 즉 작은아버지의 처이다.[42)] 송씨와 혈연으로 이어지는 관계가 아니어서 이두문의 용법을 적용하면 '~처' 의 형태로

38) 본고에서 인용한 내용은 1938년에 조선총독부 조선사편수회에서 活字印刷한 『眉巖日記草』에 의거하였다.

39) 위의 책, 5권 70쪽 11월 10일 "詣泥八谷 宋求禮庭筍之廬 入拜厥太夫人叔母氏之靈座."

40) 위의 책, 2권 442쪽 12월 1일 "往拜宋務安(庭筍)母氏宅 爲丈三寸叔父妻氏故也."

41) 위의 책, 3권 167쪽 10월 2일 "敬差官辛君璉 晡時 歷入三寸叔母崔疊妻氏 卽希春五寸叔妻氏也."

42) 宋氏側系譜(『洪州宋氏世譜』)

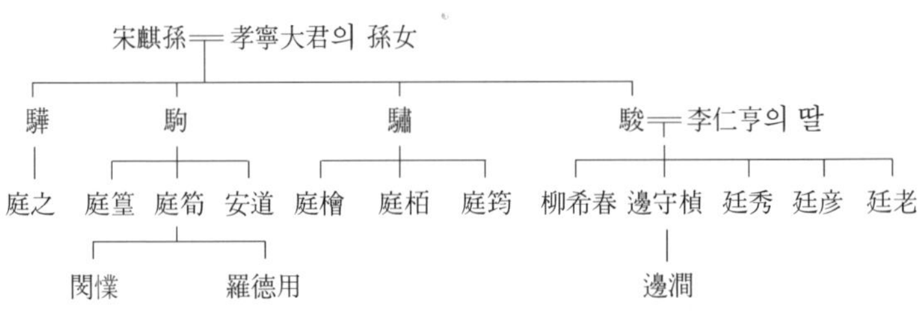

표기해야 하는데 여기에서는 '叔母[숙모 ; 아즈미]' 로 표기하였다. 그런데 이 인물이 ②에서는 '丈三寸叔父妻氏[장삼촌숙부처씨 ; 처가 삼촌아자비의 처]' 로 지칭되어 이두문의 용법과 일치한다. 신연의 '三寸叔母(삼촌숙모)' 가 유희춘에게 '五寸叔妻(오촌숙처)' 가 된다는 ③의 표현도 혈연으로 이어지면 '~寸叔母' 라 하고 혼인으로 관계되면 '~寸叔妻' 라고 하는 지칭방식을 드러낸다.

이렇듯 혈연관계가 없는데도 '叔母[숙모 ; 아즈미]' 로 지칭한 사례와(①) 혈연관계의 유무에 따라 '叔母[숙모 ; 아즈미]' 와 '叔妻[숙처 ; 아자비처]' 로 구분한 사례는(②, ③) 각기 언어생활의 다른 측면에 기인하는 것임을 알 수 있다. ①은 일상의 친근감에 기초한 지칭이라고 볼 수 있다. ①의 '太夫人叔母氏(태부인숙모씨)' 는 일상에서 '대부인아즈미' 라고 발음한 것을 옮겼을 가능성이 크다. '太夫人叔母氏' 는 일상의 친밀감을 반영하는 구어에 해당하는 것이다.

반면에 ②, ③은 혈연관계를 의식할 때의 지칭형태로 친족관계와 밀접한 관련을 갖는다. 송정순의 모친을 일상에서는 '아즈미' 라고 친근하게 부를지라도 혈연관계를 의식할 때에는 '丈三寸叔父妻氏[처가 삼촌 숙부(아자비)의 처]' 가 되는 것이다. 이처럼 언어생활의 각기 다른 측면이 확인된다는 점에서 『미암일기』의 지칭은 유희춘이 일상에서 직접 사용한 것으로 인정할 수 있다.

그런데 『미암일기』에 기재된 지칭들은 대개 친족관계를 명확히 드러내는 것들로서 『대명률직해』나 『경국대전』에 기재된 것들과 일치한다. 이들 지칭을 사촌 범위에서 정리하면 다음과 같다.

〈표 14〉『미암일기』 중 4촌 이내의 차자표기 방식의 친족지칭

기준인	친족지칭	피칭자	미암일기초
유희춘	三寸叔母夫(삼촌숙모부)	유승로(柳承露)	1권 144쪽 3월 1일 3권 472쪽 4월 26일
		방한걸(房漢傑)	3권 120쪽 7월 1일
	四寸妹(사촌매)	김씨(金氏)	2권 168쪽 12월 27일 5권 86쪽 12월 4일
	四寸弟(사촌제)	김덕제(金德濟)	5권 88쪽 12월 5일
	四寸(사촌)	김도제(金道濟)	2권 452쪽 12월 22일
유희춘 처 송씨(宋氏)	三寸(삼촌)	이고(李翺)	3권 117쪽 6월 25일
	三寸叔(삼촌숙)	송숙(宋驌)	5권 70쪽 11월 9일
	三寸叔母(삼촌숙모)	박유(朴瑠) 처	1권 229쪽 5월 14일
	叔母(숙모)	이씨(李氏)	1권 312쪽 8월 8일
	同姓三寸姪女(동성삼촌질녀)		1권 240쪽 5월 27일
	四寸(사촌)	이희철(李希轍)	1권 141쪽 2월 29일
	四寸兄(사촌형)	박윤수(朴允秀)	1권 248쪽 6월 5일 2권 8쪽 6월 1일
	四寸娚(사촌남)	김난상(金鸞祥)	3권 31쪽 2월 10일
		신여(申鷺)	5권 88쪽 12월 8일
		신계원(申季源)	5권 117쪽 1월 17일
이삼(李森)	四寸大父(사촌대부)		1권 4쪽 10월 2일
하씨(河氏)	四寸大父(사촌대부)	조식(曹植)	1권 280쪽 7월 7일
김여부(金汝孚)	三寸叔母夫(삼촌숙모부)	정연(鄭衍)	4권 404쪽 6월 12일
정귀감(鄭貴瑊)	妻三寸(처삼촌)	차헌(車軒)	1권 162쪽 3월 24일
허준(許浚)	三寸叔父(삼촌숙부)	김시흡(金時洽)	2권 156쪽 12월 1일
고즙(高楫)	三寸叔(삼촌숙)	곡계윤(高季倫)	3권 65쪽 3월 29일
윤관중(尹寬中)	三寸叔(삼촌숙)	윤행(尹行)	5권 60쪽 10월 30일
조희문(趙希文)	三寸姪(삼촌질)	조윤(趙倫)	1권 79쪽 12월 23일
정사인(丁舍人)	三寸姪(삼촌질)	김유경(金有經)	1권 142쪽 2월 29일
최상궁(崔尙宮)	三寸姪(삼촌질)	최한정(崔漢貞)	1권 196쪽 4월 18일
최상지(姜尙之)	四寸(사촌)	안용(安容)	2권 17쪽 6월 10일
유영춘(柳榮春)	四寸(사촌)	성윤문(成允文)	2권 379쪽 9월 5일
윤홍중(尹弘中)	四寸弟(사촌제)	문위천(文緯天)	3권 12쪽 1월 13일
설씨(薛氏)	四寸娚(사촌남)	김균(金鈞)	3권 241쪽 9월 8일

앞의 〈표 14〉에 정리된 지칭들은 『대명률직해』와 『경국대전』 나아가 조선전기의 이두문서에서 확인한 것과 같은 형태이다. '三寸叔[삼촌아자비]' 은 현재의 숙부와 외삼촌을 포괄하고 '三寸叔母[삼촌아즈미]' 는 고모와 이모를 포괄한다. 별다른 설명이 없을 경우 성씨를 가지고 관계를 추론할 수밖에 없지만 개연성일 뿐이다. 유희춘의 '三寸叔母夫(삼촌숙모부)' 가 유승로(柳承露)로 유희춘과 같은 '유(柳)' 씨라는 점에서 '三寸叔母(삼촌숙모)' 를 현재의 이모라고 생각하기 쉽지만 사실은 유희춘의 고모이다.[43] 숙부 항렬의 여성혈족을 '叔母[아즈미]' 라고 지칭하고 그녀의 남편을 '叔母夫[아즈미 남편]' 라고 하는 지칭방식도 앞에서 살핀 것과 동일하다.

'姪[질 ; 아촌아돌]' 도 형제자매의 자녀를 포괄하는 개념으로 쓰였다. '四寸大父[사촌대부 ; 사촌한아비]' 는 『경국대전』 오복제 조항의 세주(細註) 지칭이 일상에서 통용되었음을 알려준다. 유희춘의 '四寸妹[사촌누이]' 와 부인 송씨의 '四寸娚[사촌오라비]' 도 『미암일기』의 지칭이 당시의 언어습관을 그대로 반영함을 알려준다. '四寸妹' 와 '四寸娚' 은 지칭자와 피칭자의 성별이 다르면 '누이[妹]' 와 '오라비[娚]' 가 되고, 성별이 같으면 '兄弟[형 · 아우]' 가 되어 여성이 '兄弟' 라고 하면 그 '兄弟' 도 여성이 되는 지칭방식을 따른 것이다. 이는 유희춘이 채위(蔡禕)의 처 이씨를 '吾夫人之六寸兄[내 부인의 육촌형]' 이라고 한 것에서도 확인된다.[44] 그러므

43) 본서 235쪽 주 94) 참조.

44) 『眉巖日記草』 3권 127쪽 7월 14일 "以臨陂蔡禕 乃故僉正李樞之四寸妹夫 蔡之妻李氏 卽吾夫人之六寸兄也."

로 〈표 14〉에 정리된 지칭들은 최고 지배층이자 지식층이라고 할 수 있는 한문사용층도 일상의 언어생활에서 『경국대전』이나 이두문서에 기재된 지칭들을 구사했음을 알려준다.

그런데 유희춘은 특정 대상에게 중국과 일치하는 개념의 지칭을 적용

〈표 15〉『미암일기』 중 혈연계통을 구별하는 친족지칭

기준인	친족지칭	피칭인물	전거
유희춘	從弟(종제)	유영춘(柳榮春)	1권 81쪽 12월 26일 1권 83쪽 12월 29일 1권 160쪽 3월 21일 2권 51쪽 윤6월 16일 2권 448쪽 12월 14일 3권 143쪽 8월 17일 5권 12쪽 윤12월 3일
	外弟(외제)	나사돈(羅士惇) 나사척(羅士惕)	3권 292쪽 10월 26일 5권 107쪽 1월 3일
	甥(생)	이유수(李惟秀)	2권 164쪽 12월 20일
	從妹(종매)	유씨(柳氏)	3권 74쪽 4월 12일
	姑氏(고씨)·姑母(고모)	유씨(柳氏) 자매	1권 83쪽 12월 28일 3권 72쪽 4월 10일 3권 74쪽 4월 12일 3권 120쪽 7월 1일 3권 121쪽 7월 2일 5권 289쪽 10월 25일
	姨(이) · 姨母(이모)	최씨(崔氏) 자매	1권 76쪽 12월 20일 2권 141쪽 11월 3일 3권 77쪽 4월 18일 3권 80쪽 4월 23일 3권 82쪽 4월 25일
유희춘 처 송씨	從弟(종제)	송씨(宋氏)	5권 88쪽 12월 6일
	姨母(이모)	이씨(李氏)	3권 393쪽 2월 15일
김후(金厚)	從弟(종제)	김린지(金麟趾)	3권 108쪽 6월 12일
이유□(李瑜□)	從弟(종제)	이관(李瓘)	2권 11쪽 6월 5일
나사침(羅士忱)	從兄(종형)	나사성(羅士惺)	4권 163쪽 11월 6일
김상(金祥)	從兄(종형)	김정(金禎)	4권 445쪽 7월 16일
박근원(朴謹元)	從兄(종형)	박충원(朴忠元)	4권 469쪽 8월 8일

한 것이 확인된다. 비록 소수이지만 일기의 기록 형태는 일상의 습관을 반영한다는 점에서 중요한 의미를 지닌다. 이들 사례를 〈표 15〉에 정리해 보았다.

〈표 15〉에서 유희춘은 자신을 기준으로 '從弟(종제)', '外弟(외제)', '甥(생)', '從妹(종매)', '姑·姑母(고·고모)', '姨·姨母(이·이모)', '外姑[외고 ; 장모]'의 6가지를 중국 용법에 맞게 쓰고 있다. 그의 '종제'인 유영춘(柳榮春)은 숙부의 아들이다. 그를 지칭할 때에는 반드시 '종제'라고 하였다.[45] '從妹(종매)'도 성씨가 유씨(柳氏)인 것으로 미루어 유영춘의 누이로 비정할 수 있다. '外弟(외제)'로 기록한 나사돈(羅士惇)과 나사척(羅士惕)은 이모의 아들이다.[46] 그는 다른 이모의 소생인 김덕제(金德濟)와 김도제(金道濟)는 '四寸(사촌)'으로 기재한 반면, 나씨 형제는 '외제'로 기록하였다. '李甥(이생)'의 형태로 나타나는 '甥(생)'은 유희춘이 '李姊(이자)'로 지칭하는 손위 누이의 아들 이유수(李惟秀)로서 지

---

45) 柳希春側系譜(『善山柳氏派譜』)

- 柳陽秀
  - 柳公汀 — 柳光孫 — 柳孟權 — 柳元芳
  - 柳公濬
    - 柳桂隣
      - 柳成春 — 柳讼溉
      - 柳希春 — 柳景濂
      - 딸(李鬱) — 李惟秀
      - 딸(吳千齡) — 吳彦祥
      - 딸(韓士訥) — 韓孝清
    - 柳桂近 — 柳榮春

46) 崔溥 外孫의 系譜(『羅州崔氏世譜』)

- 崔溥
  - 1녀 (柳桂鄰)
    - 柳成春
    - 柳希春
    - 딸(李鬱)
    - 딸(吳千齡)
    - 딸(韓士訥)
  - 2녀 (羅晊)
    - 羅士愃
    - 羅士惇
    - 羅士忱
    - 羅士惕
  - 3녀 (金雰)
    - 金道濟
    - 金德濟
    - 딸(李億福)

금의 생질에 해당한다. '姑·姑母(고·고모)' 는 유희춘의 두 명의 고모로 〈표 14〉에 정리된 것처럼 첫째는 방한걸(房漢傑)과 혼인하였고 둘째는 유승로(柳承露)와 혼인하였다. 그리고 '姨·姨母(이·이모)' 는 유희춘의 어머니 최씨(崔氏)의 두 자매로 각기 김분(金雰), 나질(羅晊)과 혼인하였다. 마지막으로 '外姑(외고)' 는 이인형(李仁亨)의 딸로 유희춘에게 장모가 된다.

유희춘이 지칭을 중국 개념에 맞게 구사한 사례는 다른 인물을 기준으로 한 곳에서도 확인된다. 그는 부인 송씨를 기준으로 '從弟(종제)' 와 '姨母(이모)' 라는 지칭을 썼다. '兄·弟(형·제)' 를 동성간에 적용하는 고유한 지칭방식의 영향으로 '從弟(종제)' 가 여성인 것을 논외로 하면 '종제' 는 중국과 용법이 일치한다. 최상중(崔尚重)의 모친인 '종제' 는 부인 송씨의 친사촌이다.[47] '姨母(이모)' 이씨(李氏)는 송씨의 외조부 이인형(李仁亨)의 딸이다. '從兄弟(종형제)' 도 한결같이 기준인과 피칭자의 성씨가 동일하여 부계친에만 적용되었다고 판단된다.

유희춘이 이처럼 중국에서 유래한 지칭을 중국의 용법에 맞게 사용한 사례들로부터 두 가지 특징을 도출할 수 있다. 첫째, 중국 용법에 부합하는 지칭의 범위가 4촌 범위의 근친에 한정된다. '姑·姑母(고·고모)', '姨·姨母(이·이모)', '甥(생)' 은 3촌이고 '從兄弟(종형제)' 는 4촌이며 '外姑(외고)' 는 장모이다. 위 표에는 제시하지 않았지만 촌수가 부기되

47) 崔尚重의 母 宋氏는 柳希春의 妻叔父 宋駒의 딸로서 崔穎과 혼인하였다.(『洪州宋氏世譜』)

지 않은 '叔父(숙부)' 도 아버지의 형제에 한정되는 경향이 확인된다.[48] 그러나 4촌을 벗어나면 앞서 『경국대전』과 이두문서에서 확인한 것과 같은 차자표기 방식의 지칭이 적용된다. 5촌 이상의 동성(同姓) · 이성(異姓) 인물을 지칭한 사례는 헤아리기 어려울 만큼 많지만, '堂叔(당숙) · 堂舅(당구)' 나 '堂姪(당질)' 과 같은 지칭은 없고 한결같이 '五寸叔[오촌숙 ; 오촌아자비]', '五寸姪[오촌질 ; 오촌아촌아둘]' 등으로 나타난다.

두 번째 특징은 4촌 이내의 근친에서 중국과 일치하는 용법이 확인되지만 그것도 불안정한 모습을 보인다는 점이다. 유희춘은 기준인이 자신이거나 타인이거나 '從兄弟(종형제)' 는 반드시 부계친에 적용하였다. 반면, 자신의 이종사촌 중 나씨 형제를 '外弟(외제)' 라고 하면서도 김씨 형제는 '사촌' 이라고 지칭하였다. 타인이 기준인이 된 경우 〈표 14〉에서 보듯 '四寸兄弟(사촌형제)' 를 많이 썼다. 또한 '姨母(이모)', '姑母(고모)' 를 중국 개념대로 사용했지만 '叔母[숙모 ; 아즈미]' 는 여전히 『대명률직해』나 조선전기 분재문서의 개념을 유지하였다. '이모' 와 '고모' 로 지칭하였으므로 '숙모' 가 중국의 용법대로 쓰였으리라는 추론도 가능하지만 친족관계를 드러내는 표현에서 '叔母(숙모)' 로 숙부의 처를 지칭한 사례는 확인되지 않는다. 앞서 살핀 것처럼 이러한 관계는 '叔妻[숙처 ; 아자비처]' 로 지칭하였다.

나아가 그는 지금의 고모와 이모를 '姑母(고모)', '姨母(이모)' 로 지칭

48) 『眉巖日記草』, 1권 18쪽 10월 17일 "申季源歿於洪州 乃冲卿之叔父也."
같은 책, 1권 81쪽 12월 25일 "過入正字任百鈞家 其叔父希普 · 希聖."
같은 책, 3권 209쪽 12월 25일 "李僉知元祿之姪瀞…蓋瀞之叔父廷瑞."
같은 책, 5권 82쪽 11월 28일 "李瀞 賴我之力 得以其叔父元祿寃謫之故 爲健元陵參奉."

하면서도 그들의 배우자는 '姑母夫(고모부)', '姨母夫(이모부)' 라고 하지 않았다. 그들은 '三寸叔母夫[삼촌숙모부 ; 삼촌아ᄌᆞ미남편]' 로 기재되었다. 〈표 14〉의 '三寸叔母夫' 유승로와 방한걸은 〈표 15〉에서 유희춘이 '姑母(고모)' 로 지칭한 여성들의 배우자이다.

이상의 두 가지 특징으로부터 유희춘은 조선전기 이두문서에 쓰인 구래의 지칭과 그 지칭이 근거한 친족관계에 익숙했음을 알 수 있다. 또한 4촌 범위의 근친에서는 혈연계통을 구분하는 의식이 있었으며 이에 기반하여 중국 개념과 일치하는 지칭들을 사용했음을 알 수 있다. 그러나 '三寸叔母夫[삼촌아ᄌᆞ미남편]' 가 보여주는 것처럼 이러한 용법은 적용범위가 좁을 뿐더러 아직 일관된 지칭체계를 이루지 못하고 특정 대상에만 적용되는 상태였다. 『미암일기』는 부계친을 별도로 구별하는 경향을 일부 드러내지만 아직은 구래의 친족관계 및 그것을 반영하는 조선전기 이두문서의 지칭이 보편성을 유지하였음을 알려준다.

그러나 이렇듯 제한적이고 불안정한 양상일지라도 이후 친족관계와 친족지칭이 겪을 변화의 방향을 지시한다는 점에서 중요한 의미를 지닌다. 앞서 1682년에 작성된 분재문서에서 '姑母(고모)' 의 용례를 처음 확인했지만, 유희춘은 그보다 100여 년 앞서 일기에 기록하였다. 또 부계친에게만 '從兄弟(종형제)' 를 적용하였다. 따라서 현재 한국에서 통용되는 '전통적' 한자어 지칭은 유희춘의 일기에서 일부 확인되는 변동의 귀결점이 된다.

② 『묵재일기(默齋日記)』의 친족지칭

유희춘은 조선전기의 이두문서에 기재된, 형태나 용법이 중국과 상이

한 지칭을 보편적으로 사용하면서도 '전통적' 지칭과 일치하는 방향으로의 전환을 시작하였다. 이는 이문건(李文楗, 1494~1567)의 『묵재일기』에서도 확인된다. 이문건은 승지(承旨)를 지내는 등 중앙관인으로 활동하였고, 을사사화로 말미암아 성주(星州)에 유배되어 그곳에서 죽었다. 그는 유희춘에 앞서 1535년 11월부터 1567년 2월까지 30여 년 동안 일기를 작성하였다.[49] 이 일기에서 그는 '姑(고)'와 '仲母(중모)', '權叔母(권숙모)'라는 지칭을 사용하였다.

> ① 옹희(雍姬) 고씨(姑氏)가 오후에 들어왔다.[50]
>
> ②-i 오후에 중모(仲母)님[主]을 찾아뵈었다.…또 권숙모(權叔母)님[主]을 찾아뵈었다.[51]
>
> ②-ii 녹미 3말을 중모(仲母)님께 보내드렸고, 다시 쌀 두 말과 누룩 한 조각을 권숙모(權叔母) 댁에 보냈다.[52]

위 인용문의 '姑氏(고씨)' 옹희(雍姬)는 이문건의 아버지 이윤탁(李允濯)의 자매이다.[53] 그는 일기에서 이 인물을 지칭할 때 반드시 '고·고씨(姑·姑氏)'라는 표현을 썼다. '姑母'가 아닌 '고·고씨(姑·姑氏)'라는

49) 김경숙, 2000 「16세기 사대부 집안의 제사설행과 그 성격-李文楗의 『默齋日記』를 중심으로-」 『韓國學報』 98, 2쪽.

50) 『默齋日記』, 1537년 3월 18일 丁酉 "雍姬姑氏 午入來."

51) 위의 책, 1545년 3월 11일 癸酉 "午後投覲仲母主(중략)又投覲權叔母主."

52) 위의 책, 1545년 4월 13일 乙巳 "送呈三斗祿米于仲母主前 復送米二斗麴一片于權叔母宅."

53) 김경숙, 2000 앞의 논문 4쪽.

기록 형태로 미루어 일상의 구어로 썼을 가능성은 적지만, 그의 일기 기록에서 일찍부터 습관된 것임을 알 수 있다.

'仲母(중모)' 는 이문건의 중부(仲父)인 이윤식(李允湜)의 처 김씨(金氏)로[54] 많은 곳에서 '延安叔母(연안숙모)' 로도 표기되었다.[55] 그런데 '연안숙모' 와 '중모' 의 출현양상을 보면 1535년부터 1537년까지 '연안숙모' 만 나타나고, 1545년 이후에는 온전히 '仲母(중모)' 만 나타난다. 이문건은 '延安叔母(연안숙모)' 와 '仲母(중모)' 를 같은 시기에 혼용한 것이 아니라 1537년 이후 1545년 이전의 어느 시점부터 '연안숙모' 를 버리고 '중모' 를 사용한 것이다.[56]

따라서 이문건이 '仲母(중모)' 를 쓰게 된 것은 '연안숙모' 보다 '중모' 를 옳다고 여기는 '의식' 이 강하게 작용한 결과로서 일상의 '버릇' 과는 거리가 있다고 판단할 수 있다. 또한 '延安叔母(연안숙모)' 의 '叔母' 는

54) 김경숙, 위의 논문 9쪽.

55) '仲母' 와 '延安叔母' 를 동일인으로 보는 근거는 다음과 같다. 濟翁(李公楫)은 이문건의 仲父인 李允湜의 아들인데(김경숙, 위의 논문 9쪽 가계도 참조) 1536년 8월 10일(癸巳)에 '延安叔父' 의 生忌日을 맞아 濟翁이 묘소에서 제사를 지낸 사실이 확인된다.("延安叔父生忌日 濟翁兄出來 祭於墓") 또한 1545년 12월 11일(庚子)자 일기에서는 '延安宅' 의 奴 仲山과 終孫 등이 '仲母主' 의 심부름으로 身貢을 거두어 올라간 사실이 나타난다.("延安宅奴仲山終孫等來見 敎仲母主意使收貢上去") 따라서 '延安叔母' 와 '仲母' 는 동일인임을 알 수 있다.

56) '延安叔母' 와 '仲母' 의 출현 양상

延安叔母		仲母	
年度	月日	年度	月日
1535	11월 5일, 12월 19일	1545	1월 28일, 2월 5일, 3월 11일, 4월 13일 4월 16일, 12월 11일
1536	1월 25일, 10월 3일, 12월 29일	1546	2월 7일, 9월 1일
1537	1월 25일, 2월 27일, 3월 19일 4월 14일, 4월 19일, 5월 7일	1547	1월 5일
		1551	9월 18일
		1552	1월 20일, 11월 30일, 12월 27일

현재의 숙모가 아니라 이모와 고모를 포괄하면서 혈족의 처에게도 적용될 수 있었던 '아즈미'에 해당한다. 이는 이문건이 이모를 '權叔母(권숙모)'라고 기재한 것에서 확인된다.

이문건이 '權叔母(권숙모)'로 지칭한 여성은 권진(權振)과 혼인한 이모이다.[57] 그런데 한 문장에서 중모와 이모를 각기 '仲母(중모)'와 '權叔母(권숙모)'라고 지칭한 사례는 발견되지만[58] '權叔母(권숙모)'를 '姨(이)'라고 지칭한 사례는 확인되지 않는다. 한문에서는 '姑(고)'와 '姨(이)'가 대를 이루지만 『묵재일기』에서는 '姑(고)'와 '權叔母(권숙모)'가 대를 이룬다.

이로부터 '叔母[아즈미]'가 여전히 중국의 '姑(고)'와 '姨(이)'를 포괄하는 보편성을 지니면서도 부계친만 '姑(고)'로 구별하여 지칭하는 방식이 그의 일기에 적용되었음을 알 수 있다. '三寸叔母[삼촌숙모 ; 삼촌아즈미]'에서 '姑(고)'를 구분하고, '延安叔母[연안숙모 ; 연안아즈미]'를 '仲母(중모)'로 바꾼 『묵재일기』는 지칭형태와 지칭방식이 부계원리에 적합하게 변해 가는 모습을 보여준다. 그러나 이모를 '權叔母(권숙모)'로 지칭하여 '숙모'가 중국의 개념과 일치되지 못한 것에서 아직 일관된 체계를 갖추지 못하였음을 알 수 있다. 이문건이 일기에 기재한 지칭은 '姑母(고모)'와 '姨母(이모)'가 대를 이룬 『미암일기』의 전단계를 반영함을 알 수 있다. 그리고 『미암일기』에서 변동의 범위가 4촌 범위를 넘지 못하고, '姑母(고모)'나 '姨母(이모)'의 배우자를 여전히 '三寸叔母夫

57) 김경숙, 2000 앞의 논문 9쪽 가계도 참조.

58) 『默齋日記』, 1537년 4월 14일 壬戌 "食後 投謁延安叔母氏 見濟翁(중략)來謁權叔母."

(삼촌숙모부)' 라고 한 것은 아직 구래의 지칭이 보편성을 지녔음을 알려준다.

따라서 16세기는 모든 계층에서 동일한 원리와 형태의 지칭을 구사하는 한편, 한문사용층인 양반층에서 새로운 방향으로의 변화가 시작된 시기라고 평가할 수 있다. 16세기는 구래의 지칭체계가 보편성을 갖는 하한이자 새로운 지칭체계가 성립하기 시작한 상한이 된다.

5) 한글 대역(對譯) 외국어 회화서의 친족지칭

(1) 『번역노걸대』의 친족지칭

고려 · 조선전기에는 '아춘아비(아자비)', '아춘어미(아ᄌᆞ미)' 처럼 부계와 비부계를 가르는 기능이 없는 고유어 친족지칭이 통용되었으며 차자표기에서는 그것을 '少爲母 · 叔母', '少爲父 · 叔父' 로 표기하였다. 이후 16세기에 이르러 양반층에서 '고모(姑母)', '이모(姨母)' 처럼 현재 '전통적' 인 지칭으로 인정되는 지칭을 일부 사용하기 시작하였다. 따라서 일상의 구어에서 사용된 지칭을 발음까지 확인하여 구래의 지칭이 보편성을 지니는 하한과 '전통적' 지칭이 완성된 상한을 확인할 필요가 있다. 구래의 지칭이 보편성을 지니는 하한은 구래의 친족관계가 유지된 하한이고, '전통적' 지칭이 완성된 상한은 곧 오복제에 근거한 '전통적' 친족관계가 완성된 상한이 될 것이다. 이는 한글 대역 외국어 회화서인 『노걸대(老乞大)』류(類)에서 확인할 수 있다.

최고의 판본으로 16세기 전반에 편찬된 『번역노걸대(飜譯老乞大)』에는 친족지칭이 세 부분에 집중되어 있다. 편의상 ① 관계를 설명하는 대목, ② 친척의 안부를 묻는 대목, ③ 친척을 초대하는 대목으로 구분하여 살펴보겠다. 〈표 16〉에 정리된 대화는 관계를 설명하는 부분이다.[59)]

여기에서 2인은 기준인과 혈연관계가 있는데 그 관계가 중국어로 '姑舅哥哥[고구가가 ; 내외종형제]' 와 '兩姨兄弟[양이형제 ; 이종형제]' 로 표현되었다. '姑舅(고구)' 와 '양이(兩姨)' 라는 표기형태는 『대명률직해』에서 확인한 것으로 '姑舅哥哥(고구가가)' 는 일방의 어머니와 타방의 아버지가 남매일 때 성립하는 관계이고, '兩姨兄弟(양이형제)' 는 양자의 어머니가 자매일 때 성립하는 관계이다. 『대명률직해』에서는 원문의 '姑舅兩姨姊妹(고구양이자매)' 를 '同姓三寸少爲母[동성삼촌아촌어미]와 異姓三寸少爲父[이성삼촌아촌아비]와 異姓三寸少爲母[이성삼촌아촌어미]들의 소생' 이라고 번역했었다.[60)]

그런데 『번역노걸대』에서는 『대명률직해』보다 더 에둘러 표현하였다. 『대명률직해』의 '少爲父[아촌아비]' , '少爲母[아촌어미]' 에 해당하는 대상을 '어믜동생오라비' , '아븨동생누이' 로 풀어 설명하였다. 이는 중국의 '姑舅兩姨(고구양이)' 에 해당하는 개념과 어휘가 없었음을 다시 확인

59) 『飜譯老乞大』 上卷
원문을 인용한 부분에서는 '동싱' , '아ᄉᆞ' , 'ᄯᆞᆯ' 등 원문형태 그대로 옮기고 방점만 생략하며, 논지를 전개하는 부분에서는 'ㆍ' 만 그대로 옮기고 'ㆍㅣ → ㅐ, ㅿㆍㆁ → ㅇ, ㅼ → ㄸ' 으로 통일하여 '동생' , '아ᄋᆞ' , 'ᄯᆞᆯ' 등으로 바꾸어 표기하겠다.

60) 본서 79쪽.

〈표 16〉『번역노걸대』 중 관계를 설명하는 대목의 친족지칭

원문	번역문	현대어풀이
這箇姓金	이는 셩이 金개니	이 사람은 성이 김가이니
是小人**姑舅**哥哥	이는 내 **아븨 동싱** 누의와 **어믜 동싱 오라비**게 난 형이요	내 아버지의 누이와 어머니의 오라비에게서 난 형이고
這箇姓李	이는 셩이 李개니	이 사람은 성이 이가이니
是小人**兩姨兄弟**	이는 우리 어미동**싱**의게 난 **아ᅀᆞ**요	우리 어머니의 동생에게서 난 아우입니다
你是**姑舅**弟兄	네 **異姓四寸兄弟**어시니	너희는 이성사촌형제인데
誰是**舅舅**上孩兒	누구는 **어믜오라븨**게 난 ᄌᆞ식	누가 어머니의 오라비에게 난 자식이고
誰是**姑姑**上孩兒	누구는 **아븨**누의게 난 ᄌᆞ식고	누가 아버지의 누이에게 난 자식인가?
小人是**姑姑**生的	小人은 **아븨**누의게 나니오	소인은 아버지 누이에게 난 사람이고
他是**舅舅**生的	뎌는 **어믜**오라**븨**게 나니이다	저 사람은 어머니의 오라비에게서 난 사람입니다.
你**兩姨兄弟**	너희 **兩姨**예서 난 형뎨라 ᄒᆞ니	너희들 양이에게서 난 형제라 하니
是親**兩姨**那	이 친동싱 **兩姨**가	친동생 양이인가?
房親**兩姨**	이 동셩륙촌 **兩姨**가	동성육촌 양이인가?
是親**兩姨兄弟**	이 친동싱 **兩姨**예셔 난 형뎨로니	친동생 양이에게서 난 형제이니
我母親是姐姐	우리 어미는 형이오	우리 어머니는 형이요
他母親是妹子	뎌의 어미는 아ᅀᆞ라	저 사람의 어머니는 아우입니다
你旣是**姑舅兩姨弟兄**	너희 ᄒᆞ마 **姑舅兩姨**예셔 난 형뎨로딕	너희들 고구양이에게서 난 형제인데

해준다. 번역자는 중국어 원문의 지칭에 고유어 지칭을 대입시키지 못하고 설명하는 방식으로 번역할 수밖에 없었던 것이다. 역자가 당면한 고충은 '姑舅(고구)' 와 '兩姨(양이)' 가 반복될수록 더욱 분명히 드러난다.

두 번째 '姑舅弟兄(고구제형)' 의 번역인 '異姓四寸兄弟(이성사촌형제)' 가 '아븨동생누이와 어믜동생오라븨게 난 형' 보다 실제 쓰임에 가까운 것은 이것이 이두자료에 기재된 지칭형태와 일치하는 것에서도 짐작할 수 있다. 그러나 '이성사촌' 이라는 번역은 원문과 일치하지 않는다. 『대명률직해』에서 '舅[외삼촌]' 를 '異姓三寸少爲父[이성삼촌아촌아비]' 로 '姨(이)' 를 '異姓三寸少爲母[이성삼촌아촌어미]' 로 번역한 것에서 보듯 '이성(異姓)' 은 부계 이외의 모든 혈연계통을 포괄하므로 '兩姨兄弟(양이형제)' 도 이성사촌이다. 따라서 원문의 '姑舅弟兄(고구제형)' 을 '異姓四寸兄弟(이성사촌형제)' 로 번역한 것은 원문의 의미에서 얼마간 벗어날지라도 일상에서 통용되는 지칭을 택한 번역태도에 기인한다고 볼 수 있다.

16세기 전반에 '姑舅(고구)' 나 '兩姨(양이)' 와 같은 중국의 개념을 표현할 어휘가 없었다는 사실은 원문의 '兩姨(양이)' 와 '姑舅兩姨(고구양이)' 를 번역문에 그대로 쓴 것에서도 확인된다. '아븨동생누이와 어믜동생오라븨게 난 형', '어미동생의게 난 아우', '異姓四寸' '兩姨', '姑舅兩姨' 의 순서로 이어지는 번역은 한국에 없는 개념을 지닌 중국 어휘를 번역하면서 먼저 뜻풀이하듯 의미를 전달한 뒤, 반복될 때는 원문을 그대로 옮긴 결과라고 볼 수 있다.

다음으로 〈표 16〉에서 '舅舅[구구 ; 외삼촌]' 를 '어믜오라븨' 로, '姑姑[고고 ; 고모]' 를 '아븨누이' 로 번역한 것을 주목할 수 있다. 이는 『대명률직해』에서 '舅(구)' 와 '姑(고)' 를 '母의 娚[어머니의 오라비]', '父의 姊妹[아버지의 자매]' 로 번역한 것과 일치한다. 그러나 『대명률직해』에서는 '少爲父 · 少爲母[아촌아비 · 아촌어미]', '叔父 · 叔母[아자비 · 아

ᄌᆞ미]' 와 같은 지칭도 사용하였다. 이러한 지칭을 두고도 『번역노걸대』에서 부모를 기준으로 간접지칭한 것은 특별한 사정에 기인한다고 볼 수 있다. 친척의 안부를 묻는 대목과 친척을 초대하는 대목에 출현하는 지칭들을 비교해보면 그 사정이 무엇인지 알 수 있다.

〈표 17〉『번역노걸대』의 안부를 묻는 대목과 초대하는 대목 비교

친척의 안부를 묻는 대목		친척을 초대하는 대목		현대어
원문	번역문	원문	번역문	
		公公(공공)	하나비	조부
		婆婆(파파)	할미	조모
父親(부친)	아바님	父親(부친)	아비	부친
母親(모친)	어머님	母親(모친)	어미	모친
伯父(백부)	ᄆᆞᆮ아ᄌᆞ바님	伯伯(백백)	아ᄇᆡ동싱ᄆᆞᆮ형	백부
叔父(숙부)	아ᅀᆞ아ᄌᆞ바님	叔叔(숙숙)	아ᄇᆡ동싱아ᅀᆞ	숙부
		外甥(외생)	누의게 난 아ᄃᆞᆯ	생질
		姪兒(질아)	동싱 형뎨의 난 아ᄃᆞᆯ	친조카
		姪女(질녀)	동싱 형뎨게 난 아ᄎᆞᆫᄯᆞᆯ	질녀
		舅舅(구구)	어믜오라비	외숙부
		妗子(금자)	어믜오라븨겨집	외숙모
伯娘(백낭)	ᄆᆞᆮ아자ᄇᆡ겨집			백모
嬸子(심자)	아ᅀᆞ아자ᄇᆡ겨집	嬸母(심모)	아ᅀᆞ아자븨겨집	숙모
		姨姨(이이)	어믜겨집동싱	이모
		姑姑(고고)	아븨동싱누의	고모
		姑夫(고부)	아븨동싱누의 남진	고모부
		姨夫(이부)	어믜겨집동싱의 남진	이모부
姐夫(저부)	ᄆᆞᆮ누의남진	姐夫(저부)	ᄆᆞᆮ누의남진	자형
		妹夫(매부)	아ᅀᆞ누의남진	매부
		伯叔哥哥兄弟 (백숙가가형제)	동셩ᄉᆞ촌 형뎨	종형제
姑舅哥哥 (고구가가)	이셩ᄉᆞ촌형	姑舅哥哥兄弟 (고구가가형제)	아븨누의어믜오라비게셔 난 형뎨	내외종형 제
		房親哥哥兄弟 (방친가가형제)	륙촌 형뎨	
兩姨兄弟 (양이형제)	어믜겨집동싱의 게난 아ᅀᆞ	兩姨哥哥兄弟 (양이가가형제)	어믜겨집동싱의게셔난 형 뎨	이종형제

두 대목 중에서 친척의 안부를 묻는 대목은 부계친에 국한하고, 친척을 초대하는 대목은 부계친뿐 아니라 외친(外親)까지 포괄한다. 두 대목의 친족지칭을 비교하기 좋게 〈표 17〉과 같이 정리해 보았다.

〈표 17〉에서 친척의 안부를 묻는 대목은 일상에서 통용된 지칭의 실제 모습을 잘 보여준다. 원문의 '伯父(백부)'와 '叔父(숙부)'에 대응하는 'ᄆᆞᆮ아ᄌᆞ바님'과 '아ᅀᆞ아ᄌᆞ바님'은 『대명률직해』 번역문의 '三寸叔父[삼촌아자비]'에 해당하는 구어임이 분명하다. 당시 아버지의 형제를 가리키는 고유어 지칭은 '아ᄌᆞ비'였으며 서열을 드러낼 때에는 'ᄆᆞᆮ'과 '아ᅀᆞ'를 부기한 것이다.

따라서 '맏아자비겨집'과 '아ᅀᆞ아자비겨집'도 당시에 통용된 지칭으로 판단할 수 있다. 기준인과 혈연관계를 갖는 남성을 '아ᄌᆞ비'라고 하면서 그들의 배우자를 '아자비겨집'이라고 한 것은 이두문에서 남성혈족원은 '叔父[아자비]', 여성혈족원은 '叔母[아ᄌᆞ미]'라고 하면서 그들의 배우자를 각기 '叔妻[아자비처]', '叔母夫[아ᄌᆞ미남편]'라고 한 지칭방식과 일치한다. 비록 일상의 친근감에 근거해서 '아ᄌᆞ미'라고 부를지라도 친족관계를 드러낼 때는 '아자비겨집'이 통용되었다고 볼 수 있는 것이다.

그런데 이 '아자비'가 친척을 초대하는 대목에서는 전혀 다른 형태로 나타난다. 안부를 묻는 대목의 'ᄆᆞᆮ아ᄌᆞ바님', '아ᅀᆞ아ᄌᆞ바님'이 여기에서는 '아비동싱맏형', '아비동생아ᅀᆞ'로 나타나 아버지를 기준으로 간접지칭되었다. 비록 원문도 '伯父(백부)'와 '叔父(숙부)'가 '伯伯(백백)'과 '叔叔(숙숙)'으로 달라지기는 했지만 개념이 동일하고, '嬸母[심모 ; 숙모]'

의 번역이 '아ᄉᆞ아자븨겨집' 으로 변화가 없는 것을 보면, 원문의 형태가 달라진 것과 번역형태가 달라진 것은 별다른 관련이 없다고 판단된다.

동일한 대상이 두 대목에서 전혀 다른 형태로 번역된 것은 전자는 부계친을 전제하고 후자는 여러 혈연계통을 망라하였기 때문이라고 생각한다. 앞서 이두문과 개인 일기에 기재된 지칭을 분석하여 '叔母[아ᄌᆞ미]' 가 중국의 '姑(고)' 와 '姨(이)' 를 포괄하고, '叔父[아자비]' 가 중국의 '叔(숙)' 과 '舅(구)' 를 포괄하였음을 확인하였다. 그런데 안부를 묻는 대목은 부계친에 국한되므로, 백 · 숙부를 '맏 · 아ᄉᆞ아ᄌᆞ비' 로 번역하여도 그것은 당연히 아버지의 형제를 가리키게 된다. 그러나 친척을 초대하는 대목은 비부계친까지 망라하므로 '아자비' 라고 하면 '伯伯[백백 ; 큰아버지]' , '叔叔[숙숙 ; 작은아버지]' 뿐 아니라 '舅舅[구구 ; 외삼촌]' 에게도 적용될 수 있다. 따라서 중국어 원문에 충실하려면 '아자비' 는 적당치 않고 부모를 기준으로 간접지칭해야 한다.

이를테면 부계친만 한 자리에 있고, 제3자도 그 사실을 알고 있다면, 그들을 '아자비' 라고 소개해도 지장이 없다. 그러나 삼촌과 외삼촌이 함께 있을 경우 '아자비' 만으로는 충분치 않다. 혈연관계를 알리려면 '우리 아자비들인데 이분은 아버지의 아우고, 저분은 어머니의 오라비이다' 라고 소개해야 한다.

그런데 '몬아자비' 와 '아배동생몬형' 의 성격을 구분하면 전자는 '지칭' 인 반면, 후자는 관계에 대한 '설명' 이다. 이는 일상에서 통용되는 지칭형태와 중국지칭을 직역할 때의 표현형태가 어떻게 다른지를 알려준다. 일상에서는 부계와 비부계를 '아자비' 로 포괄하지만 혈연계통을 드러내야 할 때에는 '아버지의 맏형' 으로 설명한 것이다.

일상에서 통용되는 지칭과 중국지칭에 대한 번역의 차이는 친척을 초대하는 대목에서 '姪女(질녀)' 를 '동생형뎨게 난 아춘뚤' 로 번역하여, '아춘딸' 이라는 지칭을 드러낸 데에서도 확인된다. 중국에서 형제의 자녀는 '姪子 · 姪女(질자 · 질녀)' 로, 자매의 자녀는 '外甥 · 外甥女(외생 · 외생녀)' 로 지칭하였다. 그런데 한글 번역에서는 '外甥(외생)' 을 '누의게 난 아돌' 로, '姪兒(질아)' 를 '동생형제의게 난 아돌' 로 표기하면서 '姪女(질녀)' 에 이르러서는 '동생형제에게 난 아춘딸' 이라고 하였다. 이럴 때, '아춘딸' 은 '형제자매의 딸' 을 포괄하는 지칭임이 분명하다. '동생형제에게 난 아춘딸' 은 일상에서 통용되는 지칭형태와 중국지칭을 직역할 때 채택되는 설명이 어떻게 다른지 알려준다.

따라서 16세기 이두문의 '叔父', '叔母' 는 고유어 '아자비', '아즈미' 를 표현하고, '叔妻', '叔母夫' 는 '아자배겨집', '아즈매남진' 을 표현하였음을 알 수 있다. '姪(子 · 女)' 은 '아춘아돌 · 아춘뚤' 을 표현했음을 알 수 있다. 이들 지칭에는 혈연계통을 구분하는 기능이 없어 중국지칭이 지닌 개념을 표현하려면 지칭들을 엮어 설명하는 방식을 취해야 했음을 알 수 있다. 『번역노걸대』는 16세기 이전 이두자료의 지칭이 표현하는 고유어 지칭과 그 지칭의 개념을 잘 알려준다.

(2) 『번역노걸대』 이후 판본의 친족지칭

『노걸대』는 회화서라는 성격으로 인하여 18세기 말에 이르기까지 수

차 개정되었다. 이들 판본에는 그간 친족지칭에서 발생한 변화가 담겨 있다. 아래에서는 『노걸대언해(老乞大諺解)』 주자본(鑄字本)과 평양감영판, 『중간노걸대언해(重刊老乞大諺解)』, 『몽어노걸대(蒙語老乞大)』의 4개 판본에서 친족지칭을 비교하여 변화의 방향과 의미를 확인해보겠다. 우선 관계를 설명하는 대목의 친족지칭을 정리하면 다음과 같다.

〈표 18〉 『노걸대언해』 이후 판본의 관계를 설명하는 대목[61]

<table>
<tr><th colspan="3">노걸대언해</th><th colspan="2" rowspan="2">중간노걸대언해(1795)</th></tr>
<tr><th colspan="2">주자본(1670)</th><th>평양감영판(1745)</th></tr>
<tr><th>원문</th><th>번역</th><th>번역문</th><th>원문</th><th>번역문</th></tr>
<tr><td>姑舅哥哥
(고구가가)</td><td>아븨누의어믜오라븨게난형</td><td>아븨누의어믜오라븨게난형</td><td>姑舅哥哥
(고구가가)</td><td>姑舅(고구)
의게난형</td></tr>
<tr><td>兩姨兄弟
(양이형제)</td><td>어믜동생의게난아이</td><td>어믜동생의게난아이</td><td>兩姨兄弟
(양이형제)</td><td>兩姨(양이)의게난아이</td></tr>
<tr><td>姑舅弟兄
(고구제형)</td><td>姑舅(고구)의게난 弟兄(제형)</td><td>姑舅(고구)의게난 弟兄(제형)</td><td>姑舅弟兄
(고구제형)</td><td>姑舅(고구)의게난弟兄(제형)</td></tr>
<tr><td>舅舅上孩兒
(구구상해아)</td><td>어믜오라게난ᄌᆞ식</td><td>어믜오라븨게난ᄌᆞ식</td><td>舅舅的兒子
(구구상아자)</td><td>舅舅(구구)의
아ᄃᆞᆯ</td></tr>
<tr><td>姑姑上孩兒
(구구상해아)</td><td>아븨누의게난ᄌᆞ식</td><td>아븨누의게난ᄌᆞ식</td><td>姑姑上兒子
(고고상아자)</td><td>姑姑(고고)의게난아ᄃᆞᆯ</td></tr>
<tr><td>兩姨弟兄
(양이제형)</td><td>兩姨(양이)의게난兄弟(형제)</td><td>兩姨(양이)의게난형제</td><td>兩姨弟兄
(양이제형)</td><td>兩姨弟兄
(양이제형)</td></tr>
<tr><td>親兩姨
(친양이)</td><td>親同生兩姨
(친동생양이)</td><td>親同生兩姨
(친동생양이)</td><td>親兩姨
(친양이)</td><td>親兩姨(친양이)</td></tr>
<tr><td>房親兩姨
(방친양이)</td><td>同姓六寸兩姨
(동성육촌양이)</td><td>同姓六寸兩姨
(동성육촌양이)</td><td>房分兩姨
(방분양이)</td><td>ᄉᆞ촌에갈린兩姨
(양이)</td></tr>
<tr><td>姑舅兩姨弟兄
(고구양이제형)</td><td>姑舅兩姨(고구양이)예난弟兄(제형)</td><td>姑舅兩姨(고구양이)예난弟兄(제형)</td><td>姑舅兩姨弟兄
(고구양이제형)</td><td>姑舅兩姨(고구양이)예난弟兄(제형)</td></tr>
</table>

61) 『蒙語老乞大』에는 이 대목이 없다.

위 〈표 18〉에서 『번역노걸대』의 지칭과 크게 비교되는 변화는 1795년의 『중간노걸대언해』에서 확인된다. 『번역노걸대』 이하 『노걸대언해』 감영판까지는 '아븨누의어믜오라븨게난형' 과 같이 먼저 설명하듯 풀어 준 뒤 재삼 반복될 때 원문 그대로 옮겼다. 반면에 『중간노걸대언해』에서는 처음부터 '姑舅哥哥(고구가가)' 를 '姑舅(고구)의게난형' 으로, '兩姨兄弟(양이형제)' 를 '兩姨(양이)의게난아이' 로 번역하였다. '舅舅(구구)' 와 '姑姑(고고)' 도 앞서의 판본에서 '어믜오라비' , '아븨누이' 로 푼 것과 달리 원문을 그대로 옮겼다. 이로부터 『중간노걸대언해』는 선행 판본을 따르기보다 원문의 '姑舅(고구)' , '兩姨(양이)' , '舅舅(구구)' , '姑姑(고고)' 를 번역문에 그대로 쓰는 것이 낫다고 인식되는 단계에서 편찬되었을 가능성을 상정할 수 있다.

따라서 18세기의 친족지칭은 17세기 이전과 크게 달라졌다는 추론이

〈표 19〉 『번역노걸대』 이후 판본의 관계를 설명하는 대목[62]

노걸대언해			중간노걸대언해		몽어노걸대
주자본(1670)		평양감영판(1745)	(1795)		(1790)
원문	번역문	번역문	원문	번역문	번역문
父親(부친)	父親(부친)	父親(부친)	父親(부친)	父親(부친)	
母親(모친)	母親(모친)	母親(모친)	母親(모친)	母親(모친)	
伯父(백부)	ᄆᆞᆺ아자비	ᄆᆞᆺ아자비	伯父(백부)	ᄆᆞᆺ아자비	伯父(백부)
叔父(숙부)	아ᄋᆞ아자비	아ᄋᆞ아자비	叔父(숙부)	아ᄋᆞ아자비	叔父(숙부)
伯娘(백랑)	ᄆᆞᆮ아자븨겨집	ᄆᆞᆺ아자븨쳐	大娘(대랑)	ᄆᆞᆺ아자븨쳐	伯母(백모)
嬸子(심자)	아ᄋᆞ아자븨겨집	아ᄋᆞ아자븨쳐	嬸子(심자)	아ᄋᆞ아자븨쳐	叔母(숙모)
姐夫(저부)	ᄆᆞᆺ누의남진	ᄆᆞᆺ누의남편	姐夫(저부)	ᄆᆞᆺ누의남편	姐夫(저부)
嫂子(수자)	형의 겨집	형의쳐	嫂子(수자)	형의쳐	兄嫂(형수)

62) 『蒙語老乞大』에는 이 대목이 없다.

가능한데 이러한 경향은 다른 대목에서도 확인된다.

〈표 19〉의 지칭은 친척의 안부를 묻는 대목에 기재된 것들이다. 여기에서는 1745년의 평양감영판부터 변화가 확인된다. 혈족원의 배우자를 주자본까지는 '~겨집(남진)'으로 번역한 것과 달리 감영판에서는 '~처(남편)'로 번역하였다. 이는 주자본 편찬시점까지는 일상에서 '겨집'과 '남진'이라는 고유어로 배우자를 지칭하는 것이 가능했지만 감영판이 편찬된 18세기 중엽에는 이러한 방식이 소멸하고 지금 통용되는 것처럼 '처'와 '남편'이라는 한자어로 대체되었음을 알려준다.

그리고 『몽어노걸대』에서는 더 큰 변화가 확인된다. 처음으로 '伯父(백부)', '伯母(백모)', '姐夫(저부)', '兄嫂(형수)'라는 지칭이 번역문에 나타나 중국에서 유래한 지칭들이 회화에 그대로 쓰일 수 있게 되었음을 알려준다. 『몽어노걸대』에서 '伯母(백모)'는 '이커아바가 이커아바가벌건'이라는 한글 주음(注音)이 붙어 있고, '叔母(숙모)'는 '아바가 아바가벌건'이라는 주음이 붙어 있다. '이커'는 '큰 · 맏'의 뜻이고, '아바가'는 '아버지의 형제'로서 일상 회화에서는 서열을 구분하지 않으며 '벌건'은 처를 뜻한다.[63] 따라서 '이커아바가'와 '이커아바가벌건'은 중국의 '伯父(백부)'와 '伯母(백모)'에 해당하고, '아바가'와 '아바가벌건'은 '叔父(숙부)', '叔母(숙모)'에 해당하는데, 이것이 번역문에 그대로 쓰였다. 몽골어 회화서의 한글 번역문에 중국에서 유래한 지칭이 중국 개념대로

63) 몽골어는 2001년에 서울대학교 국제지역원에 재학 중이던 몽골 학생 '뭉크 자르갈'의 도움으로 해석하였다. 뭉크 자르갈은 몽골에서 발간한 민속사전에 근거하여 『蒙語老乞大』의 지칭들을 해석해 주었다.

〈표 20〉『노걸대언해』 이후 판본의 친척을 초대하는 대목

<table>
<tr><th colspan="3">노걸대언해</th><th colspan="2" rowspan="2">중간노걸대언해(1795)</th><th rowspan="2">몽어노걸대
(1790)</th></tr>
<tr><th colspan="2">주자본(1670)</th><th>평양감영판(1745)</th></tr>
<tr><th>원문</th><th>번역문</th><th>번역문</th><th>원문</th><th>번역문</th><th>번역문</th></tr>
<tr><td>公公(공공)</td><td>하나비</td><td>한아비</td><td>祖父(조부)</td><td>한아비</td><td></td></tr>
<tr><td>婆婆(파파)</td><td>할미</td><td>할미</td><td>阿婆(아파)</td><td>한어미</td><td></td></tr>
<tr><td>父親(부친)</td><td>아비</td><td>아비</td><td>父親(부친)</td><td>아비</td><td></td></tr>
<tr><td>母親(모친)</td><td>어미</td><td>어미</td><td>母親(모친)</td><td>어미</td><td></td></tr>
<tr><td></td><td></td><td></td><td>外公(외공)</td><td>외조부</td><td></td></tr>
<tr><td></td><td></td><td></td><td>外婆(외파)</td><td>외조모</td><td></td></tr>
<tr><td>伯伯(백백)</td><td>아븨ᄆᆞᆺ형</td><td>아븨ᄆᆞᆺ형</td><td>伯伯(백백)</td><td>ᄆᆞᆺ아자비</td><td>ᄆᆞᆺ아ᄌᆞ비</td></tr>
<tr><td>叔叔(숙숙)</td><td>아븨아ᄋᆞ</td><td>아븨아ᄋᆞ</td><td>叔叔(숙숙)</td><td>져근아ᄌᆞ비</td><td>아ᄋᆞ아ᄌᆞ비</td></tr>
<tr><td>外甥(외생)</td><td>누의게난아ᄃᆞᆯ</td><td>누의게 난 아ᄃᆞᆯ</td><td>外甥(외생)</td><td>누의게난아ᄃᆞᆯ</td><td>누의게난아ᄃᆞᆯ</td></tr>
<tr><td>姪兒(질아)</td><td>동싱형뎨게난아ᄃᆞᆯ</td><td>동생형뎨의난아ᄃᆞᆯ</td><td>姪兒(질아)</td><td>동생의게난아ᄃᆞᆯ</td><td>兄弟의게난아ᄃᆞᆯ</td></tr>
<tr><td>姪女(질녀)</td><td>동생형뎨게난아춘ᄯᆞᆯ</td><td>동생형뎨게난 아춘
딸</td><td>姪女(질녀)</td><td>동싱의게난ᄯᆞᆯ</td><td></td></tr>
<tr><td>舅舅(구구)</td><td>어믜오라비</td><td>어믜오라븨</td><td>舅舅(구구)</td><td>어믜오라비</td><td>어믜오라비</td></tr>
<tr><td>妗子(금자)</td><td>어믜오라븨겨집</td><td>어믜오라븨쳐</td><td></td><td></td><td></td></tr>
<tr><td></td><td></td><td></td><td>伯母(백모)</td><td>ᄆᆞᆺ아자븨쳐</td><td rowspan="2">叔母(숙모)</td></tr>
<tr><td>嬸母(심모)</td><td>아ᄋᆞ아자븨겨집</td><td>아ᄋᆞ아ᄌᆞ븨쳐</td><td>嬸娘(심랑)</td><td>져근아ᄌᆞ븨쳐</td></tr>
<tr><td>姨姨(이이)</td><td>어믜겨집동싱</td><td>어믜겨집동생</td><td>姨娘(이랑)</td><td>어믜계집동싱</td><td>姨母(이모)</td></tr>
<tr><td>姑姑(고고)</td><td>아븨동싱누의</td><td>아븨동생누의</td><td>姑娘(고랑)</td><td>아븨누의</td><td>姑母(고모)</td></tr>
<tr><td>姑夫(고부)</td><td>아븨동싱누의남진</td><td>아비동생누의남편</td><td>姑夫(고부)</td><td>아븨누의남편</td><td>姑母夫(고모부)</td></tr>
<tr><td>姨夫(이부)</td><td>어믜겨집동싱의남진</td><td>어믜겨집동생의
남편</td><td>姨夫(이부)</td><td>어믜계집동싱의
남편</td><td>姨母夫(이모부)</td></tr>
<tr><td></td><td></td><td></td><td>嫂子(수자)</td><td>형의쳐</td><td></td></tr>
<tr><td>姐夫(저부)</td><td>ᄆᆞᆺ누의남진</td><td>ᄆᆞᆺ누의남진</td><td>姐夫(저부)</td><td>ᄆᆞᆺ누의남편</td><td>ᄆᆞᆮ妹夫(매부)</td></tr>
<tr><td>妹夫(매부)</td><td>아ᄋᆞ누의남진</td><td>아ᄋᆞ누의남편</td><td>妹夫(매부)</td><td>아ᄋᆞ누의남편</td><td>아ᄋᆞ妹夫(매부)</td></tr>
<tr><td>叔伯哥哥兄弟(숙백가가형제)</td><td>同姓四寸
(동성사촌)형아ᄋᆞ</td><td>同姓四寸형아ᄋᆞ</td><td>叔伯哥哥兄弟
(숙백가가형제)</td><td>동셩ᄉᆞ촌형아ᄋᆞ</td><td>同姓四寸兄弟
(동성사촌형제)</td></tr>
<tr><td>姑舅哥哥兄弟(고구가가형제)</td><td>異姓四寸
(이성사촌)형아ᄋᆞ</td><td>異姓四寸형아ᄋᆞ</td><td>姑舅哥哥兄弟
(고구가가형제)</td><td>이셩ᄉᆞ촌형아ᄋᆞ</td><td></td></tr>
<tr><td>房親哥哥兄弟(방친가가형제)</td><td>同姓六寸
(동성육촌)형아ᄋᆞ</td><td>同姓六寸형아ᄋᆞ</td><td>房分哥哥兄弟
(방분가가형제)</td><td>동셩뉵촌형아ᄋᆞ</td><td>同姓六寸兄弟
(동성육촌형제)</td></tr>
<tr><td>兩姨哥哥兄弟(양이가가형제)</td><td>어믜겨집동싱의게셔
난형뎨</td><td>어믜겨집동생의게
셔난형뎨</td><td>兩姨哥哥兄弟
(양이가가형제)</td><td>兩姨의게난형아ᄋᆞ</td><td></td></tr>
</table>

쓰인 것이다.

따라서 『몽어노걸대』의 지칭들은 그간 발생한 변동의 내용뿐 아니라 변동의 방향까지 시사한다. 중국에서 유래한 지칭이 번역문에 그대로 쓰였으며, 특히 '叔母(숙모)' 가 중국 용법대로 쓰인 것은 혈연의식과 지칭 체계까지 미치는 심각한 변동의 결과일 가능성이 크다. 친척을 초대하는 대목에서는 변동의 방향과 의미가 더욱 자세하게 확인된다.

〈표 20〉은 친척을 초대하는 대목을 정리한 것이다. 여기에서도 앞서 확인한 것과 동일한 변화가 확인된다. '겨집' 과 '남진' 이 감영판부터 한결같이 '처' 와 '남편' 으로 바뀌어 배우자를 '겨집' 이나 '남진' 으로 지칭하는 방식이 소멸했음을 알려준다. 『중간노걸대언해』에서는 기존의 고유어 지칭이 부계위주로 재편되었음을 알려주는 현상이 두 곳에서 확인된다.

첫째, '伯伯(백백)' 과 '叔叔(숙숙)' 에 '몯아자비' 와 '져근아자비' 가 대응되었다. 앞서 『번역노걸대』를 분석하면서 '伯父(백부)' 가 친척의 안부를 묻는 대목에서 '아자비' 로, 이 대목에서 '아배몯형' 으로 다르게 번역된 것은 '아자비' 가 현재의 숙부와 외삼촌을 포괄하였기 때문이라고 파악한 바 있다. 그런데 여기에서는 아버지의 형제는 '아자비' 로 달리 번역한 반면 '舅舅(구구)' 는 그대로 '어믜오라비' 로 번역하여, 고유어 '아자비' 가 중국어 원문의 '伯父 · 叔父(백부 · 숙부)' 만 한정하고 어머니의 오라비는 '아자비' 로 지칭하지 않게 되었다. 3촌 관계의 모든 남성 존속을 가리키던 '아자비' 가 부계를 한정하는 지칭으로 변한 것이다.

둘째, '祖父(조부)' 와 '祖母(조모)' 를 '한아비', '한어미' 라는 고유어로 번역한 반면, '外公(외공)' 과 '外婆(외파)' 는 '외조부', '외조모' 라는 한자어로 번역하였다. '祖父(조부)' 를 '한아비' 로, '外公(외공)' 을 '외조부' 로 번역한 것은 외삼촌이 '아자비' 에서 탈락하고 친삼촌[백부 · 숙부]만 남게 된 것과 맥락이 같다. 본래는 '한아비' , '한어미' 가 내외조부모를 포괄했으나 『중간노걸대언해』의 편찬시점에는 친조부모만 가리키게 되었다고 볼 수 있다.

따라서 『중간노걸대언해』는 친족지칭에 발생한 변동의 방향과 의미를 알려준다. 부계와 비부계를 포괄하던 고유어 지칭이 부계만 한정하게 된 것은 단순한 지칭형태의 변화가 아니라 지칭원리와 지칭체계까지 아우르는 심각한 변동의 결과일 가능성이 크다. 개별지칭과 지칭들의 체계에 '부계원리' 가 작용하기 시작한 것이다. 『몽어노걸대』는 이러한 변동의 귀결점과 그것의 현재에 이르는 연속성을 보여준다.

『몽어노걸대』 번역문의 한자어 지칭들은 지금 한국에서 통용되는 것들이 많다. 이로부터 현재 통용되는 친족지칭은 18세기 말 이래 유지되어 왔음을 알 수 있다. 특히 '叔母(숙모)' , '姨母(이모)' , '姑母(고모)' 가 중국과 일치하는 개념을 갖게 된 것은 조선전기에 이모와 고모를 포괄하던 '叔母[아ᄌᆞ미]' 가 '姨母(이모)' 와 '姑母(고모)' 로 분리된 한편, '叔母(숙모)' 는 중국 고유의 개념을 갖게 되었음을 알려준다. 『몽어노걸대』의 지칭은 부계의식의 강화와 그에 기인한 지칭체계의 변동을 반영하며 그 변동의 결과 새롭게 성립하여 현재까지 이어지는 것들이다.

그리고 1765년에 간행된 『청어노걸대(淸語老乞大)』의 지칭형태와 지칭방식도 지금 쓰이는 것과 일치하여 『몽어노걸대』의 지칭이 당시의 현실을 반영함을 알려준다.

① 이 ᄒᆞᆫ 나흔 성이 金哥(김가)니 내 姑母(고모)의게 난 四寸兄(사촌형)이오
이 ᄒᆞᆫ 나흔 성이 李哥(이가)니 내 外三寸(외삼촌)의게 난 四寸兄(사촌형)이오[64)]

② 伯父(백부) 伯母(백모) / 叔父(숙부) 叔母(숙모) / 兄弟(형제) / 兄嫂(형수) 弟嫂(제수) / 姊夫(자부) / 姊妹(자매)의게난족하 兄弟(형제)의게난족하 / 어믜兄(형) / 外三寸(외삼촌) 外三寸(외삼촌)의妻(처) /…/ 姨母(이모) 姨母夫(이모부) / 姑母(고모) 姑母夫(고모부) / 姐夫(저부) 妹夫(매부) / 同姓四寸兄弟(동성사촌형제) / 姨從兄弟(이종형제) / 同姓六寸兄弟(동성육촌형제)[65)]

위에 정리된 지칭은 관계를 설명하는 대목(①)과 친척을 초대하는 대목(②)에 기재된 것이다. 여기에서도 '叔母(숙모)', '姨母(이모)', '姑母(고모)'가 현재의 용법대로 쓰였다. '外三寸(외삼촌)'(①)과 '姨從兄弟(이종형제)'(②)도 지금의 용법과 일치한다. 형태만 중국과 같을 뿐 개념은 전혀 달랐던 '叔母'가 중국의 개념을 갖게 된 한편, 혈연계통을 포괄하던 '從兄弟(종형제)'에 변형을 가함으로써 '姨從兄弟(이종형제)'처럼 중국과 형태가 다르지만 개념은 일치하는 지칭이 생겨난 것이다. 나아가 '조카'의 원형이 '족하'임을 보이는 '姊妹(자매)의게 난 족하 / 兄弟(형제)의게 난 족하'(②)는 고려 · 조선전기에 '少爲子'나 '姪'이 표현했던 고

64) 『淸語老乞大』 권1.
65) 위의 책, 권6.

유어 '아춘아돌' 이 완전히 소멸하고 현재까지 이어지는 '조카' 가 새롭게 출현했음을 알려준다. 이러한 사실은 『방언류석(方言類釋)』에서도 확인된다.

> 祖父(조부) 조부 / 祖母(조모) 조모 / 伯父(백부) 뭇아자미 / 伯母(백모) 뭇아자븨쳐 / 叔父(숙부) 아ᄋᆞ아자비 / 嬸母(심모) 아ᄋᆞ아자븨쳐 / 叔叔(숙숙) 通稱아자비[아자비로 통칭한다] / 堂叔(당숙) 오촌아자비 / 姑母(고모) 아븨누이 / 姑夫(고부) 고모부/ 外祖母(외조모) 외조모 / 舅舅(구구) 외삼촌 / 舅母(구모) 외삼촌의쳐 / 姨母(이모) 어믜계집동생 / 姨夫(이부) 이모부 / 伯叔兄弟(백숙형제) ᄉᆞ촌형아ᄋᆞ / 姑舅弟兄(고구제형) 내외죵형뎨 / 兩姨兄弟(양이형제) 이죵형뎨 / 姪兒(질아) 족하 / 姪女(질녀) 족하ᄯᆞᆯ / 堂姪(당질) 오촌족하 / 外甥(외생) 생질 / 姑表(고표) 이셩ᄉᆞ촌

위의 지칭들은 1778년에 편집된 『방언류석』「친속류(親屬類)」에서 옮긴 것이다. 이 중 '아ᄋᆞ아자븨쳐(嬸母)' 나 '아븨누이(姑母)', '어믜계집동생(姨母)' 등과 같은 것들은 실생활과는 관계가 적다고 판단된다. '고모부(姑夫)', '이모부(姨夫)' 라는 지칭은 '고모', '이모' 가 일상에서 통용되지 않으면 성립할 수 없으며, 이럴 때 '숙부', '숙모' 가 통용되지 않았을 리 없기 때문이다. 여기에서 주목할 것은 '아ᄌᆞ비' 와 '족하' 를 부계에 한정시키려는 경향과 '姑舅(고구)' 와 '兩姨(양이)' 를 '내외죵', '이죵' 등으로 간단하게 번역했다는 점이다. 고유어 지칭을 부계에만 적용하는 것은 『중간노걸대언해』에서 확인한 경향과 일치하고, 중국의 '姑舅

弟兄(고구제형)' 과 '兩姨兄弟(양이형제)' 를 '내외종형제' '이종형제' 로 번역한 것은 『청어노걸대』에서 확인한 경향과 일치한다.

따라서 『청어노걸대』, 『몽어노걸대』, 『방언류석』이 편찬된 18세기 후반에는 현재 '전통적' 인 것으로 인정되는 지칭과 지칭체계가 완성되었음을 알 수 있다. 이는 중국의 '오복친조직' 과 일치하는 '전통적' 친족관계가 이 무렵 완성되었음을 의미한다.

3. 고려 · 조선전기의 친족지칭원리와 친족관계

1) 친족지칭원리

이제까지 언어생활과 표기체계를 염두에 두고, 일상에서 익숙하게 통용된 지칭들을 살펴보았다. 그 결과 고려 · 조선전기 지칭의 형태와 개념은 현재 '전통적' 인 것으로 간주되는 것과 전혀 달랐음을 확인하였다. 또한 지금 통용되는 지칭은 조선후기에 성립한 것들임을 확인하였다. 친족지칭의 시대별 정형과 변동을 살피고자 고모, 이모, 백숙부, 백숙모 및 동항렬의 4촌 남성에 적용된 지칭을 〈표 21〉에 정리해 보았다.

〈표 21〉을 보면 17세기 이후의 지칭원리는 16세기 이전과 전혀 다름을 알 수 있다. 16세기 이전에는 형태가 달라지더라도 개념은 변함이 없었다. 그러나 17세기 이후에는 형태만 변한 것이 아니라 지칭이 혈연계통에 따라 분화되었다. 15~16세기에는 3촌 관계의 남녀존속을 '叔父[아자비]' 와 '叔母[아ᄌᆞ미]' 로 포괄하였지만 17세기 이후에는 각기 '叔父

〈표 21〉 동항렬 4촌 이내의 혈족 및 백숙모에 적용된 지칭의 변천[66]

<table>
<tr><th>구분</th><th>구어</th><th>이두표기</th><th>구어</th><th>이두표기</th><th>구어</th><th>한자표기</th></tr>
<tr><td rowspan="13">친족지칭</td><td rowspan="2">아ᄎᆞᆫ어미
(아ᄌᆞ미)</td><td rowspan="2">三寸少
爲母</td><td rowspan="2">아ᄌᆞ미</td><td rowspan="2">三寸叔母</td><td>아자미(아줌마)
고모</td><td>姑母(고모)</td></tr>
<tr><td>이모</td><td>姨母(이모)</td></tr>
<tr><td rowspan="2">(아자ᄫᅵ겨
집)</td><td rowspan="2">?</td><td rowspan="2">아자배겨
집</td><td rowspan="2">三寸叔妻</td><td>큰어머니
작은어머니</td><td>伯母(백모)
叔母(숙모)</td></tr>
<tr><td>외숙모</td><td>外叔母(외숙모)</td></tr>
<tr><td rowspan="2">아ᄎᆞᆫ아비
(아자비)</td><td rowspan="2">三寸少
爲父</td><td rowspan="2">아자비</td><td rowspan="2">三寸叔父</td><td>아자비(아저씨)
큰작은아버지
작은아버지</td><td>伯父(백부)
叔父(숙부)</td></tr>
<tr><td>외삼촌</td><td>外叔父(외숙부)</td></tr>
<tr><td rowspan="2">아ᄎᆞᆫ아ᄃᆞᆯ</td><td rowspan="2">三寸少
爲子</td><td rowspan="2">아ᄎᆞᆫ아ᄃᆞᆯ</td><td rowspan="2">三寸姪</td><td rowspan="2">족하(조카)</td><td>姪(질)</td></tr>
<tr><td>甥姪(생질)</td></tr>
<tr><td rowspan="4">사촌형 ·
아ᄋᆞ</td><td rowspan="4">四寸兄弟</td><td rowspan="4">사촌형 ·
아ᄋᆞ</td><td rowspan="4">四寸兄弟 ·
(從兄弟)</td><td>친사촌</td><td>從兄弟(종형제)</td></tr>
<tr><td>고종사촌</td><td>姑從兄弟(고종형제)</td></tr>
<tr><td>이종사촌</td><td>姨從兄弟(이종형제)</td></tr>
<tr><td>외사촌</td><td>外從兄弟(외종형제)</td></tr>
<tr><td>단계</td><td colspan="2">14세기 이전</td><td colspan="2">15~16세기</td><td colspan="2">17세기 이후</td></tr>
</table>

(숙부) · 外叔父(외숙부)', '姑母(고모) · 姨母(이모)' 로 분화하면서 '叔父(숙부)' 와 '叔母(숙모)' 는 중국과 일치하는 개념을 갖게 되었다.

친족지칭은 친족관계를 표현하므로 고려 · 조선전기의 지칭원리를 파악하면 해당 시기의 친족관계를 규명할 수 있다. 조선후기의 지칭이 부계원리에 따라 조직된 오복친조직을 표현한다는 점에서 조선후기와 대

66) 이 표는 音韻을 중시하는 국어학의 견지에서 보면 큰 무리를 범한 것임을 인정한다. 그러나 역사학 연구서인 본고의 작성목적이 음운의 정확한 복원이 아니라 지칭체계를 통하여 친족관계를 확인하는 데 있기에 이와 같이 표를 작성하였다. 읽는 분들의 양해를 구한다.

비되는 특징을 도출하면 곧 고려 · 조선전기의 친족관계가 드러난다.

첫째, 혈연계통을 구별하는 기능이 대비된다. 조선후기부터 통용된 '姑母(고모)' 와 '姨母(이모)' 는 각기 아버지의 자매와 어머니의 자매를 가리켜 지칭이 부계 여부를 드러내는 역할을 한다. 그러나 16세기 이전의 지칭에는 이러한 기능이 없었다. 고유어 '아촌어미(아ᄌᆞ미)' 의 이두표기인 '少爲母(叔母)' 는 별도의 설명이나 지칭요소를 부기하지 않는 한 현재의 고모일 수도 이모일 수도 있다. '아촌아들' 을 표현하는 '少爲子(姪)' 는 생질일 수도 친조카일 수도 있다. 최고 지식층이자 지배층인 한문사용층에서도 중국에서 유래한 '從兄弟(종형제)' 를 모든 혈연계통에 적용하였다. 친족지칭에 혈연계통을 구별하는 기능이 없다는 점은 혈연을 인식하는 방법이 조선후기와 전혀 달랐음을 시사한다.

둘째, '직접지칭' 과 '간접지칭' 이라는 분류방식을 설정하여 고려 · 조선전기나 조선후기의 지칭원리를 비교할 수 있다. 조선전기의 지칭 중에는 '叔父[아자비]', '叔母[아ᄌᆞ미]' 처럼 대상을 곧바로 가리키는 것과 '叔妻[아ᄌᆞ비겨집]', '叔母夫[아ᄌᆞ미남편]' 처럼 혈족을 기준으로 설명하듯 가리키는 것이 있다. 전자를 '직접지칭' 으로, 후자를 '간접지칭' 으로 분류할 수 있는데 직접지칭이 적용되는 대상이 간접지칭이 적용되는 대상보다 더 중요하게 인식된다는 점은 쉽게 추론할 수 있다.

직접지칭이 적용되는 대상을 조선후기와 비교하면 남성혈족의 배우자에게서 가장 큰 차이를 보인다. 3촌 관계의 존속에 국한하면 이두문에서는 남성혈족을 '叔父[아자비]' 로 지칭하였고 그 처는 '叔妻[아자비겨집]' 로 지칭하였다. 『번역노걸대』에서도 아버지의 형제를 '아ᄌᆞ비' 로 지칭하면서 그들의 배우자는 '아즈배겨집' 이라고 하였다. '叔母(숙모)' 는 중국에서 아버지 남동생의 처를 가리키고 현재 한국에서도 그렇게 쓰이지만 조선전기의 '叔母[아즈미]' 는 3촌 관계의 여성혈족인 고모와 이모를 가리켰다. 16세기 이전에는 여성도 혈족이면 직접지칭이 적용되고 인척이면 간접지칭이 적용된 것이다.

이는 3촌을 넘는 부모 이상 항렬에서도 뚜렷하다. 『대명률직해』나 『경국대전』에서 '堂伯叔父母(당백숙부모)' 는 '五寸叔及妻[오촌아자비 및 처]' 로, '族伯叔父母(족백숙부모)' 는 '七寸叔及妻[칠촌아자비 및 처]' 로 달라졌다. '從祖祖母(종조조모)' 와 '族曾祖父母(족증조부모)' 도 '同姓四寸大父妻[동성사촌한아비처]' 와 '五寸大父及妻[오촌한아비 및 처]' 가 되어 한결같이 '~妻(처)' 라는 형태의 간접지칭이 적용되었다. 조선후기에는 부계혈족의 처에게 '伯母(백모)', '叔母(숙모)', '從祖母[종조모 ; 작은할머니]' 와 같은 직접지칭을 부여하지만 16세기 이전에는 혈연으로 이어지는 경우에만 직접지칭을 부여한 것이다. 이것이 친족지칭원리의 두 번째 특징이다.

셋째, 방계혈족의 항렬별 지칭형태가 대비된다. 조선전기와 후기를 막론하고 아들 항렬과 아버지 항렬의 방계친은 각기 '姪[질 ; 아촌아돌]', '叔父[숙부 ; 아자비]' 로 표기하여 지칭이 항렬을 드러내었다. 그러나 조부 항렬 이상에서는 16세기 이전과 17세기 이후가 다르다. 조선후기에는 '從祖父[종조부 ; 조부의 형제]', '從曾祖父[종증조부 ; 증조부의 형제]' 처럼 방계혈족도 직계와 마찬가지로 '祖(조)' 나 '曾祖(증조)' 를 넣어 지칭이 그대로 항렬을 드러내었다. 반면에 『대명률직해』와 『경국대전』에서 확인한 것처럼 조선전기에는 조부 항렬 이상은 모두 '~寸大父(~寸大母)[~촌한아비(~촌한어미)]'로 표기하였다. 이러한 방식은 손자 항렬 이하에서도 동일하다. 조선후기에는 '姪孫(질손)', '曾姪孫(증질손)'으로 지칭하여 지칭이 항렬을 드러내었지만 조선전기에는 단지 '~寸孫(~촌손)'으로 표기하였다. 따라서 조선전기의 지칭은 아버지와 아들 항렬을 벗어나면 '大父(大母)[한아비(한어미)]', '孫(손)'으로 포괄했다는 점에서 조선후기와 다르다.

이것과 밀접한 관련 아래 네 번째 특징을 꼽을 수 있다. 조선후기에는 '曾(증)', '高(고)', '玄(현)' 등으로 수직거리를 나타내고, '從(종)', '再從(재종),' '三從(삼종)' 등으로 수평거리를 표시하여 수직거리와 수평거리를 나타내는 요소가 다르다. 그러나 조선전기에는 조부 항렬 이상과 손자 항렬 이하에서는 '寸(촌)'이 두 가지 역할을 겸하였다. 아버지 항렬과 아들 항렬에서는 '叔[아자비]', '姪[아촌아돌]'이 수직거리를 알려주지만 그 범위를 넘으면 '寸(촌)'이 수직거리와 수평거리를 표시하는 유일한 요소가 된다. 따라서 '촌'을 따져보지 않으면 할아버지 항렬 이상과 손자 항렬 이하의 인물이 혈연상 어느 위치에 있는지 알 수 없다.

2) 지칭원리에 반영된 친족관계

위에서 고려 · 조선전기의 지칭원리를 살펴 네 가지 특징을 확인하였다. 이러한 특징을 종합하면 곧 지칭체계의 정형이 되므로 이에 기반하여 친족관계를 규명할 수 있다. 이 또한 조선후기와 대비하는 방식을 취하면 형태가 잘 드러난다.

우선, 단일한 지칭으로 모든 혈연계통을 포괄한 것은 혈연계통을 구분하는 의식이 없었음을 시사한다. 이러한 지칭원리가 통용되는 사회에서는 중국의 오복친조직이나 조선후기의 문중처럼 부계로 편중되거나 부계만으로 조직된 관계를 상정하기 어렵다. 이러한 지칭원리가 적용되는 친족관계는 혈연의 계통을 구분하지 않고 혈연의 원근이 곧 친소(親疎)를 결정하는 동심원구조로 보는 것이 타당하다. 어머니의 자매와 아버지의 자매를 모두 '少爲母 · 叔母[아춘어미 · 아자미]' 로 지칭한 것은 양자의 중요도와 친밀함이 같다고 보는 인식관행을 알려준다. 그리고 조선후기에 확인되는 '姑母(고모)' 의 용례로부터 부계의식의 강화와 이에 근거한 친족관계의 변동을 추론할 수 있다. 한국사회의 친족관계는 '少爲母 · 叔母[아춘어미 · 아자미]', '少爲父 · 叔父[아춘아비 · 아자비]' 가 통용되던 시기에는 부측, 모측으로 대칭을 이루다가 '姑母(고모)', '姨母(이모)' 가 통용되는 시기에 이르러 부계로 편중된 비대칭구조로 전환해 갔다고 판단할 수 있다.

둘째, 남녀를 막론하고 혈족에게만 직접지칭을 부여한 것은 혈연이 친족구성원의 자격을 결정하는 가장 강력한 요인이었음을 알려준다. 조선후기 이래 부계친의 처는 '伯叔母(백숙모)' 나 '伯叔祖母[백숙조모 ; 큰할머니 · 작은할머니]' 등으로 지칭되지만 여성혈족의 남편은 '姑母夫(고모부)', '姨母夫(이모부)' 처럼 간접지칭되어 지칭원리가 다르다. 이렇듯 부계친의 처에게 부여된 직접지칭은 곧 그 여성을 중요하고 친밀하게 여기는 의식을 반영한다. 조선후기에는 '백모 · 숙모' 에게 느끼는 친밀감과 의무감이 '고모부' 나 '이모부' 에게 느끼는 것보다 월등했다고 할 수 있는 것이다.

그러나 고려 · 조선전기에는 지금의 '叔母[숙모 ; 작은어머니]' 가 '叔妻[숙처 ; 아자비처]' 가 되어 '고모부' 나 '이모부' 와 동일한 지칭원리가 적용되었다. 이는 여성의 친족구성원으로서의 자격을 결정하는 요인이 조선후기와 달랐음을 알려준다. 조선후기에 남성은 혈연에 근거하고 여성은 혼인에 근거하여 친족관계가 결정된 반면, 17세기 이후에는 남성과 여성 모두 혈연이 친족구성원의 자격의 결정하는 요인으로 단일화되어 있었다고 볼 수 있는 것이다. 이러한 사실은 오복친조직에 비추어 설명할 수 있다.

망자에 대한 애도의 등급을 명시한 오복제에서 남성이 애도할 대상은 대부분 부계친과 그들의 처에 해당하며 비부계는 외조부모, 외삼촌, 이모, 생질 등 소수에 지나지 않는다. 반면에 혼인한 여성은 남편의 유복친 전체에 대해 남편과 거의 동등한 의무를 지니고 자신의 혈족에 대해서는 상복의 등급을 낮춘다. 남성도 출가한 부계여성혈족에 대해 상복의 등급을 낮춘다.

이렇듯 혼인한 여성의 의무와 권리가 남편 쪽으로 치우치는 현상은 여성이 남편 쪽 친족으로 인정되고 이 관계가 혼인 전의 혈연관계보다 중시된다는 사실을 알려준다. 여성은 혼인과 더불어 소속 친족이 바뀐다고 할 수 있는 것이다. 그리고 바로 이러한 원리 아래 할아버지나 아버지의 형제 즉 '伯叔祖父(백숙조부)' 나 '伯叔父(백숙부)' 의 처에게 '伯叔祖母

(백숙조모)' 나 '伯叔母(백숙모)' 와 같은 직접지칭을 부여한다고 볼 수 있다. 그러나 고려 · 조선전기에 이들을 '~妻(처)' 로 간접지칭한 것은 이들에 대한 친밀도가 조선후기에 비해 현저히 떨어지며 여성도 남성처럼 혈연이 친족관계를 결정하는 가장 강력한 요인이었음을 알려주는 것으로 판단할 수 있다.

다음으로 세 번째와 네 번째 특징은 항렬의식 및 친족간 친밀도를 결정하는 방식을 반영하는 것으로 이해된다. 세 번째 특징은 조선전기에 叔[숙 ; 아자비] 과 姪[질 ; 아춘아돌] 항렬의 범위를 벗어나는 방계혈족을 각기 '大父(大母)[한아비(한어미)]' 와 '孫(손)' 으로 통칭하는 것이었고, 네 번째 특징은 그렇기에 '大父(大母)[한아비(한어미)]' 이상과 '孫(손)' 이하는 '촌(寸)' 과 결합될 때에만 수직 · 수평거리를 알 수 있다는 것이었다.

이로부터 叔(숙)과 姪(질) 항렬에 대한 인식과 그 범위를 벗어나는 항렬에 대한 인식에 차이가 있었음을 유추할 수 있다. 叔(숙)과 姪(질) 항렬은 항렬을 구분하여 인식했지만 할아버지 이상과 손자 이하에서는 항렬을 구분하는 의식이 미약했다고 볼 수 있다. 그리고 할아버지 이상의 항렬의식이 미약했다는 사실은 촌수를 명기해야 수직 · 수평거리가 드러나는 '同姓四寸大父[동성사촌한아비 ; 조부의 형제]' 나 '同姓五寸大父[동성오촌한아비 ; 증조부의 형제]' 의 후손에 대한 혈연의식 역시 미약했음을 추론하게 한다. 이는 친족으로 인정되는 방계친의 범위가 좁아 오복친 중에서 부계친의 상당수가 탈락했을 가능성을 시사한다.

이상에서 지칭원리가 반영하는 친족관계를 살펴보았다. 그 결과 고려 ·

조선전기 한국사회의 친족관계는 혈연계통을 구분하지 않고 방사형으로 뻗어나가는 동심원구조로서, 남성과 여성 모두 혈연이 친족 구성원으로서의 자격을 결정하는 가장 강력한 요인임을 추론하였다. 또한 친족으로 기능하는 방계친의 혈연거리는 오복친조직의 부계친 범위에 비해 짧을 가능성을 확인하였다. 따라서 고려·조선전기의 친족관계는 조선후기의 오복친조직이나 문중조직과 전혀 다른 형태였음을 알 수 있는데 도표 형식으로 작성된 『경국대전』 오복조는 그 형태를 잘 드러낸다.

〈표 22〉 『경국대전』 오복조의 기재양식

五服(오복)	父(부)	祖父母(조부모)	伯叔父母(백숙부모)三寸叔及妻[삼촌숙 및 처]	姑(고)父之姊妹[부의자매]母之姊妹[모의자매]	姪及姪女[질 및 질녀]	堂兄弟(당형제)四寸兄弟(사촌형제)	從祖祖姑(종조조고)四寸大母(사촌대모)	伯叔祖父母(백숙조부모)四寸大父及妻[사촌대부 및 처]
本宗(본종)	斬衰三年(참최삼년)	齊衰不杖期(참최부장기)	期年(기년)	期年(기년)	期年(기년)	大功(대공)	大功(대공)	小功(소공)
外親(외친)		小功(소공)	伯叔父小功(백숙부소공)伯叔母緦麻(백숙모시마)	小功(소공)	小功(소공)	緦麻(시마)		
妻親(처친)	緦麻(시마)							
夫族(부족)	斬衰三年(참최삼년)	大功(대공)	大功(대공)	父之姊妹小功[아버지의 자매는 소공)	期年(기년)	緦麻(시마)	緦麻(시마)	緦麻(시마)

위 〈표 22〉는 『경국대전』 권3 예전 오복조의 형태를 그대로 살리면서 본고의 논지와 직결되는 부분만을 추려서 작성한 것이다. 위에 제시된 것

처럼 상단에 친족명을 나열하고 측면에 '本宗(본종)', '外親(외친)', '妻親(처친)', '夫族(부족)'으로 구별한 뒤 교차점에 복제를 기입하는 방식을 취했다. 따라서 '伯叔父(백숙부)'가 외삼촌까지 포괄하는 것처럼 본종과 외친에 같은 지칭이 대입된다.

이렇듯 하나의 지칭으로 다양한 혈연계통을 포괄하는 것은 조선후기에는 불가능한 방식이다. 조선후기의 친족지칭은 혈연계통을 구분하므로, 하나의 지칭은 오직 하나의 계통에만 적용된다. '叔(숙)'과 '姑(고)'는 아버지의 형제와 누이이고 어머니 쪽으로 같은 거리에 있는 혈족은 '외숙부(外叔父)'와 '이모(姨母)'로서 독자의 지칭을 갖는다. 따라서 위 오복조처럼 하나의 도표로 복제를 정리하고, '姑(고)'에 '父之姊妹[아버지의 자매], 母之姊妹[어머니의 자매]'라는 세주를 다는 것은 있을 수 없다. 굳이 도표로 나타내려면 『주자가례(朱子家禮)』에서 채택한 것처럼 〈본종오복지도(本宗五服之圖)〉와 〈처위부당복도(妻爲夫黨服圖)〉, 〈외족 · 모당 · 처당복도(外族 · 母黨 · 妻黨服圖)〉 등으로 나누어 표시해야 한다.

그러므로 단일한 지칭을 '本宗(본종)'과 '外親(외친)'에 적용한 『경국대전』 오복조의 표 형식은 계통을 구분하지 않고 혈연의 거리만 따지는 고유한 지칭방식에 기인하는 것으로 판단할 수 있다. 도표 형식의 『경국대전』 오복조는 혈연상 동일한 거리에 있는 혈족을 동일한 지칭으로 포괄하는 동심원 구조의 친족관계를 드러낸다.

제3장

고려 · 조선전기의 혈연을 범주화하는 친족용어

1. '촌(寸)' 을 이용한 지칭방식
2. 중국 친족지칭의 변용(變用)과 직계의식
3. '족(族)' 의 의미와 구조
4. '동성(同姓)', '이성(異姓)' 의 기능과 그 한계

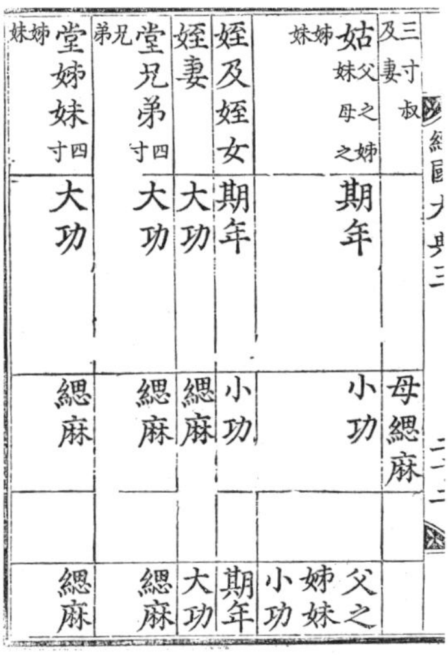

『경국대전』 오복도

1. '촌(寸)' 을 이용한 지칭방식

앞장에서는 고려 · 조선전기의 친족지칭을 분석하여 조선후기와 대비되는 지칭원리를 규명한 뒤 이것이 반영하는 친족관계를 확인하였다. 그 결과 특정 혈연계통으로 치우치지 않는 대칭구조의 친족관계를 도출하였다. 여기에서는 혈연을 범주화하는 친족용어를 살펴 동일한 친족관계가 도출되는지 확인하겠다.

16세기 이전의 지칭원리가 17세기 이후와 달랐던 궁극의 이유는 혈연의식에 있다고 볼 수 있다. 혈연의식은 대상의 비중, 나아가 대상에 대한 인식의 유무를 결정한다. '전통' 친족지칭에서 아버지와 어머니의 형제를 '숙부' 와 '외숙부' 로 달리 지칭하는 것은 이들을 구분하여 인식하기 때문인데, 이는 의미의 경중과 관련된 구분이다. 오복제에 따르면 '숙부' 의 상에는 1년복을 입고, '외숙부' 의 상에는 5개월복을 입는다. '1년' 과 '5개월' 은 이들이 친족관계에서 차지하는 비중이고, '숙부' 와 '외숙부' 는 이러한 비중의 차이를 표현하는 지칭이다. 그러나 16세기 이전에는 '숙

〈표 23〉 고려 · 조선전기와 조선후기의 친족지칭 비교

조카항렬			동항렬			부모항렬			조부모항렬		
관계	지칭		관계	지칭		관계	지칭		관계	지칭	
	16세기 이전	17세기 이후		16세기 이전	17세기 이후		16세기 이전	17세기 이후		16세기 이전	17세기 이후
형제의 아들	三寸姪	姪(질) 조카	백숙부의 아들	四寸兄弟	從兄弟(종형제)	부의 형제	三寸叔父	伯叔父(백숙부)	부의 백숙부	四寸大父	伯叔祖父(백숙조부)
자매의 아들	三寸姪	甥姪(생질)	고모의 아들	四寸兄弟	姑從兄弟(고종형제)	모의 형제	三寸叔父	外叔父(외숙부)	부의 고모	四寸大母	從祖祖姑(종조조고)
백숙부의 손자	五寸姪	堂姪(당질)	외삼촌의 아들	四寸兄弟	外從兄弟(외종형제)	부의 자매	三寸叔母	姑母(고모)	부의 외삼촌	四寸大父	×
백숙부의 외손자	五寸姪	×	이모의 아들	四寸兄弟	姨從兄弟(이종형제)	모의 자매	三寸叔母	姨母(이모)	부의 이모	四寸大母	×
고모의 손자	五寸姪	×	부의 백숙부의 손자	六寸兄弟	再從兄弟(재종형제)	부의 백숙부의 아들	五寸叔父	堂伯叔(당백숙)	모의 백숙부	四寸大父	×
고모의 외손자	五寸姪	×	부의 백숙부의 외손자	六寸兄弟	×	부의 백숙부의 딸	五寸叔母	堂姑母(당고모)	모의 고모	四寸大母	×
외삼촌의 손자	五寸姪	×	부의 고모의 손자	六寸兄弟	×	모의 백숙부의 아들	五寸叔父	×	모의 외삼촌	四寸大父	×
외삼촌의 외손자	五寸姪	×	부의 고모의 외손자	六寸兄弟	×	모의 백숙부의 딸	五寸叔母	×	모의 이모	四寸大母	×
이모의 손자	五寸姪	×	모의 백숙부의 손자	六寸兄弟	×	부의 고모의 아들	五寸叔父	×	부의 백숙부의 친사촌	六寸大父	從曾祖父(종증조부)
이모의 외손자	五寸姪	×	모의 백숙부의 외손자	六寸兄弟	×	모의 고모의 딸	五寸叔母	×	모의 백숙부의 친사촌	六寸大父	×

부' 와 '외숙부' 를 '少爲父 · 叔父[아촌아비 · 아자비]' 로 포괄하였다. 이로부터 조선후기와 달리 모든 혈연계통을 같은 비중으로 인식했다고 볼 수 있다. 16세기 이전에는 혈연을 포괄적으로 인식한 것이다.

16세기 이전과 17세기 이후 혈연의식의 차이는 비중의 경중에 그치지 않고 대상에 대한 인식의 유무로 이어진다. 조선후기의 지칭인 '숙부' 와 '외숙부' , 고려 · 조선전기의 지칭인 '少爲父 · 叔父[아촌아비 · 아ᄌᆞ비]' 는 모두 인식된다는 점에서 일치한다. 지칭이 있기 때문이다. 그러나 원친으로 범위를 확대하면 조선후기에 지칭이 없는 대상을 고려 · 조선전기에 부계와 통틀어 지칭한 것이 확인된다.

앞의 〈표 23〉에서 보듯 16세기 이전에는 계통을 구분하지 않고 혈연거리가 같으면 단일한 지칭으로 포괄하였다. 백숙부의 손자와 외삼촌의 외손자를 '五寸姪[오촌아촌아돌]' 로, 아버지의 백숙부의 아들과 아버지의 고모의 아들을 '五寸叔父[오촌아자비]' 로, 아버지의 백숙부의 손자와 아버지의 고모의 손자를 '六寸兄弟(육촌형제)' 로 지칭하였다. 반면에 17세기 이후에는 이들 중 부계만 지칭이 있다.

친족지칭은 대상을 구별하여 인식하는 것을 전제하므로 지칭의 유무는 인식의 유무와 직결된다. 대상에 대한 인식의 유무는 다시 대상에 부여하는 의미의 유무로 이어진다. 조선후기에 '伯叔祖父[백숙조부 ; 큰 · 작은할아버지]' 는 의미가 있었지만 '외할머니의 오라비' 는 그렇지 않았다고 볼 수 있다. '외할머니의 오라비' 는 지칭이 아니기 때문이다. 그러나 16세기 이전에는 '외할머니의 오라비' 도 지칭할 수 있었다. 지칭과 '촌(寸)' 을 결합하는 방식으로 말미암아 혈연거리와 성별만 고려할 뿐 단일한 지칭이 모든 계통을 포괄하였기 때문이다. 따라서 16세기 이전에 내외조부모의 형제를 포괄하는 '四寸大父[사촌한아비]' 라는 지칭은 이들이 모두 의미 있는 존재로서 같은 비중으로 인식되었음을 알려준다.

'촌(寸)' 을 이용한 지칭방식이 언제부터 운용되었는지는 확실치 않다.[1) 다만 중국에 없는 한국 고유의 지칭요소라는 점에서[2) 유래가 매우 오래다고 짐작할 뿐이다. 가장 오랜 용례는 『고려사』에서 확인된다.

> ① 의종 원년(1147년) 12월에 판하기를 "대 · 소공친 내에서 사촌 이상끼리 혼인하는 것만 금하고, 오륙촌 친당은 일찍이 혼인을 금하지 않았다.…" 라고 하였다.[3)
>
> ② 문무양반의 가문에서는 같은 성씨와 혼인하지 못한다. 외가사촌은 구혼하는 것을 들어준다.[4)

위 인용문은 국왕의 명령을 기록한 것이므로 '오륙촌' 과 '사촌' 은 찬술 시점이 아닌 국왕이 명령한 시점의 형태라고 볼 수 있다. 그러므로 '촌' 을 이용한 지칭방식의 성립 하한은 1147년(의종 1)이 된다. 그리고 앞장

1) 직계친간의 촌수는 양자간에 개재된 대수를 1촌으로 계산한다. 父 · 子는 1촌, 祖 · 孫은 2촌이 된다. 방계친간의 촌수는 양자의 가장 가까운 공동 직계친까지의 대수를 더하여 산출한다. 예를 들어 손자와 조부모는 2촌이므로 손자들의 관계는 2촌과 2촌을 더한 4촌이 된다.

2) 金斗憲, 1969 『韓國家族制度研究』, 서울대출판부, 137쪽.

3) 『高麗史』 권75 지29 選擧 銓注 限職 "毅宗元年十二月 判 大小功親內 只禁四寸以上犯嫁 五六寸親黨 不曾禁嫁."

4) 위의 책, 권33 세가33 忠宣王 복위년(1308) 11월 辛未 "文武兩班之家 不得娶同姓 外家四寸 亦聽求婚."

에서 확인하였듯 조선전기에는 용례를 적시할 필요조차 없을 만큼 활발히 운용되어 지칭방식으로서의 보편성을 인정할 수 있다.

특히 유희춘의 『미암일기』에서는 '촌'을 이용한 지칭방식의 정도와 의미가 분명하게 확인된다. 일기의 여러 곳에서 '촌'과 결합된 지칭이 쓰였는데 중국은 물론 현재 한국에서도 인식되지 않는 대상에 적용된 사례가 많다.

① 정응규 문서(鄭應奎 文瑞)…내 육촌형인 정대정 맹기(薛大靜 孟基)의 외손이니 나에게는 8촌손(八寸孫)이다.[5)]

② 전사영(全斯榮)…내 육촌형 이화(以和)의 손(孫)이니 내게 8촌손(八寸孫)이다.[6)]

③ 김충서(金忠恕)…옥천군(玉川君) 설공(薛公)의 동서(同壻)의 증손이니 내게는 9촌질(九寸姪)이다.[7)]

④ 신발(申潑)은 여주(汝柱)의 아들이니 신장(申檣)의 후손이다. 11촌 족하(族下)가 된다.[8)]

위의 인용문은 유희춘이 혈연관계를 어떻게 인식하고 따졌는지 잘 보

5) 『眉巖日記草』 1권 201쪽 4월 24일 "刑曹正郞鄭應奎文瑞來訪 乃吾六寸兄薛大靜孟基之外孫 於我爲八寸孫."

6) 위의 책, 2권 266쪽 6월 4일 "興德 訓鍊奉事全斯榮來謁 以乃吾六寸兄以和之孫 於我爲八寸孫也."

7) 위의 책, 4권 276쪽 2월 19일 "金忠恕 居于高靈 乃玉川君薛公同壻之曾孫 於我爲九寸姪."

8) 위의 책, 5권 248쪽 7월 17일 "稷山縣監 申潑 汝柱之子 乃申公檣之後也 於爲十一寸族下也."

여준다. 6촌형이 설씨(薛氏)로 그와 성씨가 다른데 다시 설씨의 외손인 정씨(鄭氏)와의 혈연관계를 계산하여 '팔촌손(八寸孫)'이라고 표현하였다.(①) 유희춘 및 그의 모친 최씨(崔氏)와 성씨가 다른 '6촌형'과 '8촌손'(②), '11촌족하'(④)는 유희춘이 특정 혈연계통이나 성씨에 치우치지 않고 먼 거리까지 '촌'을 이용하여 지칭했음을 알려준다. ③은 여성을 기준인으로 해도 동일한 방식이 적용됨을 보여준다. 옥천군 설공은 유희춘의 조모 설씨(薛氏)의 부친이다.[9] 따라서 옥천군의 동서는 유희춘과는 혈연관계가 없고, 동서의 부인이 옥천군의 부인과 자매 사이, 즉 유희춘 할머니의 이모로서 혈연관계를 갖는다.

이로부터 중국에서 의식되지 않는 혈연계통과 혈연거리를 유희춘은 의식했음을 알 수 있다. 따라서 그의 친족관계도 '부계팔촌, 모계사촌'으로 표현되는 조선후기의 오복친조직과 달랐음을 짐작할 수 있다. 일례로 『미암일기』에는 유희춘의 '五寸姪[오촌질 ; 오촌아촌아들]'로 11인이 기재되었는데 성씨는 모두 7개나 된다.[10] 혈연을 거슬러 올라가면 '五寸姪[오촌질 ; 오촌아촌아들]'에게는 증조 항렬, 유희춘에게는 조부 항렬에서 만나게 되므로 이들은 모두 유희춘의 조부모나 외조부모의 후손이다. 유희춘의 고모 2인은 각기 유승로(柳承露)와 방한걸(房漢傑)과 혼인하였으나 자녀를 두지 못하였고[11] 그의 외조부 최부(崔溥)는 딸 셋을 두었는데

9) 『善山柳氏派譜』 "八世 贈通政大夫承政院左承旨兼經筵參贊官公濬(중략)配淑夫人玉川薛氏[父玉川君繼祖]."

10) 朴義仲(羅州), 朴自春·朴自秋(羅州)兄弟, 尹忠男(順天), 崔旣濟(順天), 崔景肅, 宋昕之女(務安), 呂定邦, 許濟(順天), 許湛(順天), 金光祖(順天)

11) 본서 106쪽 〈표 14〉 참조.

한 명은 유희춘의 조모이고 둘은 각기 나씨(羅氏), 김씨(金氏)와 혼인하였다.[12)]

그러므로 7개 성씨 중 나씨와 김씨만 성씨에 의거하여 혈연계통을 추적할 수 있고, 나머지는 내외조부모의 내외후손을 3대에 걸쳐 빠짐없이 기록한 계보도가 있어야 관계를 알 수 있다. 이들은 유희춘의 오복친 범위를 벗어나 조선후기의 '전통적' 지칭이 적용되지 않는 대상인데도 유희춘의 조부나 외조부의 묘제에 동행하고,[13)] 유희춘의 종제 유영춘(柳榮春)의 상에 호상(護喪)이 되는 등[14)] 매우 친근한 관계로 나타난다.

『미암일기』의 이와 같은 사례는 유희춘이 혈연계통을 차별하지 않고 혈연거리만 따졌으며, 친밀도도 혈연거리와 비례하였을 가능성을 알려준다. 현재는 '7촌조카'나 '8촌형'이 으레히 부계친으로 간주되지만 당시에는 가능한 모든 혈연계통을 포괄한 것이다. 그리고 원친으로 범위를 확대할수록 혈족의 수가 급격히 늘어나 계통을 파악하기 힘들어지는 데도 불구하고, '옥천군 설공의 동서의 증손'이니 '9촌질'이라고 표현한 것처럼, 어떤 계통이든 혈연으로 이어지면 남과 다르게 인식하는 태도를 읽을 수 있다.

이렇듯 '촌'을 이용한 지칭방식이 반영하는 혈연의식은 '모계도 존중하였다'거나, '양계를 동등하게 대우하였다'고 하기 보다 '혈연계통을 통

12) 본서 109쪽 주 46) 〈崔溥 外孫의 系譜〉 참조.

13) 『眉巖日記草』 3권, 143쪽 8월 17일 "以中秋掃墳 發向(순천)深隱洞 祖贈承旨公之墳…許濟讀祝 崔旣濟 許湛 梁汀皆至(중략)祭祖妣贈淑夫人薛氏之墓(중략)還向從弟榮春家府使李君選及光雯入參 許濟 許湛 崔旣濟 成允文 等皆入行酒."

14) 위의 책, 5권 12쪽 윤12월 3일 "順天從弟榮春 去月初一日傷寒 十八日二更而逝 五寸姪 尹忠男 崔旣濟 許濟 許湛 金光祖 等 都狀專伻報訃 送緦麻帶 仍請救喪葬之需."

틀어 인식하였다' 고 해야 정확할 것이다. 지칭과 '촌' 을 결합시킨 지칭 방식은 혈연계통을 구분하면서 인식한 것이 아니라 구분의식의 부재를 추론케 하기 때문이다. '촌(寸)' 이 모든 혈연계통에 적용되던 시기에는 혈연계통을 일일이 구분하는 인식관행을 상정하기 어렵다. 16세기 이전에 확인되는 '촌' 의 운용방식은, 기능이 크게 위축된 현재와는 전혀 다른 본연의 모습으로 혈연계통을 포괄하는 의식을 반영한다고 평가할 수 있다.

2. 중국 친족지칭의 변용(變用)과 직계의식

앞장에서 『대명률직해』의 원문과 번역문을 살펴 방계친은 대부분 다른 형태로 번역되었지만 직계친은 원문의 지칭을 번역문에 그대로 옮긴 것을 확인하였다. '高祖(고조)', '曾祖(증조)', '祖(조)', '孫(손)', '曾孫(증손)', '玄孫(현손)', '外祖(외조)', '外孫(외손)' 이 이에 해당한다.[15] 이러한 일치가 혈연의식을 반영한다고 간주하면 직계친에서는 부계를 구별하여 인식하였다고 판단하기 쉽다.

그러나 친조부모와 외조부모의 형제들을 '四寸大父[사촌한아비]' 로 통칭하면서 조부와 외조부의 아버지만 각기 '증조부' 와 '외증조부' 라고 지칭하고, 나머지 2인 즉, 조모와 외조모의 아버지에게 적용할 지칭이 없었다고 보기는 어렵다. 또한 유희춘이 자신으로부터 거슬러 올라가는 모든 직계 혈연을 인식하지 않았다면 '옥천군 설공의 동서의 증손이니 내게는 9촌' 이라는 표현도 나올 수 없다. 성씨가 다른 인물을 '五寸姪[오촌

15) 본서 66쪽 〈표 3〉, 77쪽 〈표 6〉 참조.

아촌아돌]' 등으로 지칭한 것도 기점에 위치한 선대의 직계 인물을 인식한 결과라고 보아야 한다.

그러므로 16세기 이전에 '조모의 아버지' 나 '외조모의 아버지' 를 가리킨 지칭이 없을 수 없는데 현존하는 자료에서는 그것이 어떠한 형태였는지 파악하기 어렵다. 다만 『고려사』 상피조에서 외조부모에 해당하는 대상을 '母之父母[어머니의 부모]' 라고 풀어 설명하였고, 『대명률직해』에서도 단 한 사례나마 같은 형태로 번역한 것은 '조모의 아버지' 나 '외조모의 아버지' 에게 적용된 지칭을 규명할 단서가 된다.

앞장에서 살폈듯 『고려사』 상피조에서 '外族(외족)' 의 상피대상자를 '母之父母[어머니의 부모]', '母之同生姉妹之子[어머니의 자매의 아들]' 등으로 풀어서 설명하였다. 이는 '外族(외족)' 으로 범주화한 혈족을 한정하는 지칭이 없었음을 알려준다. 특히 외조부모를 '母之父母[어머니의 부모]' 로 풀어 설명한 것은 상피제 성립 당시 '外祖(외조)' 조차 일상에서 통용되지 않았음을 알려준다. 『대명률직해』에서 확인되는 '母之父母' 도 '外祖(외조)' 가 한국사회에 정착하기까지 매우 오랜 시일이 걸렸음을 알려준다.

그렇다면 고려시기에 '外祖(외조)' 에 적용된 고유어 지칭은 분명 '한아비[大父]' 였을 것이다. '친조부와 외조부가 '한아비' 로 통칭되었다면 한 항렬 높은 친조부와 외조부의 아버지도 단일한 지칭으로 포괄되었을 것이다. 이러한 혈연의식은 아래의 기사에서 분명하게 드러난다.

> 사간원 대사간 김수녕(金壽寧) 등이 상소하기를 "…일찍이 본국의 습속이 남자가 여자의 집으로 가므로 이성친에 대한 은의의 분별이 동성

과 다름이 없습니다. '大父(대부)' 가 계시면 '從兄弟(종형제)' 가 한 집에서 길리고, '曾大父(증대부)' 가 계시면 '再從兄弟(재종형제)' 가 한 집에서 길리니 어려서부터 장성할 때까지 서로 형제라 일컫고, 서로 叔姪(숙질)이라 일컬으며, 서로 祖孫(조손)이라 일컬으니, 그 은애가 진실로 동성과 다르겠습니까? 이제 再從兄弟(재종형제)가 서로 더불어 혼인을 하고, 族伯叔祖父(족백숙조부)와 堂姪孫女(당질손녀)가 서로 혼인하는 자가 있으니, 비록 법으로 금함은 없더라도 인정에 크게 불안한 것이 있으며, 여기에서 그치지 아니하고 장차는 堂姑(당고) · 堂姪(당질) · 堂伯叔父(당백숙부) · 堂姪女(당질녀)에 이르기까지도 또한 서로 혼인을 할 것입니다.…" 라고 하였다.[16)]

1471년에 대사간 김수녕은 이성 근친과 혼인해서는 안 된다고 주장하며 위의 상소문을 올렸다. 따라서 그가 언급한 친족관계에서 부계는 제외되는데도 중국에서 부계친을 한정하는 지칭을 사용하여 대상과 범위를 표시하였다.

직계친부터 살피면 '大父(대부)' 는 외조부에 해당하는 것이 분명하다. '曾大父(증대부)' 는, 그가 언급한 처가거주관행으로 미루어, 어머니의 조부뿐만 아니라 아버지와 어머니의 외조부까지 포괄한다. 이렇듯 지금

16) 『成宗實錄』 권10 성종 2년 5월 壬辰 "司諫院 大司諫 金壽寧等上疏曰…本國之俗 男歸女第 異姓之親 恩義之分 與同姓無別 大父在 則從兄弟養於一家 曾大父在 則再從兄弟養於一家 夫養於一家 自幼至壯 自相謂兄弟 自相謂叔姪 自相謂祖孫 其恩愛果有異於同姓之親乎 今有再從兄弟 相與爲婚 族伯叔祖父與堂姪孫女相婚 雖於法無禁 而於人情 有大不安者 此而不已 將至於堂姑堂姪堂伯叔父堂姪女 亦相爲婚矣(중략)伏望 命有司 定異姓相婚之限 以順人情 以正禮典 幸甚."

의 외조부를 '大父(대부)' 로 지칭하고, 증조 항렬의 직계친은 '曾大父(증대부)' 로 통칭한 것에서 당시의 직계의식을 확인할 수 있다. 부계를 따라 단선으로 거슬러 올라가는 중국과 달리 대를 거슬러 올라갈수록 배수로 증가하며 모든 혈연계통에 단일한 지칭이 적용되는 것이다.

또한 대사간 김수녕이 중국 한문에 쓰인 '叔姪(숙질)', '祖孫(조손)', '堂姪孫女(당질손녀)' 등의 정확한 개념을 몰랐을 리 없다. 그는 이들 지칭이 중국에서 부계친을 한정한다는 사실을 잘 알았을 것이다. 그러면서도 오히려 부계를 제외한 모든 혈연계통을 언급하면서 이들 지칭을 사용한 것에서 중국과 전혀 다른 혈연의식의 실상을 확인할 수 있다.

따라서 16세기 이전의 이두자료에 '祖父(조부)' 와 '外祖(외조)' 가 확인될지라도 이것이 일상생활에서 느끼는 비중의 차이를 반영한다고 보기는 어렵다. 당시의 혈연의식에 따르면 직계친은 1세대마다 배수로 늘고, 직계 존속과 비속에게 느끼는 친밀감도 혈연거리에 비례할 뿐 혈연계통에 따른 차등은 없었다고 판단할 수 있다. 이렇듯 부계직계친을 한정하는 중국의 지칭으로 비부계까지 포괄한 사례는 다른 곳에서도 확인된다. 우선 고려시기부터 살펴보자.

① 안장공[鞍工] 송유(宋由)는 삼한공신 태부 소격달(蘇格達)의 <u>玄孫(현손)</u>이므로 특히 그 역을 면하고 벼슬함을 허락하였다.[17)]

②－i 문헌공(文憲公)과 문화공(文和公)이 함께 문장을 담당했는데

17) 『高麗史』 권8 세가8 文宗 25년 6월 庚申 "以鞍工宋由 乃三韓功臣太傅蘇格達玄孫 特免其役 許入仕."

글을 업삼은 여경(餘慶)이 고문(高門)에 넘쳤다.

세상에서 아버지와 아들 두 중서령을 칭하더니

지금 먼 자손[雲仍]에서 한 外孫(외손)을 보는구나.

[주. 문헌공 최충(崔冲)이 제일인으로 급제하여 두 번 지공거로 벼슬이 중서령에 이르렀고, 그 아들 최유선(崔惟善)이 또한 제일인으로 급제하여 또 두 번 지공거로 벼슬이 중서령에 이르렀으니, 시호는 문화공이었다. 홍(洪)이 지금 그 10세외손이다.][18)]

② - ii 현자를 좋아하시는 임금이 글도 또한 숭상하니

그대는 유종(儒宗)의 적선 가문에서 나왔구나[10세조 문헌공 최충과 9세조 문화공 유선이 사람을 잘 가르쳐 유종(儒宗)으로 일컬어졌고 다 벼슬이 중서령에 이르렀다][19)]

위에서 안장공 '송유(宋由)' 의(①) '宋' 자는 성씨로 보는 것이 타당하다. 한문에서 복수의 부계친을 기재하면서 처음 기재되는 인물의 성씨를 생략하고 뒤따르는 인물의 성씨를 드러내는 경우는 극히 드물기 때문이다. 송유는 소격달(蘇格達)의 부계 후손이 아닌데도 불구하고 '玄孫(현손)' 으로 지칭된 것이다. 이로부터 '현손' 이나 '증손' 등 중국에서 부계 직계친을 한정하는 지칭들이 고려에서는 모든 계통을 포괄하였음을 알

18) 『東文選』 권15 鄭子厚 「送洪敏求進士」 "文憲文和並主文 業文餘慶溢高門 世稱父子兩中令 今見雲仍一外孫[自注 文憲公崔冲爲第一人及第 再知貢擧 位至中書令 嗣子惟善亦以第一人及第 而又再知貢擧 位至中書令 謚爲文和公 洪今爲十世外孫](중략) 當繼家傳乙壯元."

19) 위의 책, 권16 黃石奇 「次鄭愚谷子厚韻送洪敏求進士」 "好賢明主幸崇文 君出儒宗積善門[十世祖文憲公崔冲 九世祖文和公崔惟善教人 稱爲儒宗 皆位至中書令]."

수 있다. 송유가 삼한공신 태부 소격달의 '玄孫(현손)' 이라는 표현은 송유로부터 4대를 거슬러 고조 항렬까지 올라가면 소격달이 나타난다는 직계보만을 주목할 뿐 어디에서 성씨가 달라지는지, 계보상에 여성이 몇 명이나 개재되는지 등은 관심사항이 아니었음을 알려준다.

다음으로 ②-i 과 ②-ii 는 홍민구(洪敏求)가 과거에 합격한 것을 축하하는 시이다. ②-i 에서는 홍민구의 재능을 칭찬하면서 최충의 '10세외손' 이라는 표현을 썼다. ②-ii 에서는 최충과 그 아들 최유선을 '10세조' 와 '9세조' 라고 하였다. 현재 한국에서 외손은 부계로 내려가며 '외증손', '외현손' 등으로 지칭되지만 이러한 지칭을 사용할 기회는 흔하지 않다. 그러나 홍민구를 '10세외손' 등으로 표현한 것에서 당시에는 특정인의 자질을 칭찬하는 데 동원될 수 있는 직계친의 범위가 극히 넓었음을 알 수 있다.

이 '10세외손' 과 '10세조' 는 온전히 고려사회의 혈연의식에 근거한 표현임을 알 수 있다. 홍민구로부터 9대를 거슬러 올라가면 어느 계통에선가 최유선에 닿고 다시 그의 부친 최충에게로 이어지는 것을 이렇게 표현한 것이다. 따라서 '10세조' 최충은 가능한 최대의 수인 512명의 10세조 가운데 한 사람에 불과하다. 최충을 10세조로 인식한 만큼 가능한 나머지 511명도 10세조로 인식할 개연성이 있는 것이다.

중국에서 유래한 지칭의 이와 같은 변용 사례는 조선에서도 17세기에 이르기까지 확인된다. 대사간 김수녕의 근친혼 금지 상소에 쓰인 지칭들이 이에 해당하거니와 이 외에도 다음과 같은 사례들이 확인된다.

① 신의 外曾祖父(외증조부) 훈련봉사 정귀감(鄭貴瑊)의 노 보남은 귀감의 처삼촌인 차헌의 얼산(孼産)입니다.[20]

② 노 한양을 진주(晉州)의 丈祖(장조) 이대헌(李大憲)의 수묘소(修墓所)에 보내어 이응춘(李應春)에게 축문을 편지로 보였다. 약하면 '묘를 오래도록 수리하지 않아 날로 퇴미하였으나 지금 外孫壻(외손서)인 동지중추부사 유희춘의 도움으로 흙을 얹고 치제하니 감모를 이기지 못하겠나이다. 상향' 이라고 하였다.[21]

③ 변간(邊澗)은 태종의 異姓六代孫(이성육대손)이므로 천하게 군역을 지우는 것은 부당하다.[22]

④ 윤 사예(尹 司藝)가 자언하기를 효령대군의 外高孫(외고손)이니 나의 부인에게는 八寸親(팔촌친)이 된다고 하였다.[23]

⑤ 外五代祖(외오대조) 박경인(朴景仁)과 민세정(閔世貞)의 분묘 상에 해마다 추석에 장손이 자제와 노복을 시켜 벌초하게 하는데 혹 여력이 있거나 경사가 있으면 한결같이 조종으로 보아 소전(掃展)할 것이다.[24)]

위 인용문 중 ①, ②, ③, ④는 유희춘의 『미암일기』에서 추출한 것이

20) 『眉巖日記草』 1권 162쪽 3월 24일 "啓曰 臣外曾祖父 訓鍊奉事 鄭貴瑊奴甫南 貴瑊妻三寸車軒之孼産也."

21) 위의 책, 5권 144쪽 2월 21일 "遣奴漢陽于晉州丈祖李大憲(仁亨)修墓所 簡示李應春祝文 略云 墓久不修 日就頹微 今因外孫壻同知中樞府事柳希春之助 加土致祭 不勝感慕 尙饗."

22) 위의 책, 3권 33쪽 2월 14일 "邊澗 以太宗異姓六代孫 不當爲卑下軍役."

23) 위의 책, 1권 193쪽 4월 14일 "尹司藝自言 孝寧大君之外高孫 於吾細君爲八寸親云."

24) 『慶北地方古文書集成』 355쪽 「金光繼妻李氏娚妹和會文記」 "外五代祖朴景仁閔世貞墳上 年年秋夕 長孫使子弟奴僕伐草 或有餘力 或有慶事 一視宗祖掃展事."

고, ⑤는 1627년에 이씨(李氏) 남매가 작성한 분재문기의 서문 부분이다. ①의 '외증조부' 정귀감은 유희춘의 외조 최보(崔溥)의 장인이다.[25] 따라서 중국이나 현재 한국의 지칭방식에 입각하면 모친에게 외조부가 될 뿐 유희춘을 기준하면 지칭이 없는데 유희춘은 '외증조부'로 지칭하였다. ②의 '이대헌(李大憲)'은 유희춘의 처 송씨(宋氏)의 외조 이인형(李仁亨)인데 다만 '丈祖(장조)'라고 지칭하였다. 일기의 다른 부분에서는 '담양(潭陽) 니팔곡(泥八谷)의 丈祖(장조) 南平墳(남평분)'이 나타나[26] 유희춘은 각기 진주와 담양에 묻힌 송씨의 외조부와 조부를 모두 '丈祖(장조)'라고 지칭한 것이 확인된다.

③에서는 변간을 태종의 '異姓六代孫(이성육대손)'이라고 지칭하였다. 변간은 유희춘의 처 송씨의 생질이다. 태종에서 변간에 이르는 계보는 송씨의 조부 송기손이 태종의 둘째아들 효령대군의 손녀와 혼인함으로써 시작되었다.[27] 이후 송기손의 손녀가 변수정과 혼인하여 변간을 낳음으로써 변간은 태종의 '이성육대손'이 되었다.[28] 이로부터 여성이 복수로 개재될지라도 혈연의식이 소멸하지 않았음을 분명히 알 수 있다. ④에서 사예 벼슬의 윤씨(尹氏)도 자신을 '효령대군의 외고손'이라고 하였지만 효령대군에게는 윤씨 사위가 없다.[29] 마지막으로 ⑤에서는 박경인과 민세정 두 사람을 '외오대조'로 표현하였다. 이씨 남매의 '외오대조'로서

25) 『羅州崔氏世譜』 "子 溥(중략) [配海南鄭氏 父訓練院參軍貴瑊(하략)]."
26) 『眉巖日記草』 1권 87쪽 1월 4일 "到潭陽泥八谷丈祖南平墳前."
27) 『洪州宋氏世譜』 "子麒孫[(중략)配淑人全州李氏寶城君(㖔)女 孝寧大君補孫]."
28) 본서 104쪽 주 42) '宋氏側系譜' 참조.
29) 孝寧大君은 妻 소생녀 1인과 妾 소생녀 1인을 두었다. 妻 소생은 李塤과 혼인하였고 妾 소생은 全晉亨과 혼인하였다.(『璿源譜』)

가능한 15인 가운데 2인이 박경인과 민세정인 것이다.

이상에서 살핀 사례들은 중국과 전혀 다른 직계의식을 반영하는 것으로 판단할 수 있다. 혈연을 거슬러 올라가면서 만나는 모든 대상을 직계친으로 간주했으며, 그들의 모든 후손을 혈연으로 인식한 것이다. 특히 사서(史書)나 일기에서 확인되는 중국 지칭의 변용 사례는 한문사용층에서도 직계혈족 모두를 조상이나 후손으로 인식하였음을 알려준다. 1071년에 소격달의 '玄孫(현손)' 으로 지칭된 송유(宋由)나 고려말에 홍민구(洪敏求)의 '10세조' 로 표현된 최충(崔冲), 16세기에 단독으로 사용된 '외오대조' 가 위치할 계보를 따지면 부계를 제외한 모든 혈연계통이 같은 확률을 갖는다.

3. '족(族)'의 의미와 구조

1) '족장(族長)'과 '족하(族下)'

이제까지 '촌'을 이용한 지칭방식과 직계친에 적용되는 중국 친족지칭의 변용 사례를 살펴 중국과 전혀 다른 혈연의식을 확인하였다. 여기에서는 '족(族)'자가 들어가는 친족용어를 분석하여 다른 혈연계통과 중첩되지 않는 혈연조직의 존재여부를 확인하고자 한다.

현재 한국사회에서 '족'이 주는 느낌은 다른 집단이나 계통과 구별되는 폐쇄성이나 독자성이다. 이 '족'과 저 '족'은 뚜렷이 구분된다. 조선후기 이래의 문중집단도 '족'이 이러한 느낌을 주기에 합당하게 조직되었다. 그러나 혈연계통을 통틀어 인식했다면 다른 집단과 중첩되지 않는 '족'은 상정하기 어렵다. 이를 뒷받침하는 사례가 고려시기부터 16세기에 이르기까지 연달아 출현한다.

『고려사』에 쓰인 지칭은 형태와 용법이 대개 중국과 일치하며, 고려시기의 문집에서도 중국지칭의 변용 사례는 찾기 어렵다. 그러나 이미 기존 연구에서 밝혔듯 고려시기 자료에 빈번하게 출현하는 '족'은 특정 성씨나 혈연계통만으로 조직된 '집단'을 의미하지 않는다.[30]

〈표 24〉 이성인물을 '족'으로 표시한 고려시기의 사례

기준인	대상인물	지칭	출전
정도전(鄭道傳)	한혁(韓奕)	族孫(족손)	동문선 권103「삼봉선생불씨잡변발」
진각국사 최씨(眞覺國師崔氏)	배광한(裵光漢)	族兄(족형)	동문선 권118「조계산제이세고단속사…」
최충헌(崔忠獻)	노석숭(盧碩崇)	族人(족인)	고려사 권129 열전42 반역 최충헌
경대승(慶大升)	손석(孫碩)	族兄(족형)	고려사 권100 열전13 제신 경대승
조유(趙裕)	심덕부(沈德符)	族姪(족질)	고려사 권116 열전29 제신 심덕부

위 〈표 24〉는 기준인과 피칭자의 성씨가 다른데도 '족(族)'자가 적용된 사례 중 일부를 정리한 것이다. 『고려사』에서는 이성친일지라도 오복친의 범위에 포함되면 중국지칭으로 표현하려는 태도를 강하게 드러낸다. 외삼촌은 '舅(구)'로, 자매의 아들은 '甥(생)'으로, 그리고 동성사촌과 이성사촌은 각기 '從弟(종제)'와 '表弟(표제)'로 지칭하였다.[31] 따라서 '族人(족인)', '族孫(족손)' 등으로 표기된 이성친은 중국에서는 지칭이 없지만, 고려에서는 '남'과 구별되는 존재들이기에 이러한 형태로 기재되었다고 판단할 수 있다. 이러한 사실은 특히 '최충헌은 최충수 및 그

30) 최재석, 1983『韓國家族制度史硏究』, 一志社, 287~291쪽.
31) 본서 96쪽 〈표 11〉 참조.

甥(생)인 대정 박진재, 族人(족인) 노석숭 등과…' 와 같은 표현에서 분명하게 확인된다.[32] 최충헌과 박진재는 외삼촌과 생질로서 중국의 '舅 · 甥(구 · 생)' 관계에 해당하므로 박진재를 '甥(생)' 으로 표기할 수 있지만,[33] 노석숭은 중국에서는 지칭이 없으므로, '족인' 으로 표현했다고 볼 수 있다.

나아가 '親族(친족)' 과 '族長 · 族下(족장 · 족하)' 의 용례를 분석하면 16세기 이전 '족' 의 의미와 구조에 한층 가깝게 접근할 수 있다. 우선 『대명률직해』에서 일정한 혈연범위를 가리키는 어휘가 어떻게 번역되었는지 살펴보자.

① 其親屬 → 其餘親族[34]

② 凡鰥寡孤獨及篤廢之人貧窮無親屬 → 凡無親族爲在鰥寡孤獨及篤疾廢疾之人[35]

③ 其親屬人 → 其餘親族人[36]

④ 同宗無服之親及無服親之妻 → 同宗無服制爲在親屬果無服制親族矣妻[37]

⑤ 凡死罪囚已招服罪而囚使令親戚故舊自殺 → 凡死罪囚人亦已招服在囚爲親族故交乙用良自殺令是在乙良[38]

32) 『高麗史』 권129 列傳42 叛逆 崔忠獻 "忠獻 與忠粹及其甥隊正朴晉材族人盧碩崇等."

33) 위의 책, 권129 列傳42 叛逆 崔忠獻 "忠獻 卽召晉材及躍珍碩崇 告之 晉材曰 公兄弟均吾舅也 有何厚薄 然國家安危 係此一擧."

34) 『대명률직해』 권1 名例律 「應議者之父祖有犯」

35) 위의 책, 권4 戶律 「收養孤老」

36) 위의 책, 권13 兵律 「禁經斷人充宿衛」

37) 위의 책, 권25 刑律 「親屬相姦」

38) 위의 책, 권28 刑律 「死囚令人自殺」

위 인용문은 원문과 번역문의 표기형태가 다른 경우만을 추출한 것이다. 원문에는 '親屬(친속)'이 많이 쓰였는데 위에 제시된 세 경우(①·②·③)는 '親族(친족)'으로 번역하였다. ④에서는 반복된 '親(친)'을 각기 '친속'과 '친족'으로 번역하였다. 만약 양자의 개념이나 어감에 작은 차이가 있었을지라도 이러한 번역은 불가능했을 것이다. 나아가 '親戚(친척)'을 '親族(친족)'으로 번역한 사례(⑤)까지 확인된다. 현재 한국에서 '족'은 대개 동성친으로 간주되고 '척'은 이성친으로 간주된다. 정약용(丁若鏞, 1762~1836)도 『아언각비(雅言覺非)』에서 "우리나라의 습속에 전하기를 동성을 族(족)이라고 하고, 이성을 戚(척)이라고 하는데, 이는 근거할 것이 없는 말이다"라고 하여 당시에 '족'과 '척'을 구분했음을 알 수 있다.[39] 그러나 『대명률직해』 번역문의 '족'은 기준인과 혈연관계를 갖는 모든 성씨를 아우른다. 조선후기의 문중집단처럼 부계만으로 구성되어 경계가 뚜렷한 '족'은 조직될 수 없었던 것이다. 그렇기에 '族長(족장)'도 현재와 전혀 다른 개념으로 사용되었다. 『대명률직해』의 이두 번역문에는 '族長(족장)'이 '族下(족하)'와 더불어 다수 출현한다.

현재 '족장'은 '일족의 어른'을 뜻하여[40] 하나의 '족'을 대표하는 한 명의 '어른[長]'이 연상된다. 그러나 〈표 25〉에서 보듯 『대명률직해』의 '족장'은 '尊長(존장)'이나 '尊屬(존속)', 나아가 '期親(기친)'의 번역으로 채택되었다. 14~15세기의 '족장'은 특정 집단의 수장이 아니라 혈연

39) 『雅言覺非』 권2 戚.

40) 『표준국어대사전』, 1999 국립국어연구원 "족장(族長) ① 일족의 어른 ② 종족이나 부족의 우두머리."

〈표 25〉『대명률직해』의 '족장' 과 '족하'

大明律	直解	중추원본 쪽수
大功已上尊長小功尊屬	大功同姓四寸以上族長及小功同姓五六寸族長	26
期親以上尊長	期年喪以上族長	181
同居卑幼不由尊長	同居族下人等亦尊長知乎不冬爲	182
同居尊長	同居族長	
期親	期喪內族長	205
凡外姻有服尊屬卑幼	外族良中有服制爲在尊長果族下等	207
期親以上尊長	期喪內族長	215
卑幼犯尊長	族下亦尊長乙凌犯	406
尊長犯卑幼	族長亦族下乙恐劫	
卑幼發尊長墳塚	族下亦族長矣墳墓乙堀取	410
尊長謀殺卑幼	尊長亦族下乙謀殺	425
尊長毆卑幼	族長亦族下乙毆打	465

으로 관계되는 존속 일반을 가리킨다. 따라서 '족장(族長)' 의 '족(族)' 은 다른 '족' 과 확연히 구분되는 실체가 아니라 그물망처럼 연속되는 혈연관계를 뜻함을 알 수 있다. 『대명률직해』의 '족장' 과 현재 한국사회에서 통용되는 '족장' 은, '叔母[아즈미]' 와 '叔母(숙모)' 가 그런 것처럼, 형태만 같을 뿐 전혀 별개의 어휘이다.

그런데 '일족의 어른' 이라는 현재의 개념은 기존 연구에서 매우 큰 장애물로 작용하였다. 현재의 개념을 전제한 결과 고려시기 자료에 나타나는 '족장' 을 부계혈연집단의 존재를 입증하는 근거로 간주한 것이다.

① (충렬왕) 9년(1283) 1월에 감찰사가 방을 붙이기를 "양반이 권귀에게 아첨하여 '族長(족장)' 이 아닌데도 모두 아래에서 절을 하는데 이

후부터는 절을 하는 자와 받는 자 모두 죄줄 것이며…" 라고 하였다.[41]

② (공양왕 2년, 1390) 8월 경신 삭에 사대부가의 제의(祭儀)를 반행하였다. "…이상과 같은 종자(宗子)의 제법(祭法)을 지금부터 중외에서 준수하여 예속을 이루되 그 중에 인정과 사세에 불편함이 있으면 반드시 종법에 구애되지 말고 현존 '族長(족장)' 이 신주를 받들어 사당을 주관하고 기타 적중자손(嫡衆子孫)이 아울러 그 집에 가서 함께 제사지낸다.…" [42]

위 인용문은 『고려사』에 나타나는 '족장' 의 용례이다. 만약 『대명률직해』의 용례를 모르는 채 이들 사례만 보았다면 필자도 '일족의 우두머리' 라는 현재의 개념을 적용하는 것을 부정하지 못했을 것이다. '족장 아닌 자에게는 절하지 말라' 거나, '종자가 제사를 받드는 것이 마땅하나 현존 족장이 주관해도 된다' 거나 하는 표현은 일족의 '장' 이나 '최연장자' 를 연상케 하기 때문이다. 이에 따라 일제시기 연구자들은 이 '족장' 을 삼한시대의 족제까지 소급되는 것으로서 종법제에 선행하는 혈연집단의 통솔자로 간주하였고[43] 이러한 견해는 해방 이후에도 지속되었다.[44] 심

---

41) 『高麗史』 권85 지39 刑法 禁令 "九年正月 監察司張榜 曰 兩班諂媚權貴 非族長而皆拜于下 自後 拜與受者 皆罪之."

42) 위의 책, 권63 지17 禮 吉禮小祀「大夫士庶人祭禮」"(恭讓王 二年) 八月 庚申朔 頒行士大夫家祭儀(중략)右宗子祭法 自今中外遵守 以成禮俗 其中有人情事勢不便者 不必拘宗法 其見存族長 奉神主主祠 其餘嫡衆子孫 並於其家與祭."

43) 野村調太郎, 1939 『朝鮮祭禮相續法論序說』, 朝鮮總督府中樞院, 509쪽.
金斗憲, 앞의 책, 88~89쪽.

44) "韓國이 古來 祖上崇拜가 발달하였고 親族概念이 투철하였다는 것 등으로 미루어 宗法制度가 보급되기 이전에 이미 어떤 형태의 同族集團이 있었을 것은 의심할 여지가

지어 부계혈연집단의 존재를 부정하거나 친족과 관련된 요소를 정밀하게 분석한 선행 연구에서도 이 '족장' 만큼은 수장의 성격을 부정하지 못하고 '가장(家長)' 또는 '이성친을 포함한 친족의 최연장자' 등으로 비정하여 유보하는 태도를 취하였다.[45]

그러나 고려시기 '족장' 의 용례는 분재문서에서도 확인되는 바, 여기에 기재된 두 사람의 '족장' 중 하나는 승려이고 다른 하나는 재주(財主)와 성씨가 다르다. 비록 초록 형태의 전재본이기는 하나 1370년에 백문질(白文質)이 작성한 분재문서에는 증인으로 참여한 선사(禪師) 석총(釋聰)과 전동재장판관 박언(朴彦)이 '족장' 으로 기재되었다.[46] 이렇듯 승려 및 재주와 성씨가 다른 인물이 함께 '족장' 으로 표기된 사례는 '족장' 이 혈연으로 이어지는 모든 계통의 존속 일반에 적용됨을 알려준다. 나아가 이문건의 1535년 9월 6일과 7일자 일기에서도 '족장' 의 이와 같은 용례가 나타난다.

없다. 특히 家禮의 보급을 위해 법제를 선포한 공양왕 2년에 이미 族長이란 用語로 표시될 수 있는 祭主가 있었다는 것으로 미루어 이런 것을 더욱 확신할 수 있다."(李光奎, 1978「韓國 親族體系에 미친 中國의 影響」『人類學論集』4, 125쪽)

45) "族長도 가족 안에서 제일 윗 세대의 나이 많은 사람을 가리키는 것으로 보고 싶다. 要컨대 족장의 용어 하나만을 가지고 父系血緣者만의 조직의 존재 근거로 삼아서는 아니 될 것이다."(崔在錫, 앞의 책, 289~290쪽)
"고려시대에 족장은 부계 · 모계친 모두를 의미하며 따라서 '族長' 의 일반적인 의미는 '부계친과 모계친을 모두 포함하는 친족집단의 최고의 어른' 이라고 할 수 있다.… 그러나 〈士大夫家祭儀〉에서의 '族長' 은 父系親으로 친족집단 내에서 의사를 결정하는 자로 보아야 할 것이다."(鄭肯植, 1996 앞의 논문, 91~92쪽)

46) 서명부분에서는 禪師 釋聰 앞에만 '族長' 이 부기되었다. 그러나
"證 族長 禪師 釋聰
前東材場判官 朴彦"의 형태로 轉載되어 族長이 朴彦까지 포함한다고 판단할 수 있다.(盧明鎬 외, 2000『韓國古代中世古文書硏究』下, 도판 30쪽 참조)

초육일 을유…효갑에게서 최장(崔璋)과 최린(崔璘) 두 분이 올해에 서로 이어 사망했다는 것을 들었다. 슬프고 슬프다.

초칠일 병술…송말(松末)을 먹지 않고 흰 죽을 먹었다. 양 족장(族長)이 돌아가셔서 행소(行素)한 것이다.[47]

위에서 보듯 이문건은 9월 6일에 최장과 최린 두 사람의 사망 소식을 들었다. 다음날 소식하고는 그 이유를 '양 족장이 돌아가셔서' 라고 밝히고 있다. 이렇듯 1535년까지 성씨가 다른 복수의 인물을 '족장' 으로 표기한 것으로부터 고려 · 조선전기의 '족장' 은 현재와 개념이 달랐음을 분명히 알 수 있다. 13세기 후반부터 16세기에 이르는 시기에 출현하는 '족장' 은 혈연으로 이어지는 모든 계통의 존속 일반에 적용될 수 있는 어휘였다. 16세기 이전 '족장' 의 용례는 부계 친족집단의 존재를 증명하는 것이 아니라 반대로 폐쇄된 혈연집단이 존재하지 않았다고 판단할 근거가 된다.

한편, 『대명률직해』에서는 혈연관계를 갖는 비속 일반을 '族下(족하)' 라고 하였다. 이 '족하' 는 조선전기의 일상생활에서도 활발하게 사용한 것이 확인된다.

괴산의 윤확은 나의 칠촌 족하이다.[槐山員尹確 吾之七寸族下也](1551년 8월 11일)

---

47) "初六日乙酉…因孝甲聞崔璋 · 璘兩分 今年內相繼沒云 可悼可悼."
"初七日丙戌…不服松末 白粥 爲兩族長之逝 行素."

상아의 족하 이희천이 와서 보고 갔다.[上衙族下李希天 來見卽去](1551년 8월 26일)

(이상 『묵재일기』)

남상하는 장모쪽으로 칠촌족하이다.[南尙夏…於丈母邊 亦爲七寸族下矣](1권 291쪽 7월 18일)

고창의 사돈 족하 조헌과 조의[高敞姻族下曹憲 · 曹懿](3권 177쪽 10월 17일)

부인의 족하 황대유가 보낸 것이다.[夫人族下黃大猷所送也](4권 16쪽 6월 16일)

직산현감 신발은 11촌족하가 된다.[稷山縣監申潑於爲十一寸族下也](5권 248쪽 7월 17일)

(이상 『미암일기』)

위의 인용문은 『묵재일기』와 『미암일기』에 나타나는 '族下(족하)'의 용례이다. 16세기의 일기에 쓰인 위 용례들은 『대명률직해』보다 적용 범위가 좁아졌을 가능성이 있다. 『대명률직해』 번역문의 '족하'는 원문의 '비유(卑幼)'에 해당하여 비속 일반을 포괄하지만 여기에서는 '촌'이 부기된 경우 홀수로만 나타난다. 이것이 현재의 용법과 일치하는 것으로부터 16세기의 '족하'는 조카 항렬에만 적용되어 쓰임이 축소되었다고 판단할 수 있다. 그렇더라도 역시 촌수가 먼 이성까지 포괄하여 '족하'의 '족'이 조선후기의 문중집단이나 '동고조팔촌'으로 표현되는 동성친을 한정하지 않음은 분명하다. 그리고 1765년 판본 『청어노걸대』 중의 '姊

妹(자매)의게 난 족하 / 兄弟(형제)의게 난 족하' 는[48] 현재 통용되는 '조카' 의 원형이 '族下' 에 있음을 알려준다. '族長(족장)' 은 완전히 의미가 변질하였지만 '族下(족하)' 는 '조카' 라는 고유어로 정착하여 혈연계통을 포괄하는 구래의 용법을 일부 지속하고 있는 것이다.

2) '본족(本族)' 의 구조

위에서 고려 · 조선전기에는 '족형' , '족손' 과 같은 지칭들이 부계에 국한되지 않으며, '친족' 은 혈연으로 이어지는 모든 관계를 포괄하고, '족장' 과 '족하' 는 그러한 관계 속에서 존속과 비속 일반을 가리켰음을 확인하였다. 여기에서는 '본족' 의 용례에 집중하여 '족' 의 의미와 구조를 규명하겠다.

현재 '본족' 이라는 어휘를 접하면 대개 부계친을 연상할 것이다. 확인되는 가장 오래된 용례도 부계친으로 간주하기 쉬운 형태로 나타난다. 앞장에서 살폈듯 『고려사』 상피조에는 적용 대상이 '본족' , '외족' , '처족' 으로 나뉘어 기재되었다. 그러나 이 '본족' 중의 '堂兄弟(당형제)' 가 고모의 아들까지 가리켜[49] '본족' 은 '아버지 쪽' 혈연일 뿐 부계를 한정하지 않는다. 나아가 상피조에서 외조부모조차 '母之父母[어머니의 부모]' 로 설명한 것으로 미루어 상피조의 '본족' , '외족' 이라는 구분은 중국의

48) 본서 130쪽 참조.
49) 본서 98쪽 참조.

용법에 기댄 것으로 당시의 실상과 부합하지 않을 가능성이 크다. 이러한 사실은 조선시기의 용례를 분석하여 입증할 수 있다.

> ① 하연(河演)이 상언하기를 "…또 윤삼산(尹三山)은 신의 처족이고, 정갑손(鄭甲孫) · 이의흡(李宜洽)은 모두 신의 본족입니다. 처족인 윤삼산을 대간으로 삼은 연후에 당을 부식시키고 우익으로 만들어 일을 하고자 하겠습니까…" 라고 하였다.50)
>
> ② "…우의정 김창집(金昌集)이 박태춘(朴泰春)의 종제부(從娣夫)가 되고 본족으로는 또한 表從叔(표종숙)이 되며, 김창집의 처형의 아들이 박태춘의 계자(繼子)가 되었기 때문에, 지친(至親)의 사이에서…" 51)

①에서 하연은 윤삼산과 정갑손, 이의흡을 '처족' 과 '본족' 으로 가르고 있다. 하연의 '본족' 인 정갑손과 이의흡은 하연과 성씨가 달라 하연이 거론한 '본족' 은 부계에 국한하지 않는다. 또한 '본족' 이 '처족' 과 상대된다는 점에서 여기에서의 '본족' 은 혈연으로 이어지는 모든 관계를 포괄한다. 이는 ②에서 더욱 분명히 확인된다. '본족으로는 표종숙' 이 된다는 표현으로부터 김창집은 박태춘에게 5촌 관계의 숙부 항렬임을 알 수 있는데, 이때가 조선후기인 1706년(숙종 32)으로 부계의식이

50) 『世宗實錄』 권95 세종 24년 1월 丁丑(15일) "河演上言曰(중략)且三山則臣之妻族也 若鄭甲孫 李宜洽則皆臣之本族也 乃以妻族三山爲臺諫然後 欲以爲植黨羽翼而濟事乎."

51) 『肅宗實錄』 권43 숙종 32년 6월 癸丑(27일) "以右相金昌集爲(朴; 필자)泰春從娣夫 而以本族 亦爲表從叔 昌集妻兄之子 爲泰春繼子 故至親之間 不欲直言之致."

강화된 시기라는 점에 비추어 '表從叔(표종숙)' 은 현재의 외당숙에 해당할 가능성이 크다. 그렇다면 김창집은 박태춘의 어머니쪽 혈연인데도 박태춘의 '본족' 으로 표현된 것이다. 나아가 조선전기의 법전에서는 '본족' 이 모든 혈연계통을 포괄한다는 사실과 더불어 내부의 구조까지 확인된다.

① 자녀 없는 적모의 노비는 양첩자녀에게 7분의 1(을 주고) 승중자(承重子)는 3분을 더한다. 나머지는 本族(본족)에게 돌려준다. [동생(同生)이 없으면 三寸(삼촌), 삼촌이 없으면 四寸親(사촌친), 양첩자손은 7분의 일…] 본족이 없으면 속공(屬公)한다.[52)]

② 자녀가 없는 남편과 처의 노비는 비록 전계(傳系)가 없더라도 둘 중의 생존자가 처리하되 本族(본족) 외에 남에게 줄 수 없으며, 만약 첩자녀와 의자녀, 양자녀가 있더라도 그 분(分)을 넘지 못한다.[53)]

③ 자녀가 없는 자의 소유물은 부모에게 환계(還係)하므로 그 同生(동생), 三寸姪(삼촌질), 四寸孫(사촌손)이 本族(본족)이 된다. 사촌손이 없는 연후에 마땅히 祖父母(조부모)에게 상계(上係)하므로 三寸叔(삼촌숙)과 四寸兄弟(사촌형제)가 본족이 된다.[54)]

---

52) 『經國大典』 권5 刑典 私賤 "無子女嫡母奴婢 良妾子女七分之一 承重子則加三分 餘還本族 [無同生則三寸 無三寸卽四寸親(하략)]無本族則屬公."

53) 위와 같은 조 "無子女夫妻奴婢雖無傳係 生存者區處 本族外不得與他 如有妾子女義子女養子女 亦毋過其分."

54) 『經國大典註解』 刑典 私賤 "無子女者己物 還係於父母 故其同生三寸姪四寸孫爲本族 無四寸孫 然後 當上係於祖父母 故三寸叔四寸兄弟爲本族."

④ 사손도(使孫圖)

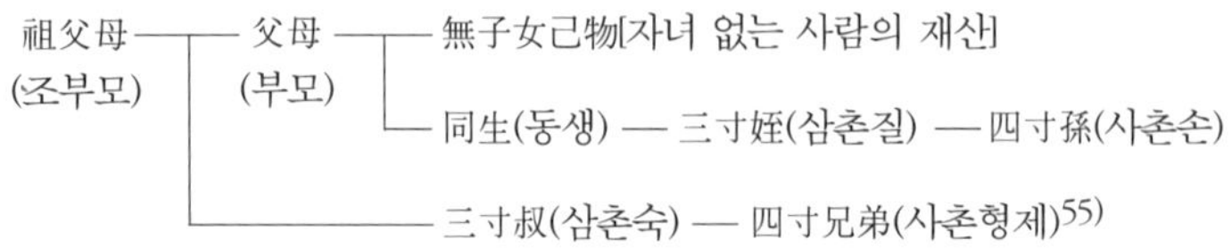

위의 인용문은 자녀 없는 사람의 노비를 처리하는 규정이다. 『경국대전』에서는 자녀를 낳지 못하고 죽으면 그의 재산을 '본족'에게 돌리고 본족이 없으면 국가의 소유로 하는데 본족의 한계는 '四寸親(사촌친)'으로 한다고 규정하였다. 현재 한국사회의 통념에 입각하면 '사촌친'이라는 표현은 동항렬의 4촌 즉 친사촌 · 고종사촌 · 외종사촌 · 이종사촌으로 이해되기 쉽다.

그러나 『경국대전주해』의 사손도에서 보듯 4촌에는 '四寸孫(사촌손)'까지 포함되는데 이들은 현재의 사촌 즉 동항렬 사촌보다 우선순위에 있다. 또한 '三寸姪(삼촌질)'이나, '사촌손'으로 표현된 대상들은 남성에 국한되지 않는다. 자녀간 균분은 조선전기의 확고한 관행이자 법률로 강제되는 사안이었으므로[56] '삼촌질', '사촌손', '사촌형제'에는 당연히 여성이 포함된다. 『경국대전』과 『경국대전주해』의 규정에 따라 4촌 범위 내에서 무자녀자의 노비를 받을 가능성이 있는 '본족'의 계보를 그려보면 아래와 같다.

55) 위와 같은 조.
56) 李鍾書, 2000 「朝鮮前期 '和會'의 語義와 均分의 실현방식 '執籌'」 『韓國史硏究』 110.

〈도표 2〉『경국대전』과 『경국대전주해』의 규정에 따른 '본족' 의 구성

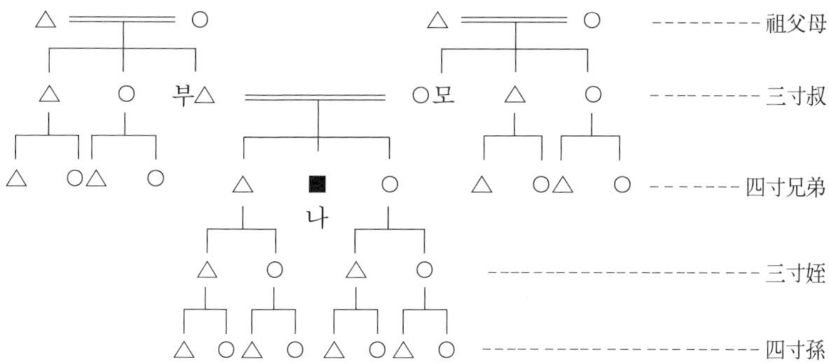

위 도표는 부모와 '나' 는 형(제)과 자(매)가 1명씩이며 그들도 아들과 딸을 1명씩 두었다고 가정하고 그린 것이다. 여기에서 여실히 드러나는 것처럼 '나' 의 '본족' 은 아버지쪽에 국한되지 않고, 가능한 모든 혈연계통을 포괄하면서 부측과 모측으로 대칭형으로 뻗어나간다. '본족' 중의 우선순위를 결정하는 데에 혈연계통과 성별은 고려되지 않고 있다. 4촌 범위 내에서 부친과 모친의 피가 함께 흐르는 대상이 1순위이고 그렇지 못하면 촌수가 가깝더라도 2순위로 밀려나, 혈연의 농도가 순위를 결정하는 요인이었음을 알 수 있다. '본족' 은 부측과 모측을 가리지 않고 가능한 모든 혈연관계를 포괄하며, 성별도 선후나 우열을 가르는 요인에 해당하지 않는 것이다.

따라서 '본족' 이 부측을 한정하는 용례가 있을지라도 이 역시 '부계' 가 아니다. '본(本)' 과 '외(外)' 를 각기 부족(父族)과 모족(母族)에 적용하는 중국의 영향을 받은 표현일 뿐이다. 고려 상피제에서 고모의 아들과 숙부의 아들이 다 '본족' 이듯 아버지쪽의 모든 혈연계통을 포괄한다.

"전 정랑 이병규(李丙奎)는…후취로 김씨(金氏)를 얻었는데, 곧 김탁(金濯)의 비첩이 낳은 김보중(金寶重)입니다. 본계(本系)가 낮으니 김보중을 첩으로 논하고…"라고 하여,[57] 모측 신분의 하자를 지적하면서 '본계'를 사용한 것에서도 '본(本)'이 특별히 부계나 부측만을 한정하지 않음을 알 수 있다. 마지막으로 아래의 인용문은 이렇듯 모든 혈연을 포괄하는 '본족'의 구조를 자세히 알려준다.

① 송씨(宋氏)는 전조의 판삼사사 전보문의 처이다. 자손이 없이 죽고 노비가 매우 많았는데, 전전의소감 허기(許愭) 등이 수양이므로 전해 받아서 부렸다. 송씨의 내외족인인 여흥부원군 민제(閔霽), 좌정승 하윤(河崙), 판사평부사 이직(李稷) 등이 변정도감에 소송하여 이를 다 빼앗았다. 이때에 이르러 허기가 신문고를 쳐서 원통함을 호소하였다.…대간에서 허기는 문서를 위조하였고, 민제 등은 비록 송씨의 족이지만 4촌이 아니고, 또 전계(傳係)가 없다고 하므로 모두 속공시켰다.[58]

② 전정당 이원현(李元紘), 전전서 하자종(河自宗), 정목(鄭睦), 송의번(宋義蕃)을 순금사에 내렸다. 처음에 전보문(全普門)의 처 송씨(宋氏)가 음분(淫奔)하다가 연좌되어 그 노비가 모두 속공되었다. 송씨는 나라의 귀성이므로 그 남은 노비가 역시 많았다. 송씨의 족 및 송씨의 외가

57) 『成宗實錄』 권230 성종 20년 7월 壬午(26일) "司憲府 啓 前正郎李丙奎 娶士族女宋氏以無子去之 後娶金氏 卽金濯婢妾所生寶重也 本系卑微 請寶重論以爲妾."

58) 『太宗實錄』 권7 태종 4년 1월 甲寅(12일) "宋氏前朝判三司事全普門之妻也 無後而死 奴婢甚多 前典醫少監 許愭等 以收養 故傳得役使 宋氏內外族人 驪興府院君閔霽 左政丞河崙 判司平府事李稷等 訟于辨定都監 盡奪之 至是 愭擊申聞鼓 訴冤(중략)臺諫以愭僞造文字 霽等 雖宋氏之族 然非四寸 又無傳係 故皆屬公."

인 강씨(姜氏)의 족이 모두 조정에 그득하였다. 고판서 허금(許錦)이 송씨의 양자를 칭하여 그 노비를 모두 가졌다. 국초에 송씨의 족인 평양부원군 조준(趙浚), 여흥부원군 민제(閔霽)와 같은 이들과 강씨의 족인 홍안군 이제(李濟), 진산부원군 하윤(河崙), 성산군 이직(李稷) 등과 같은 사대부 수십가가 상송하니 마침내 모두 속공하였다. 허금의 아들 허기(許愭)가 환집(還執)하고자 신문고를 치니 상이 대간과 형조에 명하여 의결하게 하여 또 모두 속공하였다. 강씨의 족인 하자종, 정목, 송의번 등 수십인이 어가 앞에서 상서하였다.[59)]

①과 ②는 동일한 사건을 기술한 것이다. ①에서 송씨(宋氏)의 노비를 다투는 당사자는 송씨의 수양자와 송씨의 내외족 사람들이다. 송씨의 '내족(內族)' 과 '외족(外族)' 은 물론 송씨의 부측과 모측의 혈연이다. 그런데 송씨는 없고 민씨, 하씨, 이씨만 나타나 '내외족' 은 가능한 모든 혈연관계를 포괄한다. 나아가 ②에서는 '내족' 이 '송씨의 족' 으로, '외족' 이 '송씨 외가인 강씨의 족' 으로 성씨를 이용하여 표현되었다. 이는 성씨를 가지고 범주를 구분한 것인데 여기에서도 '송씨' 와 '강씨' 는 없고 일체 다른 성씨뿐이다. '송씨' , '강씨' 는 특별한 의미를 지니는 것이 아니라 혈연관계를 표현하기 위하여 임의로 선정되었을 뿐이다.

---

59) 위의 책, 권8 태종 4년 8월 庚辰(11일) "下前政堂李元紘 前典書河自宗 鄭睦 宋義蕃于巡禁司 初全普門妻宋氏淫奔 坐此 其奴婢皆屬公 宋氏 國之貴姓 故其餘奴婢亦多 宋氏之族 及宋氏外家姜氏之族 皆滿朝 故判書許錦 稱宋氏養子 專執其奴婢 國初宋氏之族若平壤府院君趙浚 驪興府院君閔霽 姜族若興安君李濟 晉山府院君河崙 星山君 李稷等 士大夫數十家 相訟 卒皆屬公 錦之子愭 欲還執 擊申聞鼓 上令臺諫刑曹議決 又皆屬公 姜族 自宗睦義蕃等 數十人上書駕前."

그러므로 14~16세기에 한국에서 쓰인 '족'은 혈연으로 이어지는 모든 관계의 총칭으로 처측의 '처족'과 자기 쪽의 '본족'으로 구성된다. '본족'은 다시 부측의 '내족'과 모측의 '외족'으로 구성된다. 이 '내족 외족'은 경우에 따라 특정 성씨로 대표되거나, '본족 외족'으로 표기되기도 하지만 이때의 성씨나 '본족'은 편의상의 표현일 뿐 부계만의 특별한 의미나 비중과 결부된 것이 아니라고 보는 것이 타당하다.

4. '동성(同姓)', '이성(異姓)'의 기능과 그 한계

이제까지 고려 · 조선전기의 계촌법(計寸法), 중국지칭의 변용 사례, '족(族)'의 의미와 구조를 살펴보았다. 여기에서도 특정 혈연계통으로 치우치지 않는 방사형, 대칭형 친족관계를 도출하였다. 그런데 조선전기의 지칭요소 중에는 부계와 비부계를 구분하는 기능을 지닌 것도 있다. 앞에서 보았듯이 '동성(同姓)', '이성(異姓)'을 부기하여 부계여부를 드러내었다. '동성'과 '이성'의 사용은 혈연계통을 구분하지 않는 것과 반대되는 특징이므로 이들 요소의 역할과 의미를 자세히 분석할 필요가 있다. 우선, 『대명률직해』와 『노걸대』 류에서 '동성'과 '이성'의 용례를 추리면 〈표 26〉과 같다.

〈표 26〉의 '동성'과 '이성'은 부계를 드러낸다는 점에서는 중국과 일치한다. 만약 이들 지칭요소가 일상에서 통용되었다면 부계와 비부계를 가르는 지칭방식을 지칭원리의 한 특징으로 상정할 수 있다. 이에 기반하여 부계를 별도로 구분하는 의식과 이에 기반한 부계친족조직이 있었

〈표 26〉『대명률직해』와 『노걸대』 류의 '동성 · 이성' 이 부기된 지칭

출전	원문	번역문
대명률직해	伯叔母(백숙모)	同姓三寸叔妻(동성삼촌숙처)
	從祖祖母(종조조모)	同姓四寸大夫妻(동성사촌대부처)
	同堂伯叔父母(동당백숙부모)	父母以 同等爲在 同姓伯叔父及妻 [부모에서 동등한 동성백숙부 및 처]
	同堂弟妹(동당제매)	同姓四寸弟妹(동성사촌제매)
	房族兄弟(방족형제)	同姓四寸 · 六寸兄弟(동성사촌 · 육촌형제)
	堂姪(당질)	同姓五寸姪(동성오촌질)
번역노걸대	姑舅弟兄(고구제형)	異姓四寸兄弟(이성사촌형제)
	房親兩姨(방친양이)	동셩륙촌兩姨(양이)
	姑舅哥哥(고구가가)	이셩ᄉᆞ촌형
	叔伯哥哥兄弟(백숙가가형제)	동셩ᄉᆞ촌형뎨
몽어노걸대	부루 지거 연 아하 더구ㅜ	異姓四寸兄弟(이성사촌형제)

다고도 추론할 수도 있다. 그러나 '동성', '이성' 의 쓰임을 친족지칭원리로 연결하는 것은 지나치게 성급한 판단이다. 지칭이 그대로 혈연계통을 드러내는 중국과 달리 지칭과 촌수까지는 혈연계통을 포괄하다가 지칭을 구성하는 세 번째 요소로서 '동성', '이성' 이 부기된 다음에야 부계가 구별된다는 점은 이들 지칭요소의 역할과 사용 빈도를 의심케 하기 때문이다.

이와 관련된 또 다른 문제점은 이제까지 '동성', '이성' 을 번역문에서 주로 확인했다는 점이다. 친족관계가 부계위주로 짜인 중국에서 지칭은 그대로 혈연계통을 드러내는 역할을 한다. 동일한 혈연거리라도 계통에 따라 '叔(숙)' 과 '舅(구)', '姑(고)' 와 '姨(이)' 로 달리 지칭한다. 따라서 중국어나 한문자료를 이두나 한글로 번역하면, 사회의 현실이 그렇지 않

을지라도 원문의 개념에 충실한 지칭형태가 나타나게 된다. 번역문 중의 '동성', '이성'은 한국사회에서 통용된 것이 아니라 원문의 개념에 충실한 '번역'일 수 있는 것이다.

게다가 한국사회에서 대부분의 사회성원이 성씨를 보유하기까지는 대단히 오랜 시일이 걸렸다. 고려 초에 고위관료로 활약하였으며 현재 유씨(庾氏)로 알려진 검필(黔弼)의 경우 사망 직후에 작성된 비문에 검필(黔弼)로만 적히면서 같은 비문에 한계봉(韓桂逢)의 처가 검씨(黔氏)로 나타난다.[60] 이는 이름의 첫 자를 성씨로 간주한 것으로 성씨를 중앙관인의 격식으로 생각하는 당시인의 태도를 잘 보여준다. 고려초기에 중앙정계의 지배층에 성씨가 급속히 확산되었지만 그 칭성 동인은 출계율이나 친족집단과 같은 심층의 요인이 아니라, 문화 소양이나 격식, 서명식과 같은 문화제도 면에 있었다.[61] 또 11세기 지방사회에서 무성층(無姓層)의 이름은 자수와 관계없이 기재하는 반면, '성'과 '명'으로 구성된 3자 인명은 성씨를 탈락시켜 이름만 기록하였다. 호장 · 부호장 등 최고 향리층조차 12세기 초반에 이르도록 성씨 없이 기록하였다. 이러한 사례는 성씨의 확산 정도와 성씨에 대한 인식이 매우 미약했음을 알려준다.[62] 따라서 고려에서 성씨가 부계로 계승될지라도 그것은 혈연의식이나 친족관계에 근거한 것이 아니라, 단순히 중국 성씨의 계승원리를 따른 결과일 가능성이 크다. 아래의 사례들은 이러한 사실을 잘 보여준다.

60) 『校勘譯註歷代高僧碑文 高麗篇 I』 250쪽 「長湍五龍寺法鏡大師普照慧光搭碑」
61) 李鍾書, 1997 「羅末麗初 姓氏 사용의 擴大와 그 背景」『韓國史論』 37, 96~107쪽.
62) 위의 논문, 65~69쪽.

① 담당 관청이 청하기를, "국왕의 혐명(嫌名)을 피하여 탁성(卓姓)을 가진 자들은 모두 외가의 성을 따르도록 하고, 만약 내외가의 성이 같을 때에는 내외조모의 성을 따르도록 하소서."라고 하였다.[63)]

② 국왕의 혐명(嫌名)을 금하고 성씨는 외가를 따르게 하였다.[64)]

위 인용문 중 ①은 중국에서 유래한 피휘법에 따라 '탁(卓)' 씨가 신종(神宗)의 이름인 '탁(晫)'과 같은 음을 내는 것을 피하고자 1198년에 제기된 것이다. 이 제안이 실행되면 탁씨 성을 지녔던 사람들이 다양한 성씨로 나뉘게 된다. 이는 조선후기는 물론이려니와 지금도 불가능한 제안이다. 만약 특정 성씨를 쓰지 못할 사정이 조선후기나 현재에 발생했다면, 한꺼번에 특정 글자로 바꾸는 방식을 택하였을 것이다. 일괄하여 특정 글자로 바꾸는 방식의 개성 명령은 이미 1029년(현종 20)에 고려에서도 내려진 바 있다. 현종(顯宗)의 이름인 '순(詢)' 자와 같은 음을 내는 '순(筍)' 씨를 '손(孫)' 씨로 바꾸도록 하였다.[65)] 그런데 그보다 200년 정도 지난 시기의 개성 제안에서는 같은 성씨의 인물들을 다른 성씨로 뿔뿔이 흩어지게 하고 있다.

이로부터 ①번 제안이 제기된 1198년 시점까지도 고려사회에서는 칭성 자체에 의미를 부여하였을 뿐, 성씨를 부계원리나 그에 근거한 친족관계와 같은 사회 심층의 요인과 결부하여 인식하지 않았음을 알 수 있

63) 『高麗史』 권21 세가21 神宗 1년 5월 己亥.
64) 위의 책, 권37 세가37 忠穆王 즉위년(1344) 10월 庚申.
65) 위의 책, 권5 세가5 顯宗 20년 2월 丁亥 "避王嫌名 改人姓筍爲孫."

다. 나아가 가장 가까운 혈족의 성씨를 칭하도록 한 것으로부터 고려에서는 모든 혈연계통을 동등하게 인식하거나 혈연계통을 구분하지 않는 가운데 성씨의 부계계승원리만이 관성으로 유지되었다고 판단할 수 있다. 그리고 이와 동일한 방식의 개성 명령이 1344년에도 내려진 것으로부터(②) 성씨의 이러한 성격이 그때까지 유지되었음을 알 수 있다. 고려는 왕의 이름을 피휘하고자 같은 성씨의 인물들을 제각기 다른 성씨로 흩는 것이 가능한 사회였다.

따라서 조선 건국 직후에 편찬된 『대명률직해』의 '동성', '이성'에 근거하여 부계혈연의식이나 친족관계를 상정하기는 어렵다. 번역문에 쓰인 '동성', '이성'은 사회 기층의 친족관계나 지칭체계와 관련된 것이 아니라 원문을 정확히 번역하기 위해 선택되었을 가능성이 크다. 지칭이 혈연계통을 구분하는 기능이 없었으므로 부계로 이어지는 성씨의 같고 다름을 가지고 원문과 가장 가깝게 번역했다고 볼 수 있는 것이다. 그런데 바로 이러한 점에서 특정 부문에 국한하여 이들 지칭요소의 기능을 인정할 수 있다.

조선은 형률에서 대개 『대명률』을 적용하고,[66] 중국의 종법에 근거한 예제를 강화하는 등 부계와 비부계를 구별하여 달리 대우하는 정책을 추진하였다. 이는 부계위주의 법률이나 예제가 구속력을 갖는 일부 영역에서는 동성, 이성이라는 지칭요소가 혈연계통을 한정하는 역할을 할 것임을 시사한다. 이들 지칭요소가 일상의 지칭 관행과 무관할지라도 부계친

66) 『經國大典』 권5 刑典 用律 "用大明律."

에 가중치를 두는 법률이나 예제로 말미암아 그와 관련된 행위에 국한해서는 의미를 지닐 수 있는 것이다. 나아가 부계위주의 법률과 예제가 생활영역에 침투하여 개인의 의식에 영향을 끼치는 정도가 심화될수록 '동성', '이성' 이라는 지칭요소 또한 이전에는 쓰이지 않던 영역에서도 자주 쓰일 것임을 예상할 수 있다.

따라서 일상생활과 관련된 기록에서 '동성', '이성' 을 기재하지 않은 경우가 대부분이라면 부계에 가중치를 두는 혈연의식이나 집단의식은 인정하기 어렵다. 반대로 전에는 거의 발견되지 않던 영역에서 사용 빈도가 늘어간다면 이로부터 부계만의 폐쇄된 혈연의식이 성립하여 갈수록 강화되어 갔다고 판단할 수 있다. 조선시기의 분재문서는 이러한 변동이 실제로 일어났음을 확인해 준다.

분재(分財)는, 중국 제도를 준용한 입후(立後) 규정이나 오복제(五服制) 등과 달리, 한국사회 내면의 혈연의식과 밀접히 관련된 사안이다. 그렇기에 여기에 쓰인 친족지칭은 친족관계를 그대로 반영한다고 볼 수 있다. 분재문서의 표기는 당시로서는 가장 정확한 친족지칭이며, '동성', '이성' 이 쓰이지 않았다면 그것은 쓸 필요가 없기 때문이었다고 판단할 수 있는 것이다.

그런데 앞서 확인한 것처럼 16세기 이전의 분재문서에 쓰인 지칭은 '동성', '이성' 을 기재하지 않은 경우가 대부분이었다.[67] 이로부터 분재를 받거나 분재문서에 기재되는 인물들은 기준인과의 혈연거리만 표시하면

67) 본서 87쪽 〈표 8〉 참조.

되었고, 당시인은 이것으로 관계를 충분히 설명했다고 여겼음을 알 수 있다. 조선전기에 '동성', '이성' 이라는 지칭요소의 기능은 분재와 같이 사회의 기층체계와 관련된 심중한 법률행위에서도 거의 쓰이지 않을 정도로 미약했던 것이다.

> 정덕(正德) 3년(1508) 12월 15일(결락)家翁三寸姪(가옹삼촌질) 유학 김연(金緣)에게 허여문기를 이루어 주는 일은 내가 자식이 없어 네가 출생한 지 1개월 이내에 너를 봉소장양(奉巢長養)하였다.…나의 전민(田民)을 너에게 모두 주고자 나의 족친(族親)들이 국헌(國憲)을 돌아보지 않고 조상전민(祖上田民)을 손외여타(孫外與他) 하는가 생각하여 간교한 계략으로 쟁송함이 없지 않을 것 같아 너를 나의 四寸孫女(사촌손녀) 조씨(曺氏)와 成婚시켜 우선 노비 20구와 臨河에 있는 전답 3결을 許給하니 후소생과 아울러 자손에게 전하여 가지고 오래도록 사용하라. 나의 三寸叔母(삼촌숙모) 권씨(權氏)는 자식이 없어 전민을 족친에게 평균분급했는데 권씨가 죽은 뒤 한 사람도 책임지고 치상(治喪)한 자가 없었고 묘를 지키고 제사지낼 노(奴)까지 불입(不入)하여 불측지변(不測之變)이 있었으니 실로 슬프고 가엾었다.[68]

68) 『慶北地方古文書集成』 495쪽 「金孝源妻吳氏粘連文記」 "正德參年戊辰拾貳月拾伍日(결락)家翁三寸姪 幼學 金緣亦中 許與成給爲臥乎事叱段 女矣身無子息乙仍于汝生壹月之內 奉巢長養(중략)女矣田民乙 全給向意爲在果 女矣族親等亦 不顧國憲 徒以祖上田民乙 孫外與他是可向入 巧生謀計 爭訟非無故 汝矣身乙 女矣四寸孫女 曺氏處 成婚先可 奴婢并二十口 臨河伏田畓參結等乙 許給爲臥乎 後所生并以 子孫傳持鎭長使用耕作爲乎矣 女矣三寸叔母 權氏亦 無子息 田民乙 族親處 平均分給 同權氏死後 無一人專掌治喪 不入守墳行祭奴 至有不測之變 誠可哀憫."

위 인용문은 1508년에 김효원(金孝源)의 처 오씨(吳氏)가 작성한 분재문서의 서문 부분으로 자신의 재산을 당시의 관행과 달리 남편의 친조카에게 주는 이유를 밝혔다. 여기에 쓰인 지칭 중 '家翁三寸姪(가옹삼촌질)' 김연(金緣)은 김효원과 성씨가 같으므로 중국의 '姪(질)' 에 해당하고 '三寸叔母(삼촌숙모)' 권씨(權氏)는 문서작성자인 오씨와 성씨가 다르므로 '姨(이)' 에 해당한다. 그러나 '四寸孫女(사촌손녀)' 조씨(曺氏)는 비록 성씨가 드러나더라도 오씨와 어떠한 혈연관계를 갖는지 알 도리가 없다. '사촌손녀' 는 혈연상 네 마디의 거리에 위치하는 비속이라는 것만 알려줄 뿐 혈연계통에 대해서는 전혀 알려주지 않는다.

그러므로 16세기 이전 한국사회의 지칭방식은 계통을 구분하지 않고 혈연의 거리만 밝히는 것이었다고 판단할 수 있다. 조선전기에 방계친에 적용되는 지칭의 전형은 '~寸叔母(~촌숙모)' 처럼 촌수와 지칭을 결합한 것으로, '동성' , '이성' 이 일상에서 통용되었을 가능성은 희박하다.

이처럼 조선전기에 작성된 대부분의 분재문서에 '동성' , '이성' 이 기재되지 않은 것과 달리 이후 점차 용례가 늘어 17세기 후반에 이르면 역전되는 경향을 살필 수 있다.[69] 조선후기로 갈수록 '동성' , '이성' 이 자주 쓰인 것은 부계의식의 강화와 관련된 현상이라고 이해할 수 있다. 전기에는 이들 지칭요소가 주로 중국에서 도입된 제도가 적용되는 영역에서 사용되었지만, 후기에는 혈연계통을 구분할 필요가 사회 심층에서 발

69) 필자가 확인한 바에 따르면 16세기 이전에 작성된 분재문서에서는 동성여부를 거의 표시하지 않았지만 17세기 이후 용례가 점차 증가하며 18세기에 이르면 표시된 것이 더 많다. 이러한 경향은 너무 뚜렷하므로 별도의 근거를 밝히지 않는다.

생하였고, 이에 따라 '동성', '이성'이 지칭체계의 필수 요소로 자리잡게 되었다는 판단이 가능하다.

그러나 '동성', '이성'이 현재 한국에서 전혀 쓰이지 않는 지칭요소라는 점에 비추어 이러한 판단은 보완을 필요로 한다. '동성', '이성'이라는 지칭요소가 소멸한 것은 곧 부계의식이 최고로 강화된 시점에 이들 지칭요소의 기능은 반대로 약화되었음을 시사하기 때문이다. 따라서 조선 후기의 빈번한 사용례는 사회 내부에서 현재까지 이어지는 '전통적' 친족지칭이 성립될 때까지만 의미를 갖는 과도기의 용법이 된다. 그 이유를 다음과 같이 설명할 수 있다.

'동성', '이성'은 부계와 비부계를 구분할 뿐, 비부계 내의 혈연계통을 구별하지 못하는 한계를 지닌다. 그런데 부계의식의 강화는 비단 부계만의 구별에 그치지 않고 비부계 내의 혈연계통과 혈족원에 대한 구별의식을 동반하리라는 것을 쉽게 짐작할 수 있다. 부계의식의 강화가 '姨(이)'와 '舅(구)'가 죽으면 소공복을 입고, 어머니의 사촌이 죽으면 상복을 입지 않는 중국 오복제의 영향을 받은 결과라면 더욱 그러하다. 따라서 오복친에 대한 의식이 강화될수록 '동성', '이성'의 기능은 약화되어 가는 한편, 오복친을 표현하는 개별 친족지칭이 성립하여 이전의 지칭을 구축해 나갔을 것이다. 그리고 앞서 살핀 『미암일기』나 17세기 이후의 분재문서는 이러한 변동양상을 확인해준다.

유희춘은 4촌 관계의 좁은 범위에 국한하여 형태뿐 아니라 적용방식까지 중국과 일치하는 지칭을 사용하였다. 그러면서도 기준인이 다른 사람이거나 5촌 범위를 넘을 경우에는 구래의 지칭을 사용하였다. 이로부터 혈연계통을 포괄하는 지칭방식이 보편성을 갖는 한편 새로운 변화가 시작되었음을 알 수 있었다. 그리고 17세기 이후의 분재문서에서는 '甥姪(생질) · 外三寸姪(외삼촌질)' 등이 나타나 이러한 변화가 사회 전반으로 확산되는 양상을 확인하였다. 전에는 단일한 지칭으로 모든 혈연계통을 포괄하였지만 이제는 계통별로 지칭이 분화되어 나간 것이다. 그리고 현재 통용되는 지칭들은 이러한 변동의 귀결점이 된다. '甥姪(생질)', '姨從(이종)', '外三寸(외삼촌)' 등 형태는 중국과 다르지만 개념이 일치하는 지칭들은 한국사회의 친족관계가 그간 겪은 변동을 그대로 반영한다. 조선후기로 갈수록 부계뿐 아니라 비부계 내의 혈연계통까지 구별하는 의식이 강화되자, 이에 합당한 친족지칭이 새롭게 성립하여 현재에 이르는 전형으로 정착된 것이다.

이렇듯 지칭이 혈연계통까지 표시하는 기능을 갖게 될수록, 부계와 비부계만을 구별하는 지칭요소인 '동성', '이성'은 기능이 점차 축소되어 결국에는 완전히 소멸했음을 짐작할 수 있다. 부계위주의 친족의식이 극성했던 단계의 바로 뒷 시기인 현재 시점에 '동성', '이성'이 일상의 대화나 법률행위와 관련된 기록에 전혀 쓰이지 않는 이유도 여기에서 찾을 수 있다. 따라서 17~18세기에 작성된 분재문서에서 '동성', '이성'의 사용이 급격히 늘어난 것으로부터 부계의식의 강화를 추론할 수는 있지만, 이들 지칭요소가 지칭체계에 정식으로 자리잡았다고 보기는 어렵다. 조선후기의 빈번한 사용례는 새로운 친족지칭 및 지칭체계가 완성될 때까지만 국한된 과도기의 것이라고 판단할 수 있다.

제4장 .

조선후기 혈연의식 변동의 동인과 과정

1. '동기(同氣)' 이론의 확산과 이해
2. 조선전기의 장지(葬地)와 조선후기의 '족장지(族葬地)'
3. '전통적' 계모관(繼母觀)의 형성 과정

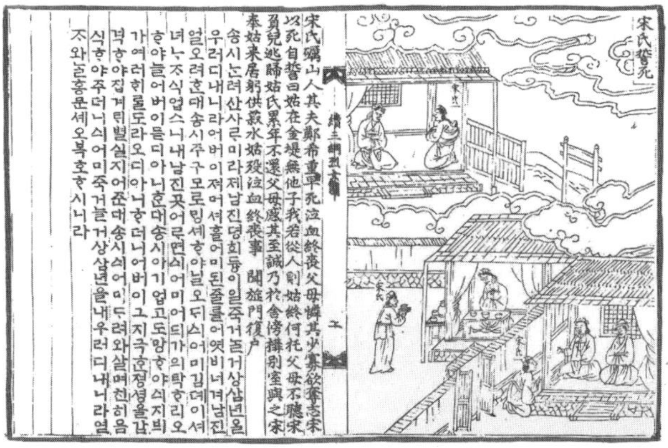

『삼강행실도』

1. '동기(同氣)' 이론의 확산과 이해

1) 중국의 '동기' 이론과 부계질서의 강조

고려 · 조선전기의 친족용어 및 그것이 반영하는 친족관계는 조선후기 이래의 '전통적' 친족관계와 전혀 달랐다. 고려 · 조선전기의 친족관계는 혈연계통을 구분하지 않는 방사형, 대칭형이었던 반면, 조선후기의 친족관계는 부계원리에 입각한 것으로 중국에서 유래한 오복친조직과 일치하였다. 따라서 조선후기는 고려 · 조선전기와 다른 사회가 되었다는 판단이 가능하다. 조선후기의 변화는 단순한 제도의 변화에 그치지 않고 대상에 대한 인식방법의 변동으로 귀결되었기 때문이다. 이 장에서는 이렇듯 심각한 변화의 동인을 확인하고 그 동인이 작용하여 혈연의식이 변화되는 과정을 살펴보겠다.

기존 연구 중에는 조선후기 변화의 동인을 재지양반층의 경제력 저하에서 찾는 견해가 있다. 17세기 후반 이후 재지양반층의 경제력이 차츰

저하됨에 따라 상속의 형태도 장남우대상속으로 바뀌었다는 것이다. 성리학은 이러한 변화를 합리화하는 역할을 하였지만 궁극의 원인은 경제적인 면에 있다고 보았다.[1)]

이러한 견해는 변화의 근본 원인을 사회경제적 측면에서 찾는 입장에 근거하고 있다고 생각된다. 기층의 사회경제적 요구에 부응하여 친족 제도나 관행이 변화되어갔다고 본 것이다. 그러나 한국 역사의 경험을 고려하면 외부에서 유입된 제도나 사상이 변화의 동인이었다고 볼 여지도 없지 않다. 17세기의 변동은 성리학자들이 그 이전부터 준비해 온 결과임이 확인되기 때문이다.

조선의 성리학사에서 중요한 위치를 점하고 있는 인물들을 보면 중국의 친족질서에 부합하는 삶을 살려고 노력한 모습이 확인된다. 길재(吉再, 1353~1419)는 처가가 부유했지만 어머니를 봉양하며 가난하게 살았다. 장인이 재산을 주자 성씨를 잇는 아들이 중하다며 거절하였다.[2)] 김종직(金宗直, 1431~1492)은 수백 년에 걸친 부계직계친의 계보를 확인하고 동성오복친의 계보를 정리하였다.[3)] 이황(李滉, 1501~1570)은 당대에 부계질서에 부합하는 가족 · 친족 질서를 확립하는 데 성공하였다. 그는 장

1) 미야지마히로시 지음 · 노영구 옮김, 1996 『양반-역사적 실체를 찾아서』, 도서출판 강, 209~222쪽.

2) 『冶隱集』「冶隱先生言行拾遺」上 行狀 "居室蕭然 田土小且瘠 生理屢空 先生怡然不以爲意 惟孝是務 申氏艱於供具 屢勸先生還錦州舊居以終養焉 先生以父母之鄕 不忍去數年(중략)外舅勉許子孫先捉者得之 先生幸捉之無遺 外舅如約給之 先生固辭 外舅默置案全給之 不使先生知之 歲己丑 披文書 忽得其案 去之又固辭 外舅怒曰 辭爵祿辭奴婢 不宜處人類也 先生云 子孫卽祖考遺體也 安有厚薄 況宗子已沒 而彼存養雖爲孼孫 生爲繼姓 義當主祀 不可不重."

3) 『佔畢齋集』「彝尊錄」.

기간의 노력 끝에 다른 고장에 살고 있던 종손을 불러들여 종가를 중심으로 하는 동성촌의 토대를 구축하였다. 그 결과 이황 가문에서는 1580년대에 적장자 단독봉사가 실현되었다.[4] 형의 외손자, 즉 '四寸孫子(사촌손자)' 가 자신을 '大父[대부 ; 한아비]' 라고 부르는 것을 금지하고 '선생(先生)' 이라고 부르게 하여[5] 중국의 오복친조직만을 친족으로 인정하였다. 따라서 17세기 이후의 변동은 16세기에 굳건하게 자리잡은 부계질서에 대한 신념에 근거하여 전개되었음을 알 수 있다.

그렇다면 17세기 이후의 변동을 이끌어간 동인은 16세기 이전에 준비되어 있었다고 볼 수 있다. 16세기는 양반층의 경제력이 팽창하던 시기라는 점에서도 변동의 동인은 경제적 측면보다는 사상적 측면에서 찾는 것이 타당하다. 사상적 측면에 주목한 기존 연구를 보면 변동의 원인을 '종법의 확산' 이나 '『주자가례』의 전면적 준수' 등에 두었다. 물론 고려후기 이래 지식인들이 『주자가례』와 그것이 근거한 종법(宗法)을 모범적인 친족질서로 인식하였음은 분명하다. 그러나 종법은 고려 · 조선전기의 친족질서와 배치되었고, 『주자가례』는 행동방식을 규정한 지침서에 불과하다는 점에서 남성으로 이어지는 혈연계통의 의미를 부각시키는 논리, 즉 사상으로서의 역할은 미흡하다고 볼 수 있다. 이러한 점에서 필자는 '동기(同氣)' 이론에 주목하고자 한다.

동기 이론은 중국에서 발생한 것으로 조상과 후손의 관계를 '기(氣)'

4) 朴賢淳, 1999 「16세기 士大夫家의 親族秩序-李滉 집안을 중심으로-」, 『韓國史硏究』 107, 한국사연구회, 95~96쪽.

5) 이종서, 2003 「14세기 이후 친족용어의 변천과 친족관계」 『역사비평』 63, 역사비평사, 241쪽.

의 연속으로 설명하는 이론이다. 고대의 중국인들은 사람이 죽으면 '혼(魂)'과 '백(魄)'으로 나뉘어 혼은 하늘로 올라가고 백은 땅으로 내려간다고 믿었다.[6] 『시경(詩經)』에는 "아버지 날 낳으시고 어머니 날 기르시네[父兮生我 母兮鞠我]"라는 구절이 있다. 이 구절에 대해 전한의 모형(毛亨)은 "아버지가 흐르는 기[流氣]에 근본하여 나를 낳고, 어머니가 잉태하여 나를 기른 것을 말한 것이다"라고 하였다. 후한의 정현(鄭玄)은 "아버지가 나를 낳는다는 것은 그 기에 근본한 것이다"라고 하였다. 당의 『모시정의(毛詩正義)』에서도 "아버지가 낳았다는 것은 그 기에 근본한 것"이라고 풀이하였다.[7] 이로부터 중국에서는 혼과 백이 엉겨 인간이 되며, 아버지의 기를 어머니가 잉태하여 인간이 탄생한다는 믿음이 있었음을 알 수 있다. 이후 12세기에 이르러 남송의 주희(朱熹, 1130~1200)는 인간의 탄생과 죽음, 조상과 후손의 관계를 세밀하게 언급하였다.

> 기(氣)를 혼(魂)이라 하고, 체(體)를 백(魄)이라 한다. 고유(高誘)의 『회남자(淮南子)』 주석에서 '혼은 양의 기운으로 신(神)이고 백은 음의 기운으로서 신(神)이다'라고 했는데, 신이라고 말한 것은 형기(形氣)를 주재하기 때문이다. 사람이 태어나는 것은 정(精)과 기(氣)가 모이기 때문이다. 사람에게는 단지 일정한 기가 있어서 반드시 소진될 때가 있다.

---

6) 『北溪字義』 卷下 鬼神(김영민 譯, 1993 『北溪字義』, 예문서원, 232쪽). "古人祭祀 以魂氣歸於天 體魄歸于地."

7) 『毛詩正義』 권13 谷風之什 蓼莪 十三經注疏整理本 毛詩正義(中國 北京: 北京大出版社, 2000, 909쪽 하단). "父兮生我 母兮鞠我 [(전략)箋云父兮生我者 本其氣也(중략)[疏](중략)毛以爲 此言父母生養之恩 己思報之 言 父兮本流氣以生我 母兮以懷任以養我(중략)正義曰 上章揔言父母 此分父母而說之故 云父兮生我者 本其氣也(후략)]."

소진되면 혼기는 하늘로 올라가고 형백(形魄)은 땅으로 돌아가서 죽음에 이른다. 죽음에 임박했을 때 따뜻한 기운이 위로 나가는 것을 혼이 올라간다고 말하고 하체가 점점 차가워지는 것을 백이 내려간다고 말한다.[8)]

위에서 보듯 주희는 정과 기가 모여서 사람이 태어나며, 기가 소진되면 혼기는 하늘로 올라가고 형백은 땅으로 돌아가 죽음에 이른다고 하였다. 이렇듯 혼기와 형백으로 나뉘어 흩어진 존재를 제사하는 의미를 다음과 같이 설명하였다.

물었다. 사람이 죽으면 혼과 백이 흩어집니까? 말씀하셨다. 진정 흩어진다. 또 물었다. 자손이 제사지내면 느껴서 이른다는[感格] 것은 무엇입니까? 말씀하였다. 자손은 반드시 조선(祖先)의 기(氣)이다. 그 기는 비록 흩어지나, 그 뿌리는 여전히 그 안에 있다. 성(誠)과 경(敬)을 다하면 역시 그 기를 여기에 불러서 모을 수 있다. 마치 물과 파도와 같아 뒤의 물은 앞의 물이 아니고, 뒤의 파도는 앞의 파도가 아니나 단지 하나의 물과 파도로 통한다. 자손의 기와 조고(祖考)의 기도 이와 같다. 그 기는 바로 흩어지나 그 뿌리는 여전히 그 안에 있다. 뿌리가 여기에 있어서 그 기를 여기에 끌어 모을 수 있다. 이러한 일은 설명하기 어려우니,

---

8) 『朱子語類』 권3, 鬼神 19조목(허탁 · 이요성 역주, 1998 『朱子語類』 1, 청계출판사, 294쪽). "氣曰魂 體曰魄 高誘淮南子曰 魂者 陽之神 魄者 陰之神 所謂神者 以其主乎形氣也 人所以生 精氣聚也 人只有許多氣 須有箇盡時 盡則魂氣歸於天 形魄歸于地而死矣 人將死時 熱氣上出 所謂魂升也 下體漸冷 所謂魄降也."

단지 각자가 스스로 이해해야 한다.[9)]

주희는 조상과 후손의 관계를 기의 연속으로 보고 죽으면 혼백이 흩어지지만 기가 자손과 통하므로 자손이 제사를 지내면 죽은 자의 기가 모여 감응한다고 보았다. 주희는 이외에도 많은 곳에서 조상과 후손의 관계를 기의 연속으로 설명하며 제사의 의미를 강조하였다. "제사를 받드는 자가 그의 자손이면 같은 기가 서로 전하여[一氣相傳] 이어 내려왔으므로 성과 경을 다하면 감통(感通)하는 이치가 있다"든지[10)] "자손의 기(氣)가 있으면 조상의 기도 있으나 제사 때가 아니면 그 기를 모을 수 없다"고 한 것[11)] 등이 그 예이다.

이와 같은 견해를 가질 때 조상과 후손의 관계가 매우 중시될 것임을 짐작할 수 있다. 주희가 "그에게 자손이 있을 때만 곧 (기가) 없다고 말할 수 없다"라거나[12)] "자손의 몸이 여기에 있으면 조종(祖宗)의 기운도 여기에 있으니 이는 혈맥(血脈)이 관통하기 때문이다"라고[13)] 한 것도 이

9) 위의 책, 권3 鬼神 57조목(허탁 · 이요성 역주, 위의 책, 347쪽). "問 人之死也 不知魂魄便散否 曰 固是散 又問 子孫祭祀 却有感格 如何 曰 畢竟子孫是祖先之氣 他氣雖散他根却在這裏 盡其誠敬 則亦能呼召得他氣聚在此 如水波樣 後水非前水 後波非前波 然却通只是一水波 子孫之氣與祖考之氣 亦是如此 他那箇當下自散了 然他根却在這裏 根既在此 又却能引聚得他那氣在此 此事難說 只要人自看得."

10) 위의 책, 권3 鬼神(허탁 · 이요성 역주, 위의 책, 300쪽) "然奉祭祀者既是他子孫 必竟只是這一氣相傳下來 若能極其誠敬 則亦有感通之理."

11) 위의 책, 권3 鬼神 63조목(허탁 · 이요성 역주, 위의 책, 362쪽) "曰 但有子孫之氣在則他便在 然不是祭祀時 如何得他聚."

12) 위의 책, 권3 鬼神(허탁 · 이요성 역주, 위의 책, 327쪽) "問 燈焰衝上 漸漸無去 要之不可謂之無 只是其氣散在此一室之內 曰 只是他有子孫在 便是不可謂之無."

13) 위의 책, 권3 鬼神(허탁 · 이요성 역주, 위의 책, 346쪽) "子孫這身在此 祖宗之氣便在此 他是有箇血脈貫通."

러한 정서를 반영한다. 사람의 죽음을 기의 소진으로 설명하고 조상의 기가 후손에게 이어져 후손의 제사에 조상의 기가 감응한다는 견해는 조상을 존숭하고 자손을 희구하는 정서를 강화시킬 수 있는 것이다. 그리고 이 '기(氣)'가 부계로 이어지는 것이라는 점에서 '일기상전(一氣相傳)'의 관계로 표현되는 '조상'과 '후손'에 비부계는 포함되지 않는다. 북송의 소순(蘇洵, 1009~1066)이 "내가 서로 보기를 길가는 사람[途人] 같이 하는 사람이 시초에는 형제였고, 형제는 본디 한 사람의 몸이었으니 슬프다!"라고 술회하면서 "다행히 도인(途人)에 이르지 않게" 하여 "홀연히 잊는 데에 이르지 않도록" 하고자 소씨(蘇氏)의 족보를 편찬한[14] 배경에도 역시 '동기' 의식이 자리하고 있다고 판단할 수 있다.

주희의 제자인 진순(陳淳, 1159~1223)은 성리학의 개념을 풀이한 『북계자의(北溪字義)』를 저술하였다. 그는 이 책의 「귀신편」에서 제사와 입후(立後)의 의미를 설명하였다. 여기에서 주장하기를 "신(神)은 유(類)가 아니면 흠향하지 않고, 민(民)은 족(族)이 아니면 제사하지 않으니 고인의 제사에 대종(大宗)이 아들이 없으면 족인의 아들을 이어 단일한 기맥이 서로 감통함을 취함으로써 사속(嗣續)이 끊임없게 하였다"고 한 뒤, "많이들 몰래 이성(異姓)의 아이를 입양하는데 이는 겉으로는 이은 듯하나 속으로는 끊어진 것"이니 자손이 없으면 반드시 동종(同宗)의 근친을 후사로 세워 "단일한 기가 조상[祖父]에게 감응하여 제사를 잃는데 이르

14) 『古文辭類纂』 권10 「蘇明允族譜引」(北京新華書店, 1986, 181쪽) "吾所與相視如途人者 其初兄弟也 兄弟其初一人之身也 悲夫(중략)幸其未至於途人也 使其無至於忽忘焉可也."

지 않게" 해야 한다고 하였다.[15] 그러면서 다음과 같은 예화를 들었다.

> 동중서(董仲舒)는 『춘추번로(春秋繁露)』에 한(漢) 때의 일을 하나 실었다. 어떤 사람이 집에서 제사하는데 축문을 읽어 강신하였다. 제사가 끝난 뒤 그는 다른 사람에게 말하기를 "방금 본 것이 매우 괴이하다. 어떤 관리가 관복을 차려 입고 나오려다 주저하고 감히 앞으로 나오지 못하는데 한 귀신이 머리를 헝클어뜨리고 옷섶을 풀어헤치고 소매를 걷어 부친 채 도살하는 칼을 들고 용감하게 나와 제사를 흠향하였다. 이것은 무슨 귀신인가?" 주인이 그 이유를 알지 못하자 한 장로가 '그 집이 예전에 후사가 없어서 다른 성씨의 백정 집안 아들을 데려다 후사로 삼았는데 그가 바로 지금의 주제자' 라고 말해 주었다. 이러한 까닭에 불러 감응케 한 것이 다른 백정집안의 조부(祖父)를 오게 한 것이다. 그가 이은 본가의 조선(祖先)은 그와 기가 같은 류가 아니니 자연히 교접해서 감통할 이치가 없는 것이다.[16]

위 예화는 주희가 산천 제사에서 흠향하는 존재를 인정하면서도 "구

15) 『北溪字義』 下卷 鬼神 13(김영민 譯, 1993, 예문서원, 235~238쪽). "神不歆非類 民不祀非族 古人祭祀大宗無子 則以族人之子續之 取其一氣脈相爲感通 可以嗣續無間 此亦至正大公之擧 而聖人所不諱也(중략)故立宗者又不可恃同姓爲憑 須審擇近親有來歷分明者 立之 則一氣所感祖父 不至失祀."

16) 위의 책, 卷下 鬼神(김영민 譯, 위의 책, 236~237쪽) "仲舒繁露載漢一事 有人家祭 用祝降神 祭畢 語人曰 適所見甚怪 有一官員公裳盛服 欲進 而躊躇不敢進 有一鬼 蓬頭衩袒 手提屠刀 奮勇而前 歆其祭 是何神也 主人不曉其由 有長老說 其家舊日無嗣 乃取異姓屠家之子爲嗣 卽今主祭者 所以只感召得他屠家祖父而來 其繼立本家之祖先 非其氣類 自無交接感通之理."

름수레를 타고 다가온다고 말하면 역시 망령되고 허망한 것이다"라고 한 것에[17] 비추어 그야말로 망령되고 허망한 이야기이다. 생시의 복장 그대로 달려나오는 귀신은 주희의 형이상학적인 '기'와 거리가 멀다. 그러나 영험한 귀신에 대한 믿음을 떨치지 못하고, 세상에 떠도는 모든 이야기에 귀기울이는 범인들에게 부계계승의 정당성을 납득시키는 데는 위 예화가 주희가 구사한 '동기' 이론보다 더욱 큰 위력을 발휘할 것임을 짐작할 수 있다. 앞으로 살피겠지만 진순의 분명한 논리와 단순한 예화는 조선의 지식인들에게도 매우 큰 영향을 끼쳤다.

2) 고려·조선전기 '동기' 이론의 수용과 한계

한국의 지식인들이 '기'에 근거하여 조상과 후손의 관계를 설명하는 모습은 고려후기인 14세기부터 확인된다. 이는 당시의 국제정세와 밀접한 관련이 있다. 14세기는 중국과의 교류가 활발하였다. 원 세조의 외손이자 고려의 국왕인 충선왕은 장기간 원의 수도에 체재하면서 만권당을 설립하여 중국과 고려 지식인간의 교류를 촉진하였다. 고려의 지식인들도 자발적으로 원에 가서 수업하고 그곳의 과거에 응시하였다.

이 시기에 원의 관학은 성리학이었다. 성리학이 유학의 주류가 되었고, 과거에 응시하기 위해서는 주희(朱熹)의 『사서집주(四書集註)』를 학

---

17) 『朱子語類』 권3 鬼神 68조목(허탁 · 이요성 역주, 앞의 책, 366~367쪽) "曰 若道無物來享時 自家祭甚底 肅然在上 令人奉承敬畏 是甚物 若道眞有雲車擁從而來 又妄誕."

습해야 했다. 이러한 사정은 고려의 지식인들도 마찬가지였다. 원에 간 지식인들은 새로운 학문인 성리학을 학습하여 국내에 소개하였고, 충목왕(忠穆王)이 즉위한 1344년부터는 고려에서도 『사서집주』에서 과거 문제를 출제하도록 규정하였다.[18] 고려 지식층의 성리학 학습 열기는 14세기에 편찬된 중국어 회화서 『노걸대(老乞大)』에 '회암(晦庵 ; 주희)이 주를 단 『사서(四書)』' 를 고려 상인이 중국에서 구입하는 장면이 설정되어 있는 것에서도 짐작할 수 있다.[19] 이로부터 고려의 지식인들도 중국의 종법질서를 모범적인 인간관계로 인식했을 가능성을 상정할 수 있다.

바로 이 시기부터 '기' 에 의거하여 행위의 옳고 그름을 판단하는 사례들이 발견된다. 정규(鄭規)는[20] "기가 모이면 형상이 엉기고 성품이 갖추어지며, 기가 흩어지면 백은 내려오고 혼은 올라가니 이 이치는 매우 밝아 사람이면 깨닫기 용이하거늘 어떻게 이 세상에서 죽은 자가 저 세상에서 다시 살아날 수 있겠는가?" 라고 하면서[21] 자신의 사후에 불교의례를 베풀지 말도록 자손들을 훈계하였다. 인간의 삶과 죽음은 기가 엉기고 흩어지는 것이며, 기가 흩어지면 혼백이 분리되므로 내세의 삶은 있을 수 없다는 것이다. 이색(李穡, 1328~1396)은 여묘제(廬墓制)를 옹호하는 글에서 '기' 로 조상과 후손의 관계를 설명하였다.

18) 도현철, 1994 「14세기 전반 유교지식인의 현실인식」 『14세기 고려의 정치와 사회』, 민음사, 556~559쪽.

19) 『飜譯老乞大』 下 "更買些文書一部 四書者是晦庵集註."

20) 鄭規는 生沒年이 알려져 있지 않으나 『東文選』에 위 글이 李齊賢(1287~1367)과 李穀(1298~1351)의 글 사이에 놓인 것으로 미루어 14세기 중엽에 활동한 것으로 추정된다.

21) 『東文選』 권62 書 「病中戒子孫書」 "況氣聚則形凝性具 氣散則魄降魂升 此理甚明 夫人易曉 安有旣死於此者 可以復生於彼乎."

능히 3년을 마치기는 오직 시묘(侍墓)하는 자만이 그렇게 한다. 무릇 묘라는 것은 체백(體魄)이 들어 있는 곳이요, 혼기(魂氣)는 본집으로 돌아오므로, 삼우(三虞)를 제사하여 편안하게 하는 것이다. 가묘(家廟)가 이미 폐하게 되면 정신이 두루 흘러 어디를 가도 자손에게 의지하지 않음이 없으니, 자손이 있는 곳이 신이 의지한 곳이다. 그렇다면 아침저녁으로 곡하고 또 제사하는 것을 집에서 하지 않고 들에서 한들 또한 무엇이 해롭겠는가.[22)]

혼기는 본래 가묘에 머무는 것인데 고려에서는 가묘제가 시행되지 않아 혼기가 자손에게 의지하므로 시묘하면서 혼기를 제사하여도 도리에 어긋나지 않는다는 것이다. 이색이 구사한 개념과 조상과 후손의 관계에 대한 설명방식은 중국의 '동기' 이론과 부합한다. 이처럼 '동기' 이론과 부합하는 논리는 1389년에 사헌부에서 올린 상소문에서도 확인된다.

아아! 어질지 못함이 심합니다. 사람의 정신이란 흐르고 통하는 것으로 삶과 죽음, 사람과 귀신이 본래 같아서 하나의 기입니다. 조부모가 지하에 편안히 계시면 자손도 역시 편안하고 그렇지 않으면 그 반대가 됩니다. 또 사람이 세상에 태어나는 것은 나무가 땅에 뿌리를 박는 것과 같아 그 뿌리와 원줄기를 태우면 가지와 잎이 시들고 그 가지와 잎을 태

22) 위의 책, 권86 「贈金判事試後序」 "是以能終三年 惟廬墓者爲然 夫墓者 體魄之所藏也 魂氣則歸于家 故三虞以安之 家廟旣廢 精神周流 無所往而不依附於子孫 子孫之所在 神之所依也 然則 朝夕哭且祭 不于家而于野 亦何傷哉."

우면 뿌리와 원줄기 또한 병드니 어찌 무성하게 잘 자랄 이치가 있겠습니까?…"라고 하였다.[23)]

사헌부에서는 '삶과 죽음, 사람과 귀신이 본래 같은 단일한 기[生死人鬼本同一氣]'라고 표현하였다. 그리고 조상을 뿌리와 원줄기에, 후손을 가지와 잎에 비유하였다. 나아가 조상을 화장하는 것을 뿌리를 태우는 것에 비유하여 조상에 대한 행위가 후손의 성쇠에 영향을 끼친다고 설명하였다.

혼기 · 체백으로 삶과 죽음을 설명하고, 제사를 '동기'가 감응하는 의식으로 설명하는 사례는 이후에도 계속 확인된다. 정도전(鄭道傳, ~1398)은 불교를 배척하면서 "불이 꺼지면 연기는 하늘로 돌아가고, 재는 떨어져 땅으로 돌아가니, 사람이 죽으면 혼기는 하늘로 올라가고 체백은 땅으로 내려가는 것과 같다"고 하였다.[24)] 그리고 남효온(南孝溫, 1454~1492)은 「귀신론(鬼神論)」에서 죽음의 내용과 제사의 의미를 다음과 같이 설명하였다.

"사람이 죽으면 어디로 돌아갑니까?" "체백은 땅으로 돌아가고 혼기는 가지 않는 곳이 없습니다." "그것은 형(形)이 있습니까?" "귀(鬼)는

23) 『高麗史』 권85 지39 刑法2 禁令 "恭讓王元年 憲司上䟽曰(중략)鳴呼 不仁甚矣 人之精神 流行和通 生死人鬼本同一氣 祖父母安於地下 則子孫亦安 不爾則反是 且人之生世 猶木之托根於地 焚其根株 則枝葉凋悴 燒其枝葉 則根株亦病矣 安有發榮滋長之理乎."
24) 『三峰集』 권9 「佛氏雜辨」 佛氏輪廻之辨 "火滅則 煙氣升而歸于天 灰燼降而歸于地 猶人死則 魂氣升于天 體魄降于地."

형이 없습니다." "성(聲)이 있습니까?" "귀는 무성입니다." "심(心)이 있습니까?" "귀는 무심입니다." "무형, 무성, 무심인데 그대는 그 성(誠)을 다하면 흠향한다고 하였습니다. 어떤 것이 흠향합니까?" "기가 흠향합니다." "기가 흠향하는 것을 어떻게 압니까?" "내 마음에 증험하여 압니다." "그러면 내 마음은 어떻게 귀신을 압니까?" "기가 모이면 사람이 되고, 기가 흩어지면 귀(鬼)가 되니 남과 '나'는 단일한 이(理)입니다. 하물며 조종(祖宗)의 자손에 있어서는 헐떡이고 숨쉬는 것이 신상(身上)에 통하니 그곳과 이곳의 차이가 없습니다. 자손에게 느낌[感]이 있으면 신명(神明)에 움직임[動]이 있으니 분명하여 의심할 수 없습니다. 따라서 곧고 맑으며 부모를 다시 뵙는 듯한 성(誠)으로 구슬퍼하고 마음으로 깊게 생각하면 무형을 유형으로 만들 수 있으며, 무성인 것을 유성으로 만들 수 있으며, 무심한 것을 유심하게 할 수 있습니다."[25)]

남효온의 논설은 주희의 논설과 구별되지 않을 만큼 정밀하고 형이상학적이다. 사람이 죽으면 혼기와 체백으로 분리된다. 이것은 무형, 무성, 무심한 것이나 자손이 정성을 다하여 제사를 지내면 '기'가 흠향한다. 특히 조종(祖宗)과 자손은 하나로 통하므로 사후와 현세의 차이가 없다. 그

25) 『秋江集』 권5 論 「鬼神論」 "人死而何歸 曰 體魄歸于地 魂氣則無不之也 曰 之而有形乎 曰 鬼無形也 有聲乎 曰鬼無聲也 有心乎 曰鬼無心也 曰無形無聲無心而吾子以爲盡其誠則享之 何物享之乎 曰氣之享之也 曰氣之享也 何以知之 曰驗於吾心而知之 然則吾心何與於鬼神而知之 曰氣聚而爲人 氣散而爲鬼 人與我一理也 而況祖宗之於子孫喘息呼吸 有通於身上 無彼疆此界之殊 有感於子孫 則有動於神明 昭昭無疑也 故直哉惟淸 而愀然如復見父母之誠 洞然於方寸之間 則所謂無形者 可使爲有形也 所謂無聲者 可使爲有聲也 所謂無心者 可使爲有心也."

러므로 정성을 다하면 신명이 동하여 무형, 무성, 무심한 것이 유형, 유성, 유심하게 된다는 것이다. 남효온은 이외에도 고순(高淳)이 꿈에서 망부(亡父)로부터 받았다는 시에 서문을 달면서 "사람이 죽으면 기가 자손의 몸에 나뉘어 있어 자손에게 감동이 있으면 신명에게도 감동이 있는 것이 분명하다"고 하였다.[26] 7대조의 제문에는 "조손은 잇단 가지로서 호흡이 슬하에 통하니 사후와 현세[幽明]가 단일한 리(理)로서 귀신이 일찍이 자리 곁에 임하면 진실로 느낌이 있어 반드시 통한다"고 하는 등 사후에도 조상과 후손의 관계가 그대로 유지되는 것으로 설명하였다.[27]

'동기론'에 대한 이해가 심화됨에 따라 부계질서를 강력히 옹호하는 법제도 성립하였다. 1437년 6월에 세종은 입후법(立後法)을 제정하여 '동종지자(同宗支子)'를 후사로 삼되 양부모가 죽으면 삼년복을 입고 친부모가 죽으면 복을 낮추어 입게 하였다.[28] 이때 진순이 구사한 '동기' 이론이 이 법제의 정당성을 뒷받침하는 이념으로 동원되었다. "신은 류가 아니면 흠향하지 않으니 옛사람은 아들이 없으면 족인(族人)으로 이어 단일한 기가 서로 감응하는 것을 취하였다"고 하는 등 진순의 설을 그대로 원용하여 동성 입후의 경우에만 친자의 지위를 부여하였다.[29] 국가에서 중국의 '동기' 이론에 근거하여 외친 제사의 정당성을 부정한 것이다.

---

26) 위의 책, 권7 雜著「冷話」"而人死之餘 氣各分在子孫身上 有動於子孫 則有感於神明昭昭也."

27) 위의 책, 권7 祭文「祭七代祖靈光府君文」"祖孫連枝 呼吸有通於膝下 幽明一理 鬼神嘗臨於坐傍 苟有感則必通."

28) 鄭肯植, 1996「朝鮮初期 祭祀承繼法制의 成立에 관한 硏究」, 서울대 박사학위논문, 193쪽.

29)『世宗實錄』권77 세종 19년 6월 辛酉 "議政府啓 古人無繼祀者 以族人之子立後 其法尙矣(중략)性理大全 陳氏曰 神不歆非類 古人無子 以族人續之 取其一氣相感(하략)."

이러한 사례들은 여말선초의 지식인들도 중국의 '동기' 이론을 이해하고, 이에 입각하여 조상과 후손의 관계를 설명할 수 있게 되었음을 알려준다. 따라서 한국에서도 '동기' 이론이 부계질서를 옹호하는 이념으로 자리잡았을 가능성을 상정할 수 있다. 그러나 고려후기는 물론 조선전기에 이르기까지 지배층의 일상생활에 부계원리가 작용한 흔적은 확인되지 않는다. 조상과 후손의 관계에 대한 인식을 가장 잘 반영하는 제사관행에서도 부계로 편중된 모습은 보이지 않는다.

선행 연구에서는 16세기까지는 자녀가 부모의 제사를 윤행(輪行)하고, 내외손이 내외조부모의 제사를 윤행하며, 아들이 없어도 입후하지 않고 딸이나 외손이 봉사하는 것이 관행이었다는 사실을 규명하였다.[30] 한편, 조선전기에 지배층에서 불교제의인 '재(齋)'를 배격하고, 『주자가례』에 입각한 제사형식을 채택하는 경향도 확인하였다.[31] 이는 조선전기 제사형식의 변화가 주로 의례절차에 집중되었을 뿐[32] 혈연의식과 직결되는 '윤회봉사'는 그대로 유지되었음을 알려준다. 그러므로 '동기' 이론에 근

30) 金容晩, 1983「朝鮮時代均分相續制에 관한 一硏究-그 변화요인의 역사적 성격을 중심으로-」『大丘史學』23.
鄭肯植, 1996, 앞의 논문.
朴賢淳, 1999「16세기 士大夫家의 親族秩序-李滉 집안을 중심으로-」『韓國史硏究』107, 한국사연구회.

31) 鄭東鎬, 1979,「麗末鮮初의 家族法規範-宗法制의 繼受와 관련하여-」『民族文化』5.
池斗煥, 1984,「朝鮮前期의 宗法制度 이해과정」『泰東古典硏究』1.
박연호, 1990,「조선전기 士大夫禮의 변화양상-家禮와 宗子法을 중심으로-」『淸溪史學』7.
鄭肯植, 1996, 앞의 논문.
朴賢淳, 1999, 앞의 논문.

32) 鄭肯植, 위의 논문, 87쪽.

거하여 성립한 입후법 역시 예문(禮文)에 그칠 뿐 아직은 일상의 혈연의식과 친족질서를 부계위주로 재편하는 데 영향을 끼치지 못했다고 판단할 수 있다.

이는 16세기 이전의 지식인들이 '동기' 이론과 부계계승원리의 관계를 그다지 강하게 인식하지 않았음을 알려준다. 그러나 조상과 후손의 관계를 '기'의 연속으로 설명하고, 조상을 화장하는 것을 뿌리를 태우는 행위로 간주한 사례들로부터 '동기' 이론이 조상과 후손에 대한 인식에 영향을 끼쳤을 가능성을 상정할 수 있다. 사후의 '극락왕생'을 믿는 경우의 혈연의식과 조상의 기가 후손의 제사에 감응한다고 믿는 경우의 혈연의식은 크게 다를 것이기 때문이다. '동기' 이론을 수용한 지식인이 조상을 존숭하고 후손을 희구하는 정도는 불교적 영혼관을 긍정하는 경우보다 훨씬 클 것임을 쉽게 짐작할 수 있다. 그리고 이 시기에 혈연의 의미를 강조하고 비혈연의 의미를 부정하는 정서가 매우 강하게 표출되었다.

나의 증조인 정경공 김사원(金士元)의 유서 내용에 "후손들이 자식이 없다고 대의를 돌아보지 않고 구차히 정욕을 좇아 명령자(螟蛉子 ; 남의 자식)를 길러 아들로 삼고 골육지친을 남과 같이 보아 대대의 재산[祖業]으로 서로 전한 노비를 하루아침에 가볍게 다른 사람에게 주거나 또 이록(利祿)을 사모하여 노비를 권세가에 뇌물로 주는 자가 있으면 효순(孝順)한 자손들이 관에 장고(狀告)하여 그 노비를 빼앗고 속적(屬籍)에서 영원히 끊어 버리라."고 하신 유서이므로 자손된 자는 반드시 지켜

야겠기에 권말에 병서하여 후손에게 보이는 것이니 무릇 나의 자손 중에 행여 자식 없는 자가 있으면 마땅히 유념하여 조종의 유훈을 잃지 않으면 큰 다행이겠다.[33]

위 인용문은 1429년(세종 11)에 재주 김무(金務)가 작성한 분재문기의 서문이다. 여기에서 김무는 1319년(고려 충숙왕 6)에 사망한 증조 김사원의 유서를 인용하면서 그대로 준수할 것을 당부하였다. 핵심내용은 혈연관계가 없으면 절대로 노비를 주지 말라는 것이다. 그러면서 김무가 자녀를 차별하지 않고 똑같이 32구씩 나누어 준 것에서[34] 김무에게 '골육지친'은 모든 혈연계통을 포괄하는 것임을 알 수 있다. 따라서 김사원의 유서도 부계여부의 문제가 아니라, 혈연관계가 없는 인물에게 노비를 전해주는 문제에 한정된다. 이렇듯 비혈연의 의미를 부정하는 정서는 조선전기의 다른 문서들에서도 쉽게 확인된다.

① 어쩌다 불초한 자손이 있어 원의(願意)를 돌아보지 않고 혹 손외(孫外)에 방매하거나 혹 자식이 없어 인아지족(姻啞之族)을 취하여 수양(收養)이라 칭탁하고 전계(傳係)하거나 혹 천첩자(賤妾子)로(에게 줌

33) 盧明鎬 外, 2000『韓國古代中世古文書硏究』上, 서울대출판부, 152쪽 "吾曾祖貞景公金士元遺書內 後子孫等以 一己之無子 不顧大義 苟徇情慾 螟蛉之子 養以爲子 骨肉至親 視如路人 以祖業相傳之奴婢 一朝輕與他人 且慕利祿 以奴婢賄賂於權勢之門者 如或有之 孝順子孫 告狀於官 奪其奴婢 永絶屬籍爲良如敎 遺書是白乎ホ用良 爲子孫者 不可不遵 幷書卷末 以示于後 凡吾子孫 幸有無子者 則宜服膺而勿失祖宗之遺訓 幸甚."

34) 위의 책, 151쪽 "矣身亦 老病爲乎等用良 父母邊奴婢及外祖母妻傳得奴婢ホ乙用良 老壯弱和會 先可參拾貳口式以 平均分給內 去戊戌年分 汝ホ徒各衿良中 奴婢幷拾口式以 使用爲良爲旀 給分是遣 許與成給不冬爲有如乎等用良 右奴婢ホ乙 幷錄爲乎矣."

으로써) 그 상전에게 빼앗기거든 이 문기 안의 사연으로 관에 고하여 본손(本孫)에게 돌릴 일.[35]

② 혹 자식이 없어 타인의 자식을 자식으로 삼아 가볍게 노비를 주면 그 조종영전(祖宗永傳)의 뜻을 대개 궐(闕)하는 것이니 본지(本支)에게 전하고 남에게 내보내지 말며[36]

③ 노비는 조종의 영전(永傳)하는 것이니 만일 자식이 없으면 본손 외에 남에게 주지 못할 일.[37]

④ 너희들 동생 가운데 자식 없는 사람의 몫으로 얻은 노비는 손(孫)이 아니면 허락하지 말고[38]

⑤ 자손들이 만일 빈궁하거나 혹은 자식이 없어 적지 않은 조상의 전민을 손외로 방매하여 남에게 주면…[39]

위의 당부는 차례로 1452년, 1479년, 1492년, 1517년, 1535년에 작성된 허여문기의 서문에 적힌 것이다. 여기에서도 김사원이나 김무와 마찬가지로 혈연으로 이어지는 '본손 · 본지' 와 그렇지 않은 '타인' 을 구분

35) 鄭求福 外, 1997『朝鮮前期古文書集成-15世紀篇-』194쪽「李遇陽許與文記」, 國史編纂委員會 "雖然幸有不肖子孫 不顧願意 或放賣孫外爲去乃 或無子息 取姻啞之族托爲收養傳係爲去乃 或以賤妾子以 被奪其上典爲有去乙等 以此文記內辭緣 告官還本孫爲乎事."

36) 위의 책, 207쪽,「金淮妻盧氏許與文記」. "或無子息以 他人之子爲子而輕給奴婢則 其祖宗永傳之意 盖闕 故傳于本支而毋出他爲旀."

37) 李樹健 編著, 1981『慶北地方古文書集成』「金淮妻盧氏許與文記」, 영남대출판부, 136쪽. "奴婢段 祖宗永傳之物是昆 萬一無子息爲去等 本孫外毋得與他爲乎事."

38) 위의 책, 138쪽「裵某許與文記」"汝等徒同生中 無後人衿得奴婢乙 勿許孫外."

39) 위의 책, 143쪽「李壎許與文記」"汝等□□子孫等亦萬一貧窮所致爲去乃 或無子息 不小祖上田民乙 孫外放賣與他□□□□弟亦中 雖在地下之靈應不瞑目橫偏與他爲齊."

하는 의식이 강하게 표출되었다. 이렇듯 혈연을 유난히 강조하는 것에서 인간관계에 대한 인식이 전과 달라졌을 가능성을 제기할 수 있다. 비혈연을 양자로 들여 재산을 상속하는 행위를 부정하는 정서가 14~16세기의 특징이라는 점은 그 전에는 이러한 행위가 정당한 것으로 용인되었을 가능성이 있기 때문이다.

14~16세기의 가계기록도 혈연을 각별히 중시하는 정서를 반영한다. 부, 조, 증조, 외조를 적는 사조호구식이 고려후기에 이르러 다시 그들의 사조를 기재하는 팔조호구식으로 확장되었다.[40] 그리고 내외의 모든 후손을 끝까지 기록하는 족도와 족보가 작성되었다.[41] 현전하는 「해주오씨족도(海州吳氏族圖)」, 『안동권씨성화보(安東權氏成化譜)』(1476년), 『문화유씨가정보(文化柳氏嘉靖譜)』(1565년)는 모든 혈연계통을 통틀어 인식하면서 혈연으로 이어지는 한 끝까지 파악하고자 하는 정서를 보여준다.[42]

이렇듯 혈연을 중시하고 비혈연의 의미를 부정하는 정서는 '동기' 이론이 작용한 결과일 가능성이 크다. 한 사회에서 관행으로 유지되던 친족질서가 다른 사회에서 유입된 이념의 영향을 받아 단시일에 바뀌는 것은 기대하기 어렵다. 친족질서의 변화는 조직원리 즉, 대상에 대한 인식방법의 변화를 전제하며 이는 권리의무의 설정방식, 거주관행, 상속관

40) 盧明鎬, 1995 「高麗時代 戶籍 記載様式의 성립과 그 사회적 의미」 『震檀學報』 79, 42쪽.
이종서, 2008 「고려 八祖戶口式의 성립 시기와 성립 원인」 『한국중세사연구』 25, 한국중세사학회.

41) 權寧大, 1981 「成化譜攷」 『大韓民國學術院論文集』 20(人文・社會篇).
오영선, 2001 「조선초기 家系記錄에 대한 일고찰」 『典農史論』 7, 서울시립대 국사학과.

42) 노명호, 1999 「한국사 연구와 족보」 『한국사시민강좌』, 일조각, 86~91쪽.

행 등 생활 전반의 변화를 동반하기 때문이다. 그러나 그 이념이 부정할 수 없는 권위를 지녔고, 더욱이 종교적 성격까지 겸했다면 구래의 관행과 배치되지 않는 분야에서부터 심중한 영향력을 발휘할 가능성이 있다.

'동기' 이론은 '극락' 이나 '지옥' 과 같은 내세를 상정하지 않고, 조상의 '기' 가 후손의 제사에 감응한다고 주장한다. 불교의 '재(齋)' 가 죽은 자를 직접 공양하는 것이 아니라 사자가 못다한 공덕을 대신 쌓는 의식인 데 반해[43] 유교의 '제(祭)' 는 죽은 자의 기가 직접 흠향하는 의식이다. 따라서 '동기' 이론을 수용하면 조상과 후손의 관계가 전보다 강하게 인식될 것이다. 그리고 불교적 영혼관에 익숙하던 고려말 조선초의 지식층에게 '기' 는 주희의 형이상적인 개념보다 생시의 복장 그대로 뛰어들어 제사음식을 먹는 귀신에 가까웠다고 짐작할 수 있다.

그러므로 14~16세기에 구사된 '동기' 이론은 고유의 혈연의식으로 말미암아 굴절된 것으로 '피[血]' 로 환치될 수 있는 개념일 가능성을 상정할 수 있다. 이를테면 '나' 의 모든 후손은 '나' 의 '기' 를 지니고 있지만, 자녀는 부모의 '기' 를 동등하게 받기에, 손-증손-현손으로 내려갈수록 '나' 에게서 연유한 '기' 의 농도는 급격히 묽어진다. 따라서 형제의 아들과 '나' 의 아들은 비록 동일한 '기' 를 일부 공유하지만 농도가 현격하여, 형제의 아들은 결코 '나' 의 아들과 같을 수 없다고 인식되었을 가능성이 높다. 이황이 "예의를 알지 못하고 오로지 정(情)만을 따라 이미 본친(本

43) 李應周, 1999「麗末鮮初 佛敎儀禮의 축소와 薦度齋의 역할」, 서울대 석사학위논문.

親)을 낮추지 않고 또 계후부모(繼後父母)에게 고애자(孤哀子)라고 칭하기를 어려워하는" 잘못을 지적한 것에서도[44] 양자–양부모 관계는 16세기 후반까지 친자–친부모 관계로 자리잡지 못했음을 알 수 있다.

이러한 상태에서는 외조에서 외손으로 이어지는 혈연의 의미를 부정하는 신념을 기대하기 어렵다. 이계진(李季進, 1548~1626)은 1618년에 지은 유훈에서 다음과 같이 당부하였다.

> 아들[男子]이 3대의 제사를 윤행하고 딸[女子]은 비록 부모의 제사라도 지내지 말라.…하물며 부인은 일을 전제(專制)함이 없어 자유하지 못하며, 사위[女夫]는 의(義)로써 합하여 (장인을) 자기 귀신이 아니라고 제사하지 않으면 어찌 구차하게 습속을 좇아 비례(非禮)를 강행할 것인가. 딸은 집(시집)에 우러를 바가 있어 비록 친정부모[私親]를 제사할 수 없으나 외손에 이르면 한 몸[一體]이 나뉜 바라, 만약 선(先 ; 조상)을 제사하지 못하면 이는 근본[本]없는 사람이니 내외손을 가리지 말고 제사를 윤행하되 자신 당대에 그쳐도 무방하다.[45]

이계진은 시집간 딸의 도리와 처지를 들어 딸의 친정부모 제사를 금지하였다. 그러면서 외손은 '한 몸이 나뉜 바[一體所分]' 이므로 '선(先)' 을

---

44) 『退溪先生文集』 권28 書 「答金惇書」 "今人不識禮義 而惟情是徇 旣不降其本親 又以稱孤哀於所繼爲難 豈不謬哉."

45) 『北峰世稿』, 「北峰公遺訓」 分衿(碧珍李氏北峰公派宗中, 2000) 70쪽 "使男子 奉三代輪行祭祀 女子則 雖父母祭祀 勿令行之(중략)況婦人 無專制事 不得自由 女夫以義合 非其鬼 不祭則 豈可苟且因循强行非禮乎 女子則 家有所尊 雖不得祭私親 至於外孫則 一體所分 若不得祭先 是無本之人 勿論內外孫 輪行祭祀 至其身 止亦或無妨."

제사하지 않으면 '근본없는 사람[無本之人]' 이 되니 내외손을 가리지 말고 제사를 윤행하라고 당부하였다. 그의 생각으로는 장인이 죽어서 된 귀신은 사위의 귀신이 아니어서 사위가 제사를 거부할 수 있고, 또 사위가 장인을 제사하는 것은 남의 귀신을 제사하는 것이어서 '비례(非禮)' 였다. 그러나 외손은 외조의 몸이 나뉘어서 생성된 존재이므로 외조도 외손의 조상[先]이고 근본[本]이었다. 이계진은 혈연관계의 유무에 따라 자기 귀신과 남의 귀신으로 갈랐을 뿐 부계와 비부계를 통틀어 조상과 후손으로 인식한 것이다. 이러한 인식방법에 근거하여 조선전기의 지배층은 혈연관계가 없는 대상에 대한 행위의 정당성을 그토록 강력하게 부정하였음을 짐작할 수 있다.

따라서 조선전기에 쓰인 '동기' 의 개념은 중국이나 조선후기와 달랐을 가능성이 크다. 이는 당대의 재상이었던 이준경(李浚慶, 1499~1572)이 첩자가 적형(嫡兄)의 입후자(立後子)에게서 부(입후자의 양조부)의 제사를 빼앗는 명분을 설명하면서 사용한 '동기' 의 용례에서 확인된다.

> 만약 아비를 잇는 종[繼禰之宗]에서 그 아비[禰]가 그 아들로 자신을 계승케 하여 종이 되고 그 아들이 그 아비[禰]의 제사를 받들었습니다. (중략) 지금 문득 (제사를 계승한 아들이) 아들이 없어 동종(同宗)의 자손을 취하여 후사로 삼았습니다. 그런데 그 <u>아비[禰]의 첩자가 적형의 계후자를 동기가 아니라고 하여</u> 그 양조부의 제사를 빼앗으면 이는 친자와 계후자를 판별해서 가르는 것입니다. (중략) <u>그 할아비의 제사를 빼앗아서 반드시 동기인 첩자에게 돌리고자 한다면</u> 계후(繼後)는 중하지 않고 부

자는 둘이 되는 것입니다.[46]

이준경이 이 글을 작성한 것은 계후자가 양부[所後父]의 부, 즉 양조부를 제사할 권리를 옹호하기 위해서였다. 그런데도 그가 사용한 '동기'의 개념은 중국과 크게 다르다. 중국의 이론에 따르면 '기'는 부계로만 이어지므로 직계친이든 방계친이든 부계는 모두가 동기여서 형제의 아들이 '나'의 아들도 될 수 있다. 그런데 이준경은 첩의 아들이 아버지의 제사를 적형의 계후자에게서 빼앗는 근거를 '동기'가 아니라는 데에서 찾고 있다. 이준경이 이해하는 개념대로의 '동기'는 직계친에 국한되는 것이다.

그러므로 중국에서 유래한 '동기' 이론은 국내의 고유한 혈연의식으로 말미암아 부계원리가 희석되었다고 볼 수 있다. '기'는 영속하지만 대를 거듭할수록 희미해지는 것으로 '피[血]'로 환치될 수 있다. 자녀는 부모의 '피'를 동등하게 받아 손, 증손, 현손으로 내려갈수록 농도는 1/4, 1/8, 1/16로 묽어지며, 조부모를 제사하면 외조부모도 제사해야 마땅하나 혈연이 멀어질수록 친밀감은 모든 계보에서 같은 정도로 약화되는 것이다. 그럼으로써 부계질서를 강화하는 데는 영향을 끼치지 못하는 한편, 혈연으로 이어지는 관계를 강하게 인식하고 비혈연의 의미를 부정하게 하는 역할을 하였다고 볼 수 있다. 14~16세기에 '동기' 이론은 고유한 혈연의식에 부합하도록 굴절된 상태에서 인간관계에 영향을 끼쳤다고 볼 수 있다.

46) 『東皐遺稿』 권7 獻議 「奉祀議」 "若繼禰之宗 其禰旣以其子繼己爲宗 而爲其子承奉其之祀(중략)今忽無子 取同宗子孫爲後而其禰之妾子 以嫡兄繼後子爲非同氣 而橫奪其養祖父之祀 則是判親子與繼後而貳之也(중략)而奪其祖之祀事 必欲歸之於同氣之妾子 則竊恐繼後不重而父子有二也."

3) 조선후기 '동기' 이론의 이해와 부계의식 강화

한국에서 '동기' 이론이 부계질서를 강화하는 데 영향을 끼친 흔적은 16세기까지도 찾기 어렵다. 그런데 16세기부터 일부 성리학자들에게서 종법질서를 옹호하고 『주자가례』에 규정된 행동방식과 마음가짐을 실천하려는 노력이 확인된다. 이전에는 국가권력이 부계질서를 강제하여도 개인의 삶은 관행을 따랐던 것과 달리 이때에 이르러서는 개인이 자발적으로 부계질서를 강하게 인식하고 삶을 변화시켜 나간 것이다. 그리고 이 시기부터 제사의 의미를 혈연계통별로 달리 설정하는 견해가 확인된다. 조선 성리학사에서 큰 비중을 차지하는 이황(李滉, 1501~1570)의 편지는, 필자가 확인한 한도 내에서, 그 첫 사례이다.

> 단 지금 사람은 아들이 없고 딸이 있으면 사정(私情)에 견제되어 능히 대의로 논단하여 입후하는 자가 드물고, 심지어 외손으로서 한 사당에 봉사하여 두 성씨를 함께 제사합니다. 대저 하늘이 물(物)을 만듦에 본(本)이 하나이게 하였는데 이렇게 하면 본이 둘이 되니 심히 불가합니다. 요즈음 사람이 혹 불행하여 그 외가의 조선(祖先)이 무후하고 처할 곳이 없으면 그 신주가 돌아갈 곳이 없음을 참지 못하여 권의(權宜)로 별소에 받들어 두고 왕래하며 전을 올리고 살피는 것은 불가함이 없습니다. 그러나 공공연히 그 본친(本親)과 같은 사당에서 함께 제향하면 이치에 어그러짐이 막심합니다. 이른바 '신은 예가 아니면 흠향하지 않

> 는다' 는 것이 이러한 유를 이르는 것입니다. 그러므로 지금 외손봉사에 대한 질문에 감히 구차하게 풍속을 좇아 '행함직하다' 고 할 수는 없습니다.[47]

위에서 이황은 외손봉사의 의미를 폄하하고 부계제사만을 정당한 것으로 인정하였다. 그러면서 '본(本)' 이라는 표현을 사용하였다. 사람의 '본' 은 하나이므로 외가 조선(祖先)을 제사하는 것은 인정상 참지 못하여 행하는 '권의(權宜)' 일 뿐, 성씨가 다른 신주를 사당에 모시는 것은 '이본(二本)' 이 되는 옳지 못한 행위라고 보았다. 이러한 행위는 '신은 예가 아니면 흠향하지 않는다' 는 경우에 해당할 만큼 '패리가 막심' 한 것이고, 외손봉사도 '대의' 에 어긋나므로 동성친을 입후하여 제사를 받들게 해야 한다는 것이다. 이계진이 외조를 제사하지 않는 외손을 '근본없는 사람[無本之人]' 이라고 한 것과 달리 이황은 부계만을 '본' 으로 간주하는 혈연의식을 드러내었다.

그런데 이황에게 이러한 답변을 얻은 사람이 바로 정구(鄭逑, 1543~1620)였다. 정구는 이황의 예학을 계승한 인물이라는 점에서[48] 당시는 일부 성리학자들이 제사의 의미를 혈연계통별로 차별하여 인식하기 시작한 초기 단계였음을 알 수 있다. 그리고 정구가 이황에게 배운 그대로

47) 『退溪先生文集』 권39 「答鄭道可逑問目」 "但今人無子而有女牽掣情私 鮮能斷以大義而立後 至以外孫奉祀一廟 而二姓同祭 夫天之生物 使之一本 而此則爲二本焉 甚不可也 今人或不幸 其外家祖先無後而未有所處者 不忍其主之無歸 則權宜奉置別所而往來奠省 未爲不可 若公然與其本親同享一廟 則悖理莫甚 所謂神不歆非禮者 此類之謂也 故今於外孫奉祀之問 不敢苟徇而以爲可行也."

48) 鄭景姫, 2000, 앞의 논문, 249~250쪽.

다른 사람의 질문에 답하는 모습으로부터 이러한 차별의식이 점차 사족층에 확산되는 경향을 살필 수 있다.

> 외가의 신주를 봉사하는 것은 본래 예경(禮經)이 아닙니다. 지금 어쩔 수 없어서 봉사한다면 제사나 다례 때에 먼저 조(祖)의 외조(外祖)를 제사하고, 다음으로 부(父)의 외조(外祖)를 제사하고 연후에 마땅히 조(祖)와 고(考)를 제사해야 합니다. 비록 같은 새벽에 세 번 제사를 하여 늦어짐을 면하지 못하여 만제(晩祭)의 방애가 있을지라도 합제하는 것의 미안함보다는 낫습니다.[49]
>
> 문) 아버지가 외삼촌의 후자(後子)가 되었는데 아버지가 죽은 뒤 그 신주는 사당에 넣어야 할까요, 제소(祭所)를 별도로 설치하여 안치해야 할까요?
>
> 답) 마땅히 별도의 사당을 설치해야 합니다. 두 성씨가 한 사당에 있는 것은 미안합니다.[50]

정구는 부계 제사를 '예경(禮經)' 으로, 외가 제사를 '어쩔 수 없는 제사' 로 구분하고 성씨가 다른 인물을 합제하거나 한 사당에 봉안하는 것을 '미안(未安)' 하다고 표현하였다. 이로부터 고유의 혈연의식으로 말미

---

49) 『寒岡集』 권8 「答問」 "(문; 필자)李道長問 道長祖外家 父外家 俱無後 二外祖神主 道長皆奉祀矣 若時祀茶禮之時 同祭於正寢 似甚未安 未知何以則可乎 (답: 필자)外家神主奉祀 本非禮經 今者不得已奉祀 則當時祀茶禮時 先祭祖外祖 次祭父外祖 然後當祭祖與考矣 雖一曉三祭 未免差晩 而晩祭之妨 猶勝於合祭之未安矣."

50) 위의 책, 권6 答問 「李以直問」 "父爲外三寸之後 父亡之後 其神主入祠堂耶 別設祭所而安之耶 當設別祠 兩姓一祠未安."

암아 부계원리가 희석된 상태에서 인간관계에 영향을 끼치던 '동기' 이론이 16세기부터 중국의 개념 그대로 이해되기 시작하였음을 알 수 있다. 조선에서 '동기' 이론은 부계질서를 강화하는 이념으로 자리잡은 것이다. 후기로 갈수록 '기' 에 의거하여 부계와 비부계를 차별하고 나아가 비부계의 의미를 부정하는 분명한 표현들이 확인된다.

이원익(李元翼, 1547~1634)은 "아비와 아들, 아들과 손자는 단일한 기가 서로 전하니[一氣相傳] 살아서는 한집에서 살고자 하고 죽어서는 한 묘역에 묻히고자 한다. 이는 천리(天理)와 인정(人情)의 지극함이다"라고 하였다.[51] '일기상전(一氣相傳)' 은 주희가 부계 제사의 의미를 강조하면서 사용한 표현이다. 17세기에 조선의 지식인은 '동기' 이론을 주희가 이해한 그대로 이해하면서 부계질서를 강화해 나간 것이다.

이로부터 100여 년 뒤에 황윤석(黃胤錫, 1729~1791)은 '동기' 이론에 근거하여 외친에 대한 제사를 '음사(淫祀)' 로 단정하기에 이르렀다. 그는 "외손봉사는 군자가 나무라니 신은 유가 아니면 흠향하지 않는다. 비록 외선(外先)으로 관계될지라도 종내 제사할 바가 아니다. 음사와 얼마나 거리가 멀겠는가?…심지어 그 형제의 아들을 버리고 외손을 후사로 삼는 자가 있는데 이는 모두 예경(禮經)의 죄인이다"라고 하였고,[52] 또 "대저 외손봉사는 오히려 음사가 되니 단일한 기가 아니기 때문이다"라

51) 『梧里先生文集 補遺』「書示子孫」"父而子子而孫 一氣相傳 生欲同一家 死欲同一塋 此天理人情之至."

52) 『頤齋亂藁』 권15, 庚寅 6월 16일 庚寅 "外孫奉祀 君子譏之 蓋神不歆非類 雖係外先 終是非其所祭 視淫祀相遠幾何(중략)故甚至捨其兄弟之子 而取外孫爲後者有之 是皆禮經之罪人也."

고 하기도 하여[53] 외조 제사를 '음사'로 단정하였다. 게다가 그는 진순이 든 예화를 소개한 뒤 조선에서 발생한 일이라면서 다음과 같은 이야기를 채록하였다.

> 내가 듣기를 '일찍이 한 재상이 있었는데 아비를 제사하면서 볼 적마다 용모가 아름다운 한 총각이 와서 그 아비를 밀어 쫓고 밥을 덜어 갔다. 마음에 아무래도 이상해서 틈을 타 은근히 아뢰니 그 어미가 말하기를 "너의 아버지가 영남의 방백이 되어 내가 따라서 길을 갈 때 본영의 한 심부름꾼[通引]이 있었는데 나이 14세쯤 되었고 용모가 빼어나 사랑할만 하였다. 계집종처럼 가까이 하였는데 어느 저녁에 우연히 방에 들어오게 하여 나도 모르게 정을 통하여 너를 잉태하였다. 이 사람이 너의 진짜 아버지이니 지금 어찌 그렇지 않을 수 있겠는가? 혈기(血氣)가 통하는 바 신의 이치[神理]가 소멸하지 않았으니 너는 알아두거라."라고 하였다. 재상은 이내 몰래 영남에 가서 그 묘를 찾아 옛날에 은혜가 있는 집이라고 하면서 제사를 지냈다'고 한다. 세상에서 규문이 엄하지 않은 자는 생각건대 이러한 류가 많을 것이다. 성인이 백성에게 제사를 가르치면서 아버지가 어머니보다 중하다고 말한 것에 어찌 이유가 없겠는가?[54]

53) 위의 책 권18, 辛卯 4월 11일 辛巳 "夫外孫奉祀 猶爲淫祀 以其非一氣也 况又非外孫者乎."

54) 위의 책, 같은 조 "陳北溪性理字義 細於鬼神祭祀之理曰 有人以屠家子繼後 子祭所後父之夜 必見所後父爲屠者 所擠不得食 始知古人所謂 神不歆非類之說 果信 (중략) 余聞曾有一宰臣 祭父輒見 有一總角美貌者 來逐其父攘食而去 心竊訝之 乘間微稟其母 則

위 기록은 주희의 형이상학적인 '동기' 이론에 견주어 그야말로 '황당한' 이야기이다. 그러나 이로부터 주희의 이론보다는 진순의 차원 낮은 예화가 부계의식을 강화하는 데 더욱 큰 영향을 끼칠 수 있음이 확인된다. 생전의 모습 그대로 제사음식을 덜어가는 귀신의 예화는 범인(凡人)들이 부계만을 의미 있는 혈연관계로 여기고 사후의 제사를 심각하게 걱정하도록 만들었다고 볼 수 있는 것이다.

그리고 진순이 든 예화와 흡사한 이야기를 황윤석이 채록한 것으로부터 이제는 부계원리에 대한 신념이 조선사회 전반에 확고히 자리잡았음을 알 수 있다. 중국의 '동기' 이론과 부합하는 '황당한' 이야기가 조선에서 창출되었다는 것은 '의식화'가 완료되었음을 알려준다. 중국의 '동기' 이론은 변화를 추동하는 이념으로서의 역할을 마감하고 당위로 자리잡은 것이다.

曰 汝父爲嶺南方伯 吾從行在路時 有本營一通引 年十四五姸秀可愛 親之如婢 使一夕偶令入室 不覺大昵 而汝則胎矣 此乃汝眞父 今安得不然 血氣所通 神理未泯 汝其志之宰臣乃密往嶺南 求其墓 稱以舊時恩家而祭之 世上閨門不嚴者 想多此類 聖人敎民祭祀 而謂父重於母者 豈無以哉."

2. 조선전기의 장지(葬地)와 조선후기의 '족장지(族葬地)'

1) 장지 연구의 의의

앞 절에서는 고려 · 조선전기의 방사형 친족관계가 조선후기에 오복친 조직으로 변화된 심층적 요인을 '동기' 이론의 확산과 이해에서 찾았다. 경제적 원인이 변화를 촉진시켰을 가능성도 배제할 수 없지만 동기론에 대한 이해에 기반한 의식적 노력, 즉 장기간의 '의식화' 과정을 거쳐 변화가 완성되었다고 보는 것이다.

필자는 그간 무의식적인 정서를 반영하는 분야에 집중하여 부계원리의 존재 여부를 살핌으로써 통념의 실체와 변화과정을 추적하였다. 일례로 분재문서를 다룬 기존 연구들은 분재 현장에 있던 사람들의 정서나 태도에 주목하기보다 재산의 총량과 자녀별 몫을 분석하는 데 집중되었다. 이러한 연구방식의 문제점은 조선후기의 연장선상에 있는 현재의 정서나 개념에 근거하여 당시 사회를 바라본다는 것이다. 필자는 조선전기의 분재문서에 쓰인 '화회(和會)' 가 '주체들의 합의' 가 아니라 '공평(골고루)' 에 해당하고, '집주(執籌)' 는 '계산' 이 아니라 무작위추출에 해당함을 밝힌 바 있다.[55] '화회집주(和會執籌)' 가 '공평히 재산을 제비뽑기함' 이라는 사실을 규명하는 작업은 그리 어려운 일이 아니었다. 그럼에도 불구하고, 잘못된 어의가 장기간 통용되어 온 것은 필자를 포함한 연구자들이 조선후기 이래의 '전통' 에 기인한 통념과 정서에서 자유롭지 못하였기 때문이라고 생각한다. 조선전기의 균분상속 관행을 확인하고 강조할지라도 '양보와 타협' 을 '우애롭게' 여기는 통념은 완전한 '공평' 이 강조되고 공평을 달성하기 위해 '제비뽑기' 를 하는, 판연히 다른 '우애' 에 접근하는 것을 방해하였던 것이다. 본 연구에서 16세기 이전의 친족지칭에 부계를 구분하는 기능이 없었으며, 현재의 '전통적' 친족지칭은 16세기 사족층에서 시작되었음을 확인한 것도 당시의 보편적 정서에 접근하고자 함이었다. 숙부를 한정하는 지칭이 없고 모든 존속을 '족장(族長)' 으로 통칭하던 시기에 부계의식이나 부계원리를 적용할 수 없다는 것이 필자의 판단이다.

무덤의 위치도 당시의 혈연의식을 확인할 수 있는 좋은 소재이다. 기존 연구에서는 무덤의 위치를 결정하는데 부계원리가 작용한 것을 당연하게 여겼다. 박병호는 고려 · 조선전기에 외족 · 처족과의 긴밀한 유대를 가능하게 한 궁극의 원인을 솔서혼속에 돌리고, 이 혼속을 일정 기간

55) 이종서, 2000「朝鮮前期 '和會' 의 語義와 均分의 실현방식 '執籌'」『韓國史研究』110.
이종서, 2004「朝鮮前期 均分意識과 '執籌'」『古文書研究』25.

만 처가에 거주하는 관습으로 파악하였다.[56] 궁극에는 남자가 본가로 돌아갔다고 본 것이다. 최재석도 '모처(母處)-부처(父處) 거주제' 로 보고, 고려로 올라갈수록 자녀들이 장대하도록 처가에 체류함으로써 외친(外親)과의 친밀성이 증대되었다고 설명하기도 하였다.[57] 이렇듯 솔서혼속을 일정 기간 처가에 거주하다 친가로 이동하는 것으로 간주하면 무덤의 소재는 구태여 확인할 필요가 없다. 아들과 아버지의 무덤이 같은 묘역에 자리잡는 것은 당연하기 때문이다. 이러한 사회에서는 아무리 비부계가 존중될지라도 부계원리가 작용하여 친족조직이 조직되었을 것이다.

그러나 고려나 조선전기에 부계직계친의 장지가 세대마다 달라지고, 한 묘역에 내리 장인과 사위가 묻히는 현상이 뚜렷하다면 솔서혼속을 한 시적 처가거주로 보는 견해는 성립하기 어렵다. 솔서혼속은 무덤의 위치와 더불어 부계원리의 작용을 부정하는 근거가 될 수 있다. 남자들이 처가에서 사망하여 장인 · 장모의 묘역에 묻힌 사회라면 부계원리는 물론 부계를 구분하여 애호하는 정서도 상정하기 어렵다. 이후 부계직계친의 무덤이 한 묘역에 집중되고, 이러한 현상을 옹호하는 주장들이 표출된다면 이에 근거하여 부계원리의 성립과 강화를 추론할 수 있다. 그 주장들이 '동기' 이론과 부합하는 것이라면 조선후기 친족관계의 변동 원인을 동기 이론의 확산에서 찾는 필자의 견해를 보강해 줄 것이다.

이 절에서는 조선전기와 후기 양반가의 무덤 위치를 살펴 어떠한 변화

56) 朴秉濠, 1962「우리나라 率婿婚俗에 由來된 親族과 禁婚範圍-母族 · 妻族을 中心으로」『法學』4-2 142쪽.

57) 崔在錫, 1983『韓國家族制度史硏究』, 一志社, 93 · 97 · 160쪽.

가 생겼는지 확인할 것이다. 핵심 분석 대상은 경상도의 김종직(金宗直, 1431~1492) 가계와 전라도의 유희춘(柳希春, 1513~1577) 가계이다. 이들 가계는 유력한 사족으로 여러 세대의 장지가 확인되어 장기간 지속된 보편성을 추출할 수 있는 장점이 있다. 김종직과 유희춘 가계에서 확인되는 양상은 경상도와 전라도 사족의 일반적인 모습을 반영한다고 볼 수 있다. 이어 김종직과 유희춘 후손의 장지 선정에 발생한 변화를 살피고, 조선후기 족장지의[58] 형성이 의식적인 노력의 결과였음을 알려주는 사례들을 살펴볼 것이다.

2) 조선전기 양반가의 장지

(1) 김종직 가계

김종직(1431~1492)이 저술한 「이준록(彝尊錄)」에는 부계 계보가 정리되어 있고, 증조 이하의 묘소 위치가 확인된다. 김종직의 부계직계친은 14대조 김홍술로부터 5대조(현조) 김연에 이르기까지 선산(善山)에서 고위 향리직을 담당하였다. 그들의 처도 향리가문 출신이었을 뿐더러 대부분 선산 김씨로 추정된다. 5대조 김연 이상의 인물로 배우자가 확인되는 6명 중 5명이 김씨와 혼인했고 6대조 김정수만이 문씨(文氏)와 혼인했는

58) 본고에서 부계친의 무덤이 집중된 묘역을 '族葬地'라고 하는 것은 풍수지리가들이 사용하는 용어를 차용한 것이다.

데 문씨도 선산부의 토성(土姓)이다.[59] 증조 김은유는 향리신분을 벗어났지만 그의 처도 선산 김씨이고 처의 조부와 증조, 외조가 고위 향리였다.[60] 따라서 김홍술 이하 김연까지는 선산의 향리가문에서 처를 구했으며 자신도 향리로서 선산에 거주하다가 그곳에 묻힌 것이 분명하다. 부계친의 무덤이 한 지역에 집중되었다는 점에서 조선후기 '족장지(族葬地)' 와 유사하지만 그들의 처 역시 선산 출신이므로 혈연이나 혼인이 거주처와 장지를 선정하는데 어떻게 작용했는지는 알 수 없다.

무덤의 소재로부터 부계원리의 작용여부를 추론할 수 있는 인물은 고

59)『世宗實錄』地理志 慶尙道 尙州牧 善山都護府 "本府土姓七 金郭文林沈秦白"

60) 김종직의 부계직계친과 그들의 처변 계보(『佔畢齋集』「彝尊錄」上 先公譜圖 第一)

代數	이름	妻	妻父	妻祖父	妻曾祖父	妻外祖父
14	興述(戶長)					
13	成彦(戶長)					
12	儒正(戶長)					
11	濟永(戶長)	金大斤加	正臣(戶長)			
10	美(戶長)	金右勿加	珍軒(戶長)	作玄	玄伯	金元訓(戶長)
9	之塋(戶長)	金能加	守(戶長)	廷珪	英旦	林銀永(戶長)
8	用呂 (一品別將)	金氏	藥(戶長)	又文	萬	田子方 (檢校將軍)
7	忠義(戶長)	金小斤岳	天碩(戶長)	子儒		
6	貞守(專知)	文氏	質均(戶長)	景敍(軍尹)		
玄祖	延(正朝)	金地藏	益貞(隊正)	習良(別將)	天碩	金忠孝(學生)
		羅州鄭氏	桂(及第)			
高祖	光偉 (良醞令)	靈山辛氏	有寄 (安和寺眞殿直)	世儀 (直長同正)	蘭	羅州 鄭桂 (及第)
曾祖	恩宥 (司宰令)	金氏	善山金練 (散員同正)	現(戶長)	益昌 (戶長)	白良幹(大相)
祖父	瓘(進士)	仁同兪氏	仁貴(少府少尹)	天佐 (檢校禮賓卿)	成烈	鹽州 宋之錫
父	叔滋	谷山韓氏	變			
		密陽朴氏	弘信(司宰監正)	天卿 (三司左尹)	仁杞	驪興 閔暐 (三司左尹)

조 김광위에서 시작한다. 대략 고려후기인 13세기 후반에서 14세기 전반에 생존했다고 추정되는 그는 명법과(明法科)에 급제하여 중앙의 하급관리인 양온령(良醞令)으로 활동하였다. 그런데 김종직은 김광위를 '김씨의 경사를 시작한 선조'라고 추앙하면서도[61] 묘소 위치를 기록해 놓지 않았다.

김종직은 고조 김광위의 묘소를 알지 못했을 가능성이 크다. 그는 자신의 부계친을 확인하고자 많은 노력을 기울였다. 위로 14대조 김홍술까지 확인했을 뿐더러 고조의 후손은 '복(服)'이 다하지 않아 '정(情)'에 잊을 수 없는 바가 있다는 이유로 파악 가능한 고조의 부계 후손들을 기록하였다.[62] 그런데 「이준록」에는 증조 이하 분묘의 위치와 이들 묘소에 성묘한 사실이 기재되어 있을 뿐 고조의 묘소에 대한 언급은 없다.[63] 그가 고조의 분묘 위치를 알면서도 기재하지 않았을 가능성은 적다. 고조 김광위의 묘소는 김종직은 물론 아버지 김숙자도 모르고 있었다고 보는 것이 타당하다.

김종직의 부계선대친 중에서 묘소의 위치가 처음 확인되는 인물은 증조 김은유이다. 그는 김광위의 셋째 아들로 사재령(司宰令)을 지냈으며 관향인 선산에 묻혔다.[64] 그러나 처가 선산 김씨이고 처조부와 처증조부

---

61) 『佔畢齋集』「彝尊錄」上 先公譜圖 第一 "良醞府君始能奮起鄉曲 化刀筆爲簪纓(중략)實金氏肇慶之祖."

62) 위의 책, 같은 조 "良醞以下諸房之族 雖微者 服有所未盡 則情有所不忘 故皆載之."

63) 위의 책, 「彝尊錄」下 先公祭儀第五 "先公在開寧 鳳巖及下松所才 皆居縣治纔二十餘里 於元正端午中秋 非有大務 必親詣 令善山幹家之奴 具酒食 陳于墓."

64) 위의 책, 「彝尊錄」上 先公譜圖 第一 "卒 葬府四十一里下松山 夫人金氏(중략)夫人卒 葬開寧縣北十五里所才山 距下松山 五里."

가 고위 향리인 호장(戶長)이어서 그가 선산에 묻힌 것이 처가의 연고인지 본가의 연고인지는 알 수 없다.

장지를 선정하는 데 작용한 요인은 조부 김관부터 확인된다. 김관은 벼슬을 하지 않고 선산에 거주하다가 사망하여 선산에 묻혔다. 그의 무덤 위치를 보면 처가의 연고에 따라 장지를 결정했음을 짐작할 수 있다. 김관의 처 인동 유씨의 외조가 송지석이므로 김관의 처모는 송씨가 된다. 김관의 처 유씨가 김관보다 1개월 먼저 사망하였는데 그녀는 김관과 함께 '송부인의 묘 뒤쪽'에 묻혔다고 기록되었다.[65] 사위의 무덤이 장모의 무덤 뒤에 자리잡은 것이다. 이것을 보면 김관 생전의 거주처도 처가의 연고로 결정되었음을 짐작할 수 있다.

김종직의 부친 김숙자는 생전의 거주처와 사후 장지를 결정한 요인이 더욱 분명하게 확인된다. 김관의 장남인 김숙자는 처음에 한씨와 혼인했으나 신분의 결점을 이유로 버리고 밀양에 거주하는 박씨와 혼인하였다.[66] 전처 한씨는 한변(韓變)의 딸인데 한변은 선산의 동장(東場) 사람으로 기록되어 있다. 한씨와 헤어진 이후의 정황을 보면 김숙자는 한씨를 버리기 전까지 처가에서 살았음을 짐작할 수 있다.

김숙자는 한씨와의 사이에서 2남 1녀를 낳고 30세에 한씨를 버렸다. 그런데 김숙자가 한씨 소생의 자녀와 동거했음을 시사하는 기록은 없고,

---

65) 위의 책, 「彝尊錄」 上 先公譜圖 第一 "進士公 諱琯 字溫之(중략)家居不仕(중략)卒葬府西十二里鳳巖山 夫人仁同兪氏(중략)外祖閤門祗候 宋公諱之錫(중략)兪夫人先公一月而卒 合堋于鳳巖山宋夫人墓之後 爲雙壟云."

66) 위의 책, 「彝尊錄」 上 先公譜圖 "先公娶谷山人 韓變之女 生宗輔宗翼及尙州金仲老妻 以進士公之命 出之 庚子歲 娶密陽朴夫人."

반대의 기록이 확인된다. 김숙자는 한씨가 낳은 맏아들 김종보(金宗輔)에게 "너는 아내에게 장가들 적에 나에게 고하지 않아 종묘에 알현하지 못하였으니, 맏며느리가 되어 제사를 받들 수도 없다"며 적장자의 지위를 인정하지 않았다고 한다.[67] 아들이 아버지도 모르게 혼인한 것을 보면 한씨의 소생 자녀는 한씨가 키웠음을 알 수 있다. 김숙자는 한씨와 혼인 후 처가로 이동했다가 한씨와 자녀들을 버리고 나와 박씨와 혼인했을 가능성이 크다.

김숙자는 박씨와 재혼한 뒤 거주처를 박씨의 집이 있는 밀양으로 옮겼다. 과거에 급제하여 상경했다가 한씨를 '망령되이 서얼로 칭하여' 버렸다는 죄목으로 파직되자 처가인 밀양에서 생활하였다. 이후 벼슬을 하거나, 부모상에 여묘(廬墓)하느라 선산에 머문 시기를 제외하면 줄곧 밀양에 거주하였고,[68] 사후에는 밀양에 장지를 정하였다.

게다가 김숙자가 선산 부모의 묘소 곁에 묻히지 않고 처가인 밀양에 묻힌 것은 김숙자 자신의 뜻이었다. 김종직은 부친 김숙자의 묘소를 "나의 외조모 민부인의 묘 옆이니 선친의 뜻을 따른 것이다"라고 하였다.[69] 김숙자는 생전에 장모 곁에 묻어 달라고 자식들에게 당부했음을 알 수 있다. 김숙자는 혼인 후 평생을 처가에서 살았을 뿐더러 처부모와 한 묘역

67) 위의 책, 「彝尊錄」 "嘗語宗輔曰 汝母不順於先君 若以汝爲嗣 則汝必不顧聖人之制 將汝母竝祔祀堂 使子重得罪於地下 汝娶妻不以吾告 不得見於宗廟 不可爲冢婦承蘋蘩."

68) 위의 책, 「彝尊錄」 上 先公紀年 第二 "宣德六年辛亥六月 子宗直生 七月 兪夫人卒 自密陽奔喪 八月進士公卒 同殯于所才山 祖妣金夫人墓下 十月 合葬于鳳巖山 仍廬其側三年(중략)宣德八年癸丑秋 服除 還密陽."

69) 위의 책, 「彝尊錄」 上 先公紀年 第二 "卒於大洞里第正寢(중략)葬于粉底谷 我外祖妣閔夫人塋西 從先志也."

에 묻히는 것을 자연스럽게 여긴 것이다.

김종직이 거주지를 결정하는데 작용한 원리도 부친 김숙자와 다르지 않다. 그는 부친의 처가인 밀양에서 생장하여 21세에 금산(金山)에 거주하던 조씨(曺氏)와 혼인하였다. 혼인과 더불어 거주처를 옮겼다는 기록은 없지만, 함양군수로 재직하던 44세에 아들 목아(木兒)가 죽자 금산 미곡촌(米谷村)에 있는 장모 이씨의 묘 곁에 옮겨 묻었다.[70] 49세 때에 모친이 사망하자 밀양으로 와 여묘살이를 마친 뒤 다시 처가로 돌아갔다. 이때 그는 "금릉(金陵)의 옛 처소(舊居)로 돌아간다"는 표현이 들어 있는 시를 지었다.[71] '옛 처소'라는 표현은 금산에서 오랫동안 거주했음을 알려준다.

김종직은 처가인 금산에 살았지만 그곳에 묻히지는 못하였다. 부인 조씨만 금산 미곡촌에 묻히고,[72] 김종직은 어머니의 고향인 밀양에 묻혔다. 52세 되던 해에 조씨가 사망했기 때문이다. 조씨가 죽자 김종직은 상경하여 관직생활을 하다가 55세에 사복시첨정(司僕寺僉正) 문극정(文克貞)의 딸과 재혼하였다.[73] 문씨에게서 아들을 얻은 김종직은 퇴직 후 밀양에서 죽어 그곳에 묻혔다.

김종직의 조부 김관, 부친 김숙자는 처가의 연고로 거주지와 묘소를

70) 위의 책, 「佔畢齋年譜」 "先生四十四歲 木兒(중략)以班疹死(중략)將瘞于金山米谷村 其外祖母李氏之塋傍 以詩送之."

71) 위와 같은 조 "成化十八年壬寅(중략)是年二月服闋(중략)三月十五日 貸舟載家累 還金陵舊居(중략)旣至金山 築書堂 池其傍."

72) 『寒水齋先生文集』 권26 墓碣 「佔畢齋金先生墓碣」

73) 위와 같은 조 "成化二十一年乙巳(중략)聘于司僕僉正南平人文克貞女 迎歸京中明禮洞 夫人十八歲 陞拜貞夫人."

정하였다. 특히 김숙자는 처가로 이동하여 그곳에서 평생을 거주하다가 그곳에 묻히는 삶이 뚜렷하게 확인된다. 김종직도 조씨가 죽지 않았거나 문씨와 재혼하지 않았다면 처향인 금산에 묻혔을 것이다.

이렇듯 남자가 처가로 이동하고, 그곳에서 생을 마치는 모습은 김종직의 외친과 형제자매들에게서도 확인된다. 김종직의 어머니 박씨는 박홍신(朴弘信)과 민씨(閔氏) 사이의 무남독녀이다. 박홍신의 부친 즉, 김종직의 외증조 박천경(朴天卿)은 아들 둘을 두었는데 첫째가 박언충(朴彦忠)이고 둘째가 박홍신이다. 이들은 모두 혼인하여 거주지를 옮겼다. 박홍신은 민씨와 혼인하여 밀양부 지동(池洞)에 거주하다가 부인이 일찍 죽자,[74] 딸을 처가에 두고 재혼하여 다시 서천리로 옮겼다.[75]

그런데 박홍신의 처가이자 혼인 후의 거주지였던 밀양은 그의 장인 민위(閔暐)에게도 처가였던 듯하다. 김종직은 민위의 처가 '밀양에 적(籍)을 두었다[籍密陽]' 고 기록하였다. 호적을 가지고 거주지를 단정할 수는 없지만 "좌윤(左尹 ; 閔暐)은 여흥(驪興) 사람인데…그의 아내 손씨(孫氏)는…밀양에 적을 두었다"라는 표현은[76] 민위가 밀양에 살게 된 이유를 알려준다고 생각된다. 그렇다면 민위에서 박홍신, 김숙자에 이르기까지 3대의 사위가 내리 처향에 거주한 것이 된다.

김종직의 형제 역시 부계와 연고가 없는 곳으로 이주했다고 판단된다.

---

74) 위의 책 「彝尊錄」 附錄 外祖司宰監正朴公傳 "後與兄節制公 俱還鄉里 節制娶朴氏女 居龜岭 公娶三司左尹閔暐之女 居池洞[在府西六里]."

75) 위의 책, 부록 「先妣朴令人行狀」 "監正公再娶于西天里 琴瑟不諧 且以仕宦還京."

76) 위의 책, 「彝尊錄」 附錄 外祖司宰監正朴公傳 "公娶三司左尹閔暐之女[左尹 驪興人(중략)妻孫氏(중략)籍密陽]."

김종직은 선산도호부사로 부임하여 어머니 박씨를 밀양에서 모셔왔다. 선산으로 온 박씨는 김종직의 조부가 살던 집에 머물렀는데, 당시 이곳에는 강척(康惕)과 혼인한 김종직의 맏누이가 살고 있었다. 김숙자의 맏사위 강척은 처조부향인 선산에 30년 동안 거주해 온 것이다.[77] 강척은 결국 이곳에서 사망하여 처조부와 같은 묘역에 묻혔음을 짐작할 수 있다.

선산에서 박씨의 사망이 임박하자 형제자매가 선산으로 모였다. 사망한 맏형의 아들 김치(金緻)는 거창(巨昌)에서 왔고 둘째형 김종유(金宗裕)는 청송(青松)에서 왔으며 '부인께서 평소 불쌍히 여겨 사랑하던' 막내누이는 밀양에서 왔다.[78] 거창과 청송은 김종직의 내외조부모와 연고를 찾기 어렵다는 점에서 그들의 처가일 가능성이 크다. 반대로 막내딸은 본가에 거주한 것이 확인된다. 김종직은 어머니 박씨의 행장에서 "돌아가신 아버지는 성주교수(星州教授)로 임명되자 밀양에 거주하며 막내딸의 혼사를 치렀으며 혼례를 마치고 나서는 선군 또한 벼슬을 그만두고 밀양 집에 있었다"고 기록하였다.[79] 김숙자 생전에 혼인한 막내딸은 박씨가 사망할 때까지 밀양에 거주했음을 알 수 있다. 이처럼 김종직의 형제는 처향으로 이주한 반면, 자매의 거주지는 부모나 조부모의 연고로 결정되었다.

이와 같은 사례들은 김종직 가계의 남성들에게 혼인이 평생의 거주처와 묘소의 위치를 결정한 가장 강력한 요인이었음을 알려준다. 김종직의 조

77) 위의 책, 「彝尊錄」 附錄 先妣朴令人行狀 "又乞歸養 命除善山都護府使 皆許迎赴任所 善山乃我鄕貫 先祖先公所居之第 密邇城西 實夫人昔時祇薦蘋蘩之所也 康氏姊居之且三十年 而園林堂室宛然如舊."

78) 위와 같은 조, "越三年己亥十月 寢疾 久不愈 仲兄自青松來侍 緻亦自居昌來 季妹在密陽 夫人尤所憐哀 宗直以爲妹若來謁 庶幾因喜而愈 遣人迎之 五人俱集."

79) 『佔畢齋集』 「彝尊錄」.

부 김관은 장모의 묘 뒤에 묻혔다. 부친 김숙자는 처향에서 평생을 살다가 역시 장모의 묘 옆에 묻혔다. 김종직과 그의 외조 박홍신도 처가 사망하여 재혼하지 않았다면[80] 처향에 묻혔을 것이다. 외증조 박천경과 부 김숙자의 아들들이 모두 부계친과 연고가 없는 지역에 거주한 것은 아들이 없어서 사위와 사는 것이 아니라 장인과 사위가 한 집에 사는 것을 당연하게 여겼음을 알려준다. 김종직 가계는 김종직 당대까지 처향이 주된 거주지가 되었으며 묘소가 확인되는 인물들은 대개 처향에 묻힌 것이 확인된다.

(2) 유희춘 가계

남성이 처가에서 평생을 살다가 그곳에 묻히는 모습은 유희춘(1513~1577) 가계에서도 동일하게 확인된다. 유희춘이 남긴 『미암일기(眉巖日記)』에는 여러 대에 걸친 부계직계친의 무덤 위치와 한 지역에 집중된 분묘들의 피장자가 확인된다.[81]

〈지도 1〉은 『미암일기』에 기록된 유희춘과 그의 어머니 최씨의 부계직계친 무덤의 소재를 표시한 것이다. 유희춘의 부계직계친 중 무덤 위치가 확인되는 첫 인물은 6대조 유원비(柳元庇)이다.[82] 광양(光陽)에 있는 그의 무덤은 방기된 상태였는데 서덕린(徐德麟)의 도움으로 소재를

80) 위의 책, 「彝尊錄」 부록 先妣朴令人行狀 "永樂十四年 丙申 閔夫人歿 夫人年十七(중략)監正公再娶于西天里."

81) 본고에서는 1938년에 조선사편수회에서 탈초하여 편찬한 『眉巖日記草』를 이용하였다.

82) '玄祖' 柳元庇는 유희춘의 6대조이다. (柳希春-柳桂遴-柳公濬-柳陽秀-柳文浩-柳澥-柳元庇(『善山柳氏派譜』)) '玄祖'는 고조 이상 선대 조상의 凡稱으로 쓰였다.

〈지도 1〉 유희춘과 어머니 최씨의 부계직계친의 묘소 위치

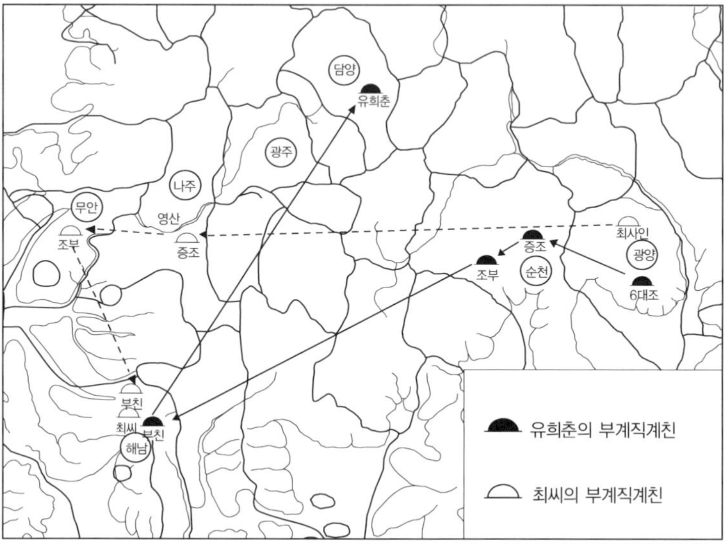

확인하여 후세에 전해지게 되었다.[83] 유원비는 거주처를 추측할만한 기록이 없고 처도 알려지지 않아 광양에 묻히게 된 이유를 알 수 없다. 다만, 광양이 그의 외가였을 가능성이 있다. 유희춘이 일기에 옮겨 놓은 호구(戶口)에 따르면 유원비의 본관은 선산(善山)이고, 그의 어머니 김씨의 본관은 광양이다. 본관을 거주지로 단정하기는 어렵지만 유원비의 묘소가 있는 광양이 유원비 모친의 본관이라는 점에서 유원비는 외가의 연고로 광양에 거주하고 묻혔을 가능성을 상정할 수 있다. 물론 처가가 광양이었을 가능성도 있다.

83) 『眉巖日記草』 2권 215쪽 5월 17일 "光陽李希璋…書則云 前日令教參議墳 與徐德麟偕往看審 在北面栗谷德麟祖先墓上 而樹木榮繞 四旁頹壞 只存尺許之高 表石 石人 散落無餘". 같은 책, 2권 412쪽 10월 21일 "光陽上來徐萬鎰書 報其姪徐德麟通書內 玄祖判典農寺事墳墓修築…乃畢 伏聞喜慰 又不勝悲感."

유희춘은 6대조 유원비의 묘소를 찾아 수축하였지만 5대조와 고조의 묘소에 대한 기록은 그의 일기에 전혀 보이지 않는다. 이들의 묘소는 유희춘 당대에 이미 잃어버린 상태였음을 알 수 있다. 이들은 광양에 묻히지 않은 것으로 짐작된다. 광양에 묻혔다면 유희춘이 6대조 유원비의 묘소를 찾으면서 그들의 묘소도 함께 찾았을 것이다.

묘소의 위치는 증조부터 다시 확인된다. 유희춘은 순천(順天)에 있는 증조와 조부의 묘에 자주 성묘하였다. 2대가 같은 지역에 묻혔다는 점에서 부자가 동거했을 가능성도 있지만, 이들의 무덤이 각기 가정(稼亭)과[84] 심은동(深隱洞)에[85] 있어 묘역을 달리하는 것을 보면 순천이 증조와 조부의 처향이었을 가능성도 배제할 수 없다. 훗날 유희춘의 막내 손자인 유광연(柳光延)은 해남으로 이주하였다. 그러나 조부 유계린의 연고가 아니라 유광연의 처가가 해남이었기 때문이다.[86] 김종직의 아들 김숭년이 밀양에 묻힌 것도 부계의 연고가 아니라 그가 밀양에 거주하던 손씨(孫氏)와 혼인했기 때문이다.[87] 따라서 아버지와 아들의 무덤이 한 지역에 있어도 그들이 동거했다고 판단할 근거가 되지 못한다. 유희춘의 아버지 유계린의 묘소는 그의 처향인 해남에 있고, 유희춘 자신도 처향인 담양에 처 송씨와 함께 묻혔다.[88]

---

84) 위의 책, 1권 83쪽 12월 29일 "往稼亭拜曾祖進士墓."

85) 위의 책, 3권 143쪽 8월 17일 "以中秋掃墳 發向(順天; 필자)深隱洞 祖贈承旨公之墳."

86) 위의 책, 5권 343쪽 「贈姪景濂」 "眉巖先生生于棠岳(중략)然墳于妻鄕 不與先人之墓同塋 使先人之墓孤立將蕪(중략)今聞貴孫光延來入丈于李宅 是先靈默祐 靈夢符驗 將使子孫 兢兢以致掃于墳下 奇哉奇哉."

87) 본서 238쪽 참조.

88) 『善山柳氏派譜』 "十世副提學贈諡文節公希春(중략)配贈貞敬夫人洪州宋氏[(전략)墓潭陽大德面泥八谷(후략)]."

유희춘의 어머니 최씨의 부계직계친을 살피면 광양에 있는 '최사인(崔舍人)'의 무덤부터 확인된다.[89] 다만 '최사인'이라고 되어 있어 항렬은 알 수 없다. 대수(代數)가 정확한 무덤은 영산(榮山)에 있는 '최고조(崔高祖)' 즉, 외고조부터 확인된다.[90] 이하 외증조의 무덤은 무안(務安)에,[91] 외조부 최부(崔溥)의 무덤은 그의 처가인 해남에 있으며, 어머니 최씨는 남편 유계린과 함께 그녀의 고향인 해남에 묻혔다.

유희춘 가계의 무덤 분포는 김종직 가계와 동일한 모습을 보인다. 김종직의 조부와 부친이 장모의 곁에 묻힌 것처럼, 유희춘과 그의 어머니 최씨의 부계직계친의 묘소도 대부분 세대마다 위치를 달리하며, 연고가 분명하게 확인되는 경우 모두 처향에 해당한다. 이러한 거주관행과 무덤의 위치를 고려하면 한 묘역에 다양한 성씨의 남성들이 묻혔음을 짐작할 수 있다. 유희춘 가계에서는 이러한 모습이 잘 확인된다.

해남과 순천에는 유희춘의 직계와 방계혈족의 무덤이 집중되어 있었다. 유희춘은 해남 모목동(牟木洞)을 찾아가 유희춘의 어머니 최씨[先妣], 아버지 유계린[先君], 외조부 최부[崔司諫], 형 유성춘[先兄], 형수[正郎兄兄嫂], 매형 오천령[吳子喬兄], 김분(金芬)과 혼인한 이모[金姨母]의 무덤에 제사를 지냈다. 유희춘의 외조모 정씨(鄭氏)와 그녀의 부친 정귀감[鄭參軍]의 묘도 여기에 있었다.[92] 유희춘의 일기에서는 확인되지 않지만 이

89) 『眉巖日記草』 3권 147쪽 8월 22일 "到光陽…致祭于崔舍人先生之墓 榮春亦來會."
90) 위의 책, 3권 73쪽 4월 12일 "(羅)士惇言 其考妣墓在錦城之西南七八里 希春可祭云 余素有是意 遂思量焉 崔高祖井元墓在榮山 亦可修理致祭云."
91) 위의 책, 2권 205쪽 5월 15일 "往尋務安縣 石津里於乙串外曾祖崔進士澤墓."
92) 『眉巖日記草』 1권 64쪽 12월 5일 "詣(海南; 필자)牟木洞 先謁先妣墓…遂往先君墓."

모부 김분의 무덤도 여기에 있었다.[93] 순천 가장동(假葬洞)에는 이울(李鬱)과 혼인했다가 일찍 죽은 누이의 무덤[姊墳]이 있었고, 니방(尼坊)에는 유씨(柳氏)와 혼인한 고모[姑氏柳忠義之室]의 무덤이 있었다.[94] 이밖에 죽청(竹青)의 '부장숙씨(部長叔氏)'의 무덤이 확인되지만 혈연관계를 알 수 없다.[95] 해남과 순천에 묻힌 인물들의 관계를 도표로 표시하면 다음과 같다.

〈도표 3〉 묘역별 피장자(被葬者)의 계보

① 해남

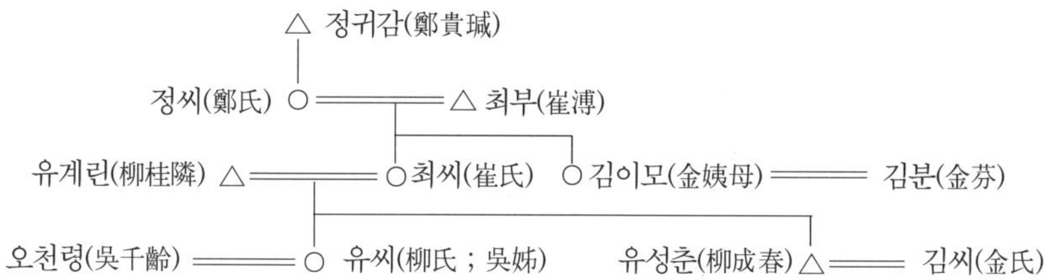

같은 책, 1권 76쪽 12월 20일 "次祭外祖崔司諫公 次祭先兄 若吳子喬兄墓則初入時再拜 更令彦祥祭之 姨墓則令道濟祭之." 같은 책, 2권 141쪽 11월 3일 "行祭于先考先妣兩墳 行酌獻禮于崔祖 正郎兄兄嫂等墓 又令子弟代獻于外祖母鄭氏 及 鄭參軍金姨母之瑩."

93) 전남대학교박물관 편, 1996『潭陽 眉巖 柳希春家 慕賢館古文書』, 87쪽 "參判公卽錦南先生(최부; 필자)外婿也 彦陽金氏進士公(김분; 필자)亦以崔先生外婿 同原祔葬."

94) 위의 책, 1권 83쪽 12월 28일 "先祭假葬洞姊墳…向尼坊姑氏 柳忠義之室 兩祭皆有文." 같은 책 1권 83쪽 12월 29일 "往稼亭拜曾祖進士墓." 같은 책, 1권 84쪽 12월 30일 "往深谷 拜祖忠順衛府君墓."『미암일기』에는 가장동에 묻힌 누이와 李鬱의 혼인 사실이 확인되지 않는다. 그러나『羅州崔氏世譜』에는 유계린의 세 딸 중 첫째가 이울과 혼인한 것으로 기록되어 있다.

95)『眉巖日記草』1권 83쪽 丁酉 12월 29일 "以部將叔氏墓在竹青距此十里."

② 순천

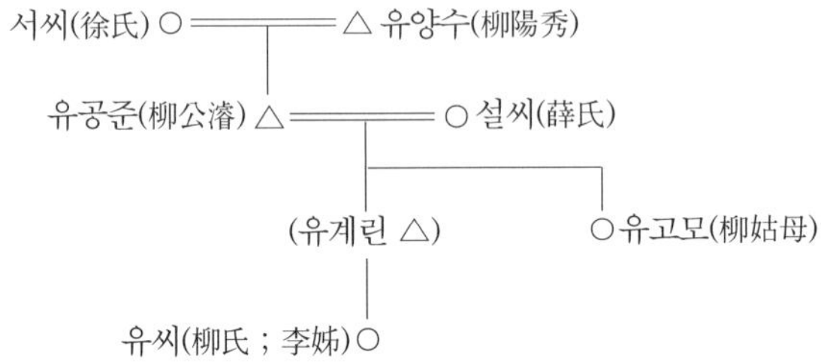

위 도표는 같은 지역이나 묘역에 묻힌 인물들의 관계가 부계로 집중되지 않으며 오히려 처가의 연고가 강하게 작용하였음을 알려준다. 해남은 유희춘의 부친 유계린뿐 아니라 그의 장인 최부와 그의 사위 오천령에게도 처향이었다. 그들은 혼인하여 처향에서 살다가 그곳에 묻힌 것이다. 남성 중에 유성춘만이 친가의 연고로 장지를 정했지만 그의 아들과 손자들이 있음에도 불구하고[96] '오자(吳姊)' 로 표기된 오천령의 처가 해남에 거주하면서 외조 최부와 부친 유계린 부처의 신주를 모시고 있어[97] 28세에 사망한 유성춘의 묘소에 '계승' 이나 '봉양' 과 같은 의미를 부여하기는 어렵다. 순천은 유양수와 유공준 부자가 함께 묻혔으나 유공준의 딸과 손녀 또한 이곳에 묻힌 것을 보면 부계원리에 따라 부자가 한 지역에 묻힌 것은 아님을 알 수 있다.

게다가 이울과 혼인한 유희춘의 누이가 순천에 묻힌 이유는 조모 봉양을 위하여 해남에서 이주했기 때문임이 확인된다. 그녀는 1497년에 태어

96) 유성춘에게는 아들 柳泓澱와 손자 柳光雲, 柳光雯이 있다.(『선산유씨파보』 一)

97) 위의 책, 1권 63쪽 12월 12일 "詣吳姊宅 敬審香亭子內考妣兩神主." 같은 책, 2권 139쪽 10월 28일 "入吳姊家 先謁姊氏 次謁崔祖神主."

나 1514년에 사망하였으며 해남에서 조모를 모시다가 사망하였다.[98] 손자가 있는데도 손녀가 조모를 봉양한 것은 부계원리가 봉양의 책무를 결정하는 데 작용하지 않았음을 알려준다. 유공준의 딸 유씨가 해남에 묻힌 것도 혼인 후 유공준 부부와 동거하다가 사망했기 때문이라고 짐작할 수 있다. 유공준의 딸과 손녀가 일찍 죽지 않았다면 유공준의 사위 유승로(柳承露)와 손녀서 이울(李鬱)도 순천에서 살다가 순천에 묻혔을 것이다.

3) 조선후기 '족장(族葬)'의 강조와 '족장지'의 형성

부계남성의 무덤을 같은 묘역에 쓰는 '족장'은 '전통'적인 관행으로 인식되며 현재도 어느 정도 유지되고 있다. 족장지는 부계원리가 작용하여 형성되며 부계원리를 반영한다. 그러나 김종직과 유희춘 당대까지 이들 가계의 남성들은 장지를 정하는 데 부계원리에 구애되지 않았다. 두 가계 모두 남자들은 처가에서 거주하다 그곳에 묻히고, 여자들은 태어난 곳에서 평생을 사는 경향이 강했다. 이러한 모습은 모계원리와 흡사하지만 김종직과 유희춘의 매형이 처조부향에 거주한 것처럼 모계 이외의 연고를 따라 거주지를 결정하기도 하였다. 따라서 김종직과 유희춘 가계의 남성들은 처가거주 관행이 가장 큰 요인으로 작용하는 가운데 다양한 연고로 거주지와 장지를 결정했다고 판단할 수 있다.

---

98) 위의 책, 1권 83쪽 12월 29일 "荒穢中孤墳 昨始得加土築階追念姊氏 以丁巳生來祖母氏側 歿於甲戌春 孤魂無依 尤爲惻愴."

그런데 김종직과 유희춘 가계의 조선후기 무덤을 살피면 단일 묘역에 단일 성씨의 무덤이 집중되어 있는 것을 볼 수 있다. 김종직의 후손들은 고령과 합천 등지에, 유희춘의 후손들은 담양과 남원 등지에 집중되어 있다. 김종직과 유희춘 사후 어느 때부터인가 부계친의 묘소가 한 묘역에 집중되기 시작했음을 알 수 있다. 따라서 김종직과 유희춘 후손의 족장지가 형성되기 시작한 시기를 살피면 장지 결정에 부계원리가 작용하기 시작한 시점을 확인할 수 있다.

김종직의 부계 후손은 증손 김몽령(金夢齡, 1551~1580)부터 족장지의 형성이 확인된다. 김종직 사망 후 무오사화가 일어나자 후처 문씨(文氏)는 운봉현에 정속되었으며, 아들 김숭년(金嵩年, 1486~1539)은 나이가 어려 형을 면하고 합천에 안치되었다.[99] 이후 처 문씨(~1552)는 합천에 묻혔고, 아들 김숭년은 밀양에 묻혔다. 문씨의 묘소가 어떠한 연고로 합천에 자리잡게 되었는지 알려주는 문헌기록은 확인되지 않는다. 김씨 가문의 구전(口傳)에 따르면 합천이 김숭년의 외가라고 한다. 이것이 사실이라면 문씨는 김종직이 복권된 뒤 아들을 밀양으로 장가보내고 고향인 합천에서 거주했음을 짐작할 수 있다.[100]

아들 김숭년은 아버지 김종직이 묻힌 밀양의 묘역에 묻혔다. 무덤의 위치를 보면 부계원리가 작용했다고도 볼 수 있으나 밀양이 김숭년의 처

99) 『虛庵先生續集』 권3 摭錄 「佔畢齋集年譜紀略」 “弘治十一年戊午 燕山四年七月 士禍起 柳子光啓燕山 論以大逆 卽令剖棺 家被籍沒 貞夫人文氏 後配 定屬雲峯縣 子嵩年時年十三 陜川安置 以年未滿 免刑禍.”

100) 김종직 후손의 거주지와 장지에 정보는 『善山(一善)金氏世譜』(金炳埴 등 編, 1984, 譜典出版社)의 기재 내용과 김종직의 종손 金炳埴 씨의 구술에 따랐다.

가라는 점에서 구래의 관행을 따른 결과일 가능성이 크다. 김숭년 처의 성씨인 손(孫)은 밀양의 토성이며 김씨 가문의 구전도 김숭년이 밀양의 손씨와 혼인해서 그곳에 거주했다고 한다. 김숭년은 처향에서 평생을 거주하고 그곳에 묻히는 삶의 방식을 이어갔음을 짐작할 수 있다.

처향에 장지를 정하는 모습은 김종직의 장손 김유(金維, 1515~1562)까지 확인된다. 김유는 고령(高靈)에 거주하던 최필손(崔弼孫)의 딸과 혼인했다. 구전에 따르면 최필손은 아들이 없었으며 두 딸에게 재산을 반씩 나누어 주었다고 한다. 현재 김유의 묘소가 고령에 있고, 같은 묘역에 장인 최필손의 무덤이 있으며, 김씨 가문에서 최필손의 묘소를 관리하고 있다. 이것을 보면 김유는 처가인 고령으로 이주하여 이곳에서 평생을 보냈음을 알 수 있다.

김종직 가문의 종손은 김유를 끝으로 더 이상 처향에 묻히지 않았다. 아들 김몽령은 부친 김유와 같은 묘역에 장지를 정하였다. 후대의 종손들도 계속 고령에 장지를 정하였다.[101] 가문의 구전에 따르면 김몽령의 아들 김성률(金聲律, 1566~?) 3형제가 고령에서 임진왜란을 피했으며 김성률의 아들 김수휘(金受徽, 1599~1662) 때부터 종가가 현재의 위치에 자리잡았다고 한다. 김종직 가문에서는 김몽령이 사망한 1580년부터 족장지가 형성되기 시작하였고, 17세기에는 종손의 거주지가 고령으로 굳어졌다고 볼 수 있다.

유희춘 가계에서는 증손 유익원(柳益源, 1579~1645)부터 족장지 형성

101) 金宗直(밀양) → 金嵩年(밀양) → 金維(고령) → 金夢齡(고령) → 金聲律(고령) → 金受徽(고령) → 金彛(고령)(『善山金氏世譜』)

이 확인된다. 유희춘의 아들 유경렴의 무덤이 유희춘과 같은 묘역에 있지만 부계원리가 작용한 결과라고 단정하기는 어렵다. 유희춘의 장손 유광선(1559~1613)이 남원(南原)의 처가로 장가들어[102] 인근의 옥과(玉果)에 묻혔기 때문이다. 유희춘의 사위 윤관중도 처조부 유계린과 유계린의 장인 최부의 묘소가 있는 해남 모목동(모수동)에 장지를 정하였다.[103] 부계원리가 아직 묘소를 결정하는 요인으로 작용하지 못했음을 짐작할 수 있다. 그러나 유광선의 아들 대부터 부계 집중 현상이 뚜렷하게 나타난다. 유광선이 옥과에 묻힌 이래 그의 부계 후손들은 다수가 옥과에 장지를 정하였다.[104] 다른 곳으로 이동하더라도 유희춘의 묘소가 있는 담양에 집중되었다. 이렇게 해서 담양과 옥과에는 유희춘의 부계 후손의 무덤이 집중된 족장지가 형성되었다.[105]

이처럼 17세기를 전후하여 부계친의 무덤이 같은 묘역에 집중되는 현상은 다른 가문에서도 확인된다. 뿐만 아니라 이러한 행위를 정당화하는 신념을 담은 글이 이 시기에 집중적으로 확인된다. 유성룡의 아들 유진(柳袗, 1582~1635)은 맏형의 무덤을 부친 유성룡의 묘소 곁으로 옮기면

102) 『眉巖日記草』 5권 188쪽 4월 27일 "食後光先辭歸南原丈家 興文及小妹奉禮涕泣 涕淚漣漣."

103) 전남대학교박물관 편, 『潭陽 眉巖 柳希春家 慕賢館古文書』, 1996, 87쪽 "民之十世祖吏曹參判城隱公衣履之藏在於治下山一面牟樹洞後麓 而與錦南崔先生同原(중략)海南尹氏宣傳公以城隱公孫壻 亦爲祔葬於城隱公山所左偏."

104) 위의 책, 83쪽 "民之六世祖從仕郎文節公眉巖之孫也 五世祖縣監公 高祖參奉公 亦眉巖之曾玄孫也 三世墳墓與民之親山 俱在於治下火石面放鼓村後麓."

105) 柳希春(潭陽 大德面) → 柳景濂(담양 대덕면) → 柳光先(玉果 火面) → 柳益源(옥과 先塋下) → 柳東錫(옥과 先塋右) → 柳新漢(담양 대덕면) → 柳振弘(담양 대덕면) → 柳友笄(옥과 先塋下)(柳敬迪 編刊, 『善山柳氏派譜』, 1930)

서 다음과 같은 제문을 지었다.

> 전에 형이 죽었을 때 아버지께서 상을 집행했으니 형을 묻은 것도 역시 아버지의 뜻이었습니다. 무릇 같은 산에 묻힌 사람은 모두가 내외(內外)의 조선(祖先)이거나 친족이고 돌아가신 어머니 정경부인이 묻힌 곳에서도 매우 가까우니…지하에서도 기대어 외롭지 않을 듯합니다. 불행히 지난 정미년에 아버지께서 돌아가시니…달리 안동부 서쪽의 수동촌의 뒤쪽을 얻어 유체를 봉안했습니다. 또 길일을 택하여 돌아가신 어머니의 관을 옮겨 평소 한 구덩이에 묻히고자 했던 바람을 이루어 드린 지 1년이 되었습니다. 아아! 어머니가 가면 아들이 따르는 것이 의입니다. 신(神)의 이치에서 구하더라도 어찌 인정에서 멀겠습니까?…새로 좋은 땅 정남향을 점쳤으니 부모님의 묘소에서 겨우 수십 보 떨어진 다른 산기슭에서 서로 바라보니 이는 실로 형의 평일의 뜻입니다.[106)]

위 제문을 보면 유진의 형을 처음 장사한 묘역은 부계친만 집중된 곳이 아니었음을 알 수 있다. 이곳에는 '아버지쪽과 어머니쪽의 선조들[內外祖先]'과 '여러 친척[諸親]'이 묻혀 있었다. 유성룡 가계도 유성룡 이전까지는 족장지를 마련하지 않고 다양한 혈연계통의 인물들이 같은 묘

106) 『修巖集』 권1 祭文 「祭伯兄察訪公改葬文」 "昔兄之歿也先君喪之 兄之葬也 亦先君命之 凡同托於一山之內者無非內外祖先若諸親 而其去先妣貞敬夫人塋域尤至近(중략)而九原之下 亦庶有依而不孤矣 不幸去丁未夏 先府君損館舍(중략)他求得之於安東府西壽洞村之後 旣奉安冠履矣 而又涓吉日 遷移先妣玄宮以體平日同穴之願 今其期至矣 嗚呼 母往而子隨義也 求之神理 豈遠人情(중략)新卜眞原坐子向午 蓋距先考妣塋域 僅數十步異麓而相望 此實兄平日之志也."

역에 묻힌 것이다. 그러나 유진은 그의 어머니를 부친 유성룡의 무덤 곁으로 옮긴 뒤 형의 무덤마저 옮기며 "부모님의 묘소에서 겨우 수십 보 떨어진 산기슭에서 서로 바라보게" 하는 것을 '의(義)', '신의 이치[神理]'와 '인정(人情)'에 부합하는 행위라고 표현하였다. 이로부터 유진에게는 부계친의 묘소를 같은 묘역에 써야 한다는 신념이 있었음을 알 수 있다.

유진과 같은 시대를 산 이식(李植, 1584~1647)도 부친의 유지를 받들어 족장지를 마련하였다. 이식의 8대조 이하 몇 대의 무덤은 경기도 파주(坡州)에 흩어져 있었고, 현조(玄祖), 고조, 증조는 충청도 면천(沔川)에 있었으며 조부는 처가인 전라도 고부에서 사망하여 처가의 묘역에 묻혔다. 이식의 부친은 1605년 여주(驪州)에서 모친이 사망하자 여주에 장사한 뒤 고부에 묻힌 부친을 옮겨 합장하려 했으나 실행하지 못하였다.

1613년에 이식의 부친은 좋은 땅을 구하여 이식의 조부모와 함께 매장해 달라고 부탁하고 사망하였다. 이식은 2년 뒤 지평현(砥平縣)에 땅을 구하여 아버지와 조부모를 이장하였다.[107] 이장을 완료한 뒤 일의 시말

---

107) 『澤堂先生別集』 권11 志 「啓山志」 原敍第一 "嗚呼 始我德水之李 世仕西京 而墓地多在德水云 八代祖春瑭公 從徙漢陽 葬于坡州之臨津山 康平公 郡事公 與諸宗人葬皆同鄕異山 玄祖蓮軒先生 高祖容齋先生 曾祖都事府君 皆葬沔川郡滄澤山 分宗兄弟亦多祔者 世號爲李氏族山 嗚呼 當隆慶四年庚午正月二日 王考府君 在湖之古阜雨日莊 棄孤寡 雨日 卽王考外氏鄕也 於是先考府君 未弱冠 弗克歸沔 遂窆于外兆之旁麓(중략)萬曆乙巳七月二十八日 大夫人卒于驪江別業 將營葬 以沔川無曠地 臨津山已遠不在計中 時南邊尙虞倭梗 人士所避 遂卜葬于村北二里許元通洞 欲遷王考墓合之 而役未擧 適元通洞 又爲豪勢所侵 欲訟有之(중략)癸丑八月 府君寢疽惟幾 執植手喟曰吾定以今年謀葬地 豈謂至於是耶 汝宜權欑我于元通洞 卽服闋 廣求一佳城 以漸貯畜徐爲移葬 竝遷考妣 申前議焉 植旣受命(중략)遂擇地得砥平縣白鴉谷 以是年十一月六日 葬府君于坐艮之原 越明年甲寅至乙卯 次第奉遷王考妣墓 用二月十三日 合葬于坐坎隴足 蓋自庚午至今年乙卯 凡四十六年."

과 자손에 대한 당부를 담은 글을 작성하였다. 이 글에서 적자와 서자를 막론하고 지평현 묘역에 장사지내는 것을 허락하고, 종자(宗子)는 반드시 이곳에 장사지내라고 명령하였다. 종자가 미리 정한 곳은 지서(支庶)가 쓸 수 없다고 하여 종자를 우대하는 뜻을 분명히 하였다.[108)]

이렇듯 이식은 부친의 유지를 받들어 족장지를 마련하고 후손들도 모두 이곳에 묻히는 것을 허락하였다. 종자는 반드시 이곳에 묻히도록 당부하여 이곳에 종손의 무덤을 집중시키려고 계획하였다. 이식의 이러한 행위는 강한 부계의식에 기반한 것임을 짐작할 수 있다. 이식과 그의 부친은 장인과 사위, 외조부와 외손자가 한 묘역에 묻히는 것을 마땅하게 생각하지 않은 것이다.

이원익(李元翼, 1547~1634)도 부계친이 같은 묘역에 무덤을 쓰도록 당부하는 글을 남겼다. 이 글에서는 17세기 사족들이 어떠한 사상에 기반하여 족장을 강조했는지 잘 나타난다. 그는 아버지와 아들, 아들과 손자를 '단일한 기가 서로 전하는[一氣相傳]' 관계로 표현하였다. 선친과 같은 묘역에 묘를 쓰지 않으면 '신(神)'이 돕지 않을 것이며, 죽어도 '지(知)'가 있으니 슬프고 처량하다고 하였다.[109)]

이원익이 족장(族葬)을 옹호하면서 사용한 개념은 성리학 이론 중 부자관계를 생명의 연속으로 설명하는 동기론(同氣論)에 집중되어 있음을

---

108) 『澤堂先生別集』 권11 志 「啓山志」 遺令第四 "六曰總令 此山可用處 勿論嫡庶 皆許從葬 宗子則必葬此谷 宗子所點處 支庶不得用 遷葬合墓 乃先志也."

109) 『梧里先生文集』 補遺 雜著 「書示子孫」 "父而子子而孫 一氣相傳 生欲同一家 死欲同一塋 此天理人情之至 世之人拘於風水 多有不卜於先壟而卜於他所者 假使風水之說爲可信 棄祖先而求福 神必不祐 況本茫昧無據者乎 父子祖孫骸骨異山 死而有知 寧不悲涼(중략)萬曆二十七年季秋望 在東湖草堂."

알 수 있다. 성리학에서는 기가 뭉쳐 생명이 형성되며, 사망은 기가 풀어지는 것이라고 보았다. 그러나 아버지의 기가 아들로 이어지기에 아들이 있으면 아버지의 기가 의미를 잃지 않는다고 보았다. 부계친은 같은 기를 공유하기에 부계혈연은 다른 혈연계통과 비교할 수 없는 본원적인 가치와 의미를 지니는 것이다. 이원익이 자손에게 당부한 글에는 이러한 '동기' 이론이 고스란히 담겨 있다.

아버지에서 아들로 이어지는 관계에 배타적인 의미를 부여하는 경향이 17세기에 시작된 것은 아니다. 이미 15세기에 김종직은 김흥술(金興述)에 이르는 부계직계친을 찾아내고, '복(服)이 다하지 않아 정(情)이 잊지 못할 바가 있다' 는 이유로 동성오복친을 확인하여 「이준록」을 작성하였다.[110] 그러나 생전에는 아무도 그가 이러한 기록을 작성한 줄 모르고 있다가 사후에 생질이 찾아내어 문집에 넣음으로써 후세에 전해지게 되었다.[111] 김종직의 부계의식은 개인적이고 예외적인 것으로 당시의 일반 정서와 배치되는 것이었음을 짐작할 수 있다.

그러나 후기로 갈수록 김종직과 같은 생각을 하는 사족(士族)이 늘었다. 16세기 후반에 유희춘은 구래의 관습에 따른 삶을 살면서도 광양에

110) 『佔畢齋集』「彝尊錄」上 先公譜圖 第一 "遂以興述爲鼻祖者 斷自可見之世也 以良醞府君 冠之別行者 良醞府君始能奮起鄕曲 化刀筆爲簪纓 上以紹正朝公 而下啓諸子孫 實金氏肇慶之祖 故特表而出之也 遡正朝以上 其支庶必蕃 然皆微而無聞 且疎遠 故著籍外 皆略之 良醞以下諸房之族 雖微者 服有所未盡 則情有所不忘 皆載之."

111) 위의 책, 「彝尊錄」序 "昔在戊寅 先生服闋家居 悼先公有至德茂行不大顯於世 手撰一錄 先之以譜圖 次之以紀年 又次之以師友(중략)歲庚子 更加校定 又効陶淵明 朱晦菴撰外祖朴公傳及先夫人行狀 增附于後 目之曰彝尊錄 蓋取諸禮施于烝彝鼎之義也 藏之巾衍 秘不示人 及門之士皆不得知 先生易簀後六年春 甥興海郡守康子韞 得之汗漫間(중략)弘治十年丁巳仲夏端午後一日 門人曺偉 序."

있는 6대조의 무덤을 찾아 보수하고 즐거워하였다.[112] 이황은 동기 이론을 이해하고 처가에서 살고 있던 종손을 불러들여 종가를 중심으로 부계친이 결속할 수 있게 하였다.[113] 17세기 족장지의 형성은 이와 같은 의식적 노력의 결실이라고 판단할 수 있다.

이처럼 16~17세기에 사족들은 구래의 생활방식을 따르면서도 부계원리를 의식적으로 긍정하고 강화하였다. 이 시기에 일상생활에 기인한 정서와 성리학에 근거한 신념의 괴리가 확인되는 것도 이 때문이라고 생각된다. 구래의 관습이 소멸하고 새로운 관습이 성립하던 과도기에 사족들은 부계원리에 따라 생활하려 노력하면서도 오랜 세월 삶의 경험을 함께 한 딸이나 비부계 혈연에게 여전히 강한 애착을 느꼈음을 짐작할 수 있다.

유희춘은 부계친을 중시하는 성향을 보이면서도 친사촌의 죽음보다 이종사촌의 죽음을 슬퍼하였다. 이종형 나사훤(羅士烜)이 죽자 "같은 이불속에서 뒹굴며 한 몸이 나뉜 것 같았다"는 표현이 들어 있는 애도문을 지었다.[114] 다른 나씨 형제가 죽자 "내 어찌 자녀들과 미망인을 친형제처럼 구휼하지 않겠는가"라고 하였다.[115] 반면에 친사촌 유영춘(柳榮春)의 사

112) 『眉巖日記草』 2권 215쪽 5월 17일 "光陽李希璋…書則云 前日令敎參議墳 與徐德麟偕往看審 在北面栗谷德麟祖先墓上 而樹木縈繞 四旁頹壞 只存尺許之高 表石 石人散落無餘." 같은 책, 2권 412쪽 10월 21일 "光陽上來徐萬鎰書 報其姪徐德麟通書內玄祖判典農寺事墳墓修築…乃畢 伏聞喜慰 又不勝悲感."

113) 이종서, 2006 「퇴계 이황의 종법 이해와 그 특징」 『역사문화논총』 2.
박현순, 1999 「16세기 士大夫家의 親族秩序-李滉 집안을 중심으로-」 『한국사연구』 107.

114) 『眉巖日記草』 2권 173쪽 「祭仲默兄文」 "錦南先生 名滿乾坤 惟兄與我 俱是外孫 丱角嬉戲 孰弟孰昆 同衾戛骨 若一體分(중략)我謫天涯 兄泣于野 我蒙赦環 兄喜徹夜."

115) 위의 책, 3권 292쪽 10월 26일, "忽聞羅州外弟羅士惇 仲厚之訃 驚痛罔涯(중략)今其死矣 吾豈可不恤孤孀如親兄弟乎."

망 소식을 듣고 "순천의 종제 유영춘이 지난 달 1일에 감기가 들어, 18일 2경에 죽었다"고 담담히 기술했을 뿐이다.[116] 어릴 적에 같이 성장하고, 장성해서도 "함께 자며 누워 이야기 한"[117] 이종형제의 죽음은 그러한 경험이 없는 친사촌의 죽음보다 훨씬 비통한 감정을 불러일으킨 것이다. 다음의 편지글도 구래의 정서와 성리학에 근거한 신념의 갈등이 드러나는 좋은 사례이다.

> 아기에게 주는 글
>
> 송세마 집
>
> 내어 보내고 그리워하는 모습을 생각하고 앉아 있노라. 아아! 딸자식은 부모를 멀리 있게 생겼으니 어찌하랴. 네 어머님은 편히 와 있으니 기쁘고 나도 점점 야위어 가니 걱정 말아라. 정일이는 할머님 떠나는 것을 슬퍼하더라 하니 더욱 불쌍하다. 먼 곳 돌아다니지 말고 글 배우라고 일러라. 요약하여 대강만 엮는다. 5월 3일 부[118]

이 편지는 정경세(鄭經世, 1563~1633)가 막내딸(1604~1655)에게 보낸 것이다. 편지의 수신처인 송세마 집은 정경세의 사위 송준길(宋浚吉, 1606~1672)을 뜻한다. 송준길은 1623년에 정경세의 막내딸과 혼인했으

---

116) 위의 책, 5권 12쪽 윤12월 3일, "順天從弟榮春 去月初一日傷寒 十八日二更而逝."
117) 위의 책, 2권 138쪽 10월 25일, "夜與三羅弟同宿 臥而話."
118) 『조선성리학의 세계-사유와 실천』(국립중앙박물관 전시도록, 2003) 104쪽 ; 이 간찰은 대전선비박물관에 소장되어 있으며 본고에서는 이해하기 편리하게 현대어로 고쳐 인용하였다.

며, 1630년에 학행으로 천거되어 세마 벼슬이 내려졌다.[119] 따라서 이 편지는 1630년 이후 정경세가 사망한 1633년 사이에 작성된 것이 된다.

편지의 내용을 보면 막내딸 부부가 자식을 낳고 살다가 막 떠났음을 짐작할 수 있다. 정경세의 부인이 딸의 집에 다녀와 외손자가 외할머니 떠나는 것을 매우 서운해 하더라고 전해주었다. 이에 딸과 외손자를 그리워하는 한글 편지를 보낸 것이다. 편지글의 "내어 보내고 그리워하는 모습을 생각하고 앉아 있노라. 아아! 딸자식은 부모를 멀리 있게 생겼으니 어찌하랴"는 표현은 구래의 정서와 성리학에 근거한 새로운 신념의 갈등을 여실히 보여준다.

16세기 이전에는 처향에서 평생을 거주하다 그곳에 묻혀도 거리낌이 없었지만 17세기의 사족들은 그들이 신봉하는 성리학 질서에 어긋나는 행위로 판단하였다. 남자들은 일단 처가로 장가를 들더라도 결국은 친가로 이동하였다. 부모들은 '딸은 시부모를 모셔야 한다'는 신념으로 딸을 내보내고 며느리를 받아들였다. 자연히 아버지와 아들이 한 집에 살고 같은 묘역에 묻히게 되었다. 17세기에 사족들이 족장지를 마련한 것은 바로 '딸자식은 부모를 멀리 있게 생겼다'는 신념에 근거한 행동이었다. 딸을 내보낸 배경에는 부계혈연을 '단일한 기가 서로 전하는' 관계로 보는 인식이 자리잡고 있었음을 짐작할 수 있다.

---

119) 『同春堂先生別集』 권9 부록 「墓誌文」 "先是癸亥 公委禽於鄭愚伏文肅公經世之門(중략)崇禎庚午 除翊衛司洗馬 不就."

3. '전통적' 계모관(繼母觀)의 형성 과정

1) 조선후기의 '어머니'와 '계모'

고려 · 조선전기의 남성은 처가에서 평생을 거주하다 그곳에 묻히는 경우가 많았다. 이후 동기 이론이 확산되어 부계를 생명의 근원으로 여기게 되자 남성들은 처가에서 살다가도 궁극에는 친가로 옮겨 부모를 모시게 되었다. 동기 이론은 부모관까지 변화시켰다. 아버지를 생명의 근원으로 여기게 된 반면, 어머니는 아버지에게 귀속된 존재로 여기게 되었다. 이와 같은 차등적 부모관은 '아버지'와 '어머니'라는 지칭에서도 확인된다.

'아버지(아비)'와 '어머니(어미)'의 유래는 매우 오래지만 '큰 · 작은아버지'나 '큰 · 작은어머니'는 17세기 이후에 생성된 것이다. 16세기 이전에는 '큰 · 작은아버지'가 외삼촌과 함께 '아자비'로 통칭되었다. '큰 · 작은아버지'의 성립시기는 1795년에 간행된 『중간노걸대언해』에서 원문의 '叔叔(숙숙)' 을 '져근아자비' 로 번역한 것에서 가늠할 수 있다.[120] '져근아자비' 는 '작은아버지' 가 성립하기 전 단계의 지칭형태임을 짐작할 수 있다.

그런데 백숙부와 외삼촌을 '아자비(앗+아비)' 로 통칭하다가 아버지의 형제만 '큰·작은아버지' 로 지칭하게 된 것은 친족의식 및 그에 기반한 권리의무의 변동을 수반한 것임을 짐작할 수 있다. '아자비' 가 통용된 시기에는 백숙부와 외삼촌이 모두 아버지에 버금가는 권위와 의무를 지녔을 것이다. 그러나 '큰·작은아버지' 가 성립한 후에는 외삼촌은 이러한 지위에서 탈락하고 '큰·작은아버지' 만이 아버지에 버금가는 위상을 지니게 되었을 것이다.

이렇듯 아버지의 형제만이 '아버지' 를 대신할 자격을 갖게 되면서 '어머니' 의 역할을 대신할 자격은 '큰·작은아버지' 의 처 즉, '큰·작은어머니' 가 지니게 되었음을 짐작할 수 있다. 16세기 이전에 이들은 '아자비의 처' 로 지칭되었지만 조선후기에는 '어머니' 가 들어 있는 지칭이 적용되면서 어머니에 버금가는 친족이 된 것이다. 이로부터 조선후기에는 '어머니' 의 위상에 큰 변동이 발생했음을 알 수 있다.

16세기 이전에는 혈족에게만 직접지칭을 적용하고 혈족의 배우자는 '~처', '~남편' 의 형태로 간접지칭하였다. 이러한 지칭형태는 친족으로서의 권리와 의무는 성별과 관계없이 혈족이 우선한다는 통념이 반영된 것임을 알 수 있다. 따라서 어머니는 아버지와의 관계가 아니라 혈연관계

---

120) 본서 127쪽 〈표 20〉 참조.

의 유무에 의거하여 결정되었음을 짐작할 수 있다. 16세기 이전의 '어머니' 는 아버지의 부인이어서가 아니라 '나' 를 낳아준 분이기 때문에 어머니로 인정된 것이다.

그러나 17세기 이후에 작은아버지의 처를 지칭하는 '작은어머니' 가 성립한 것은 '어머니' 의 자격이 아버지를 기준으로 결정되게 되었음을 알려준다. 작은아버지의 부인이어서 '작은어머니' 로 지칭된다면 '어머니' 는 아버지의 부인이어서 그렇게 지칭되기 때문이다. 따라서 어머니의 역할에 문제가 발생했을 때 그 역할을 대신할 사람이 누군지도 분명해진다. 16세기 이전이라면 '아자미(앚+어미)' 로 통칭된 이모나 고모였겠지만 조선후기에는 '큰어머니' 나 '작은어머니' 가 된 것이다.

아버지가 생명의 근원이 되고 어머니의 자격이 아버지를 기준으로 결정되는 원리는 성리학에서 설정한 가족 · 친족질서와 부합한다. 이황은 자사(子思)가 "급(伋 ; 아버지)의 처가 되면 백(白 ; 아들)의 어머니가 되고, 급의 처가 되지 않으면 백의 어머니가 되지 않는다" 고 한 것을 인용하며 쫓겨난 어머니의 상복을 입어서는 안 된다고 하였다.[121] 후모가 살아 있으면 전모의 소생은 어머니를 여의었다는 의미인 '애자(哀子)' 를 칭해서는 안된다고도 하였다.[122] 쫓겨난 어머니는 어머니가 아니고 아버지의 후처가 어머니라는 이황의 견해는 아버지의 부인이어서 '어머니' 가 되는 원리를 분명하게 보여준다. 그리고 바로 이러한 인식에 기반하여 조선후기의 '계모(繼母)' 문제가 발생하였다.

121) 이종서, 2006 「퇴계 이황의 종법 이해와 그 특징」『역사문화논총』 2, 96~97쪽.
122) 위의 논문, 96쪽.

현재 한국인에게 '계모' 라는 용어는 그다지 좋은 느낌으로 다가오지 않는다. 전처의 자녀를 구박하는 못된 계모의 인상은 뇌리에 깊이 박혀 있다. 계모가 전처의 자녀를 못살게 구는 상황과 전처의 자녀가 계모를 싫어하는 상황을 설정해 놓고 약자인 전처 자녀의 편에 서서 계모를 미워하는 것이 '전통적' 이자 현재에도 유효한 계모관이라고 할 수 있다. 그러면서도 '계모' 는 전처 자녀들에게 마땅히 '어머니' 로서의 권위와 의무를 갖는다는 통념을 갖고 있다. 계모는 나쁘지만 '어머니' 인 것이다. 이렇듯 이율배반적인 계모관 중에서 계모를 응당 '어머니' 로 여기는 인식은 성리학 윤리가 작용한 결과임을 짐작할 수 있다.

그러나 구체적인 삶의 경험은 아름답지 못한 인상을 남기기 쉽다. 본디 남남이었던 아동과 성인 여성이 모자 관계를 형성하는 것이 얼마나 어려운 일인지는 상상하기 어렵지 않다. 따라서 '미운 계모' 는 한국에 장화·홍련이 있고 서구에 신데렐라가 있듯 초역사적이고 전사회적인 인상이라 여기기 쉽다. 계모를 다룬 기존 연구들이 국문학에 집중되어 있고 주로 구성인물의 심리분석에 치중하는 것도 이에 기인한다고 볼 수 있다. 역사적 측면을 다룬 연구들도 조선후기 부권의 강화와 남녀차별의식 등에 주목했을 뿐 계모관의 역사성을 다루지는 않았다.[123]

그러나 '못된 계모' 의 인상이 성립하기 위해서는 계모가 전처 자녀의

123) 설성경·박태상, 1986『고소설의 구조와 의미』, 새문사.
김재용, 1996『계모형 고소설의 시학』, 집문당.
이원수, 1997『가정소설 작품세계의 시대적 변모』, 경남대출판부.
李成權, 1998『韓國 家庭小說史 硏究』, 國學資料院.
정지영, 2003「장화홍련전 ; 조선후기 재혼가족 구성원의 지위」『역사비평』61.

'어머니' 라는 통념과 더불어 의무적으로 전처의 자녀와 동거해야 하는 거주상황이 전제되어야 한다. 계모가 전처 자녀와 따로 살 수 있는 구조였고 그것을 당연하게 여기는 사회였다면 '못된 계모' 의 인상은 형성되지 않았을지도 모른다. 현재 한국인이 '계부' 에게 느끼는 인상이 계모처럼 뚜렷하지 않은 것은 '전통' 으로 간주되는 '부모관' 과 혼인관행 및 거주관행에 기인한다. 여자는 남편의 집으로 '시집' 을 가서 남편이 죽더라도 홀로 살며 아이들을 키운다. 재혼을 하더라도 아이는 대개 전남편의 집에서 돌본다. 한국인에게 '계부관' 이 뚜렷하지 않은 이유는 계부를 '아버지' 로 여기지 않고 계부와 거주할 확률이 낮았던 조선후기 이래의 관행에서 찾을 수 있다.

그런데 국문학계에서 '계모형 가정소설' 이라는 별도의 분야로 묶을 만큼 계모를 소재로 한 한글소설이 조선후기에 급격히 유행한 것은 계모와 전처 자녀의 갈등이 구조화되는 시기가 조선후기였음을 시사한다. 고려 · 조선전기에 이르는 시기에 채록된 야담 등 다양한 문헌설화에서는 계모를 다룬 사례를 확인하기 어렵다. 이는 조선전기까지 계모가 문학작품의 소재가 될 만큼 뚜렷한 인상을 지니지 않았다고 볼 수 있게 한다. 또한 계모의 악행과 관련된 최초의 법령은 '계모가 지아비를 사주하여 고의로 자녀를 살해하게 한' 경우에 적용되는 1710년(숙종 36)의 수교(受教)이다.[124] 이는 이 시기에 계모의 모해로 말미암은 자녀 살해가 사회문제로 대두되었음을 알려준다. 따라서 '악독한 계모' 의 인상은 조선후기에 형

124) 본서 275쪽 주 176) 참조.

성된 역사적 산물이라는 판단 아래 '전통적' 계모관의 형성연원을 추적해 보겠다.

2) 고려 · 조선전기의 재혼관행과 계모의 위상

성리학 윤리가 친족질서에 개입하지 못했던 16세기 이전의 거주관행과 친족의식은 조선후기와 크게 달랐다. 솔서혼 관행에 따라 남성은 외가에서 생장하여 처가로 이동할 확률이 컸다. 부계의식은 아직 형성되지 않았거나 미약했다. '본족(本族)' 은 부계친이 아니라 혈연으로 이어지는 모든 관계망을 포괄하였다. '본족' 중 존속은 '족장(族長)' 으로, 비속은 현대어 '조카' 의 어원인 '족하(族下)' 로 통칭되었다. '고모 · 이모' 가 '叔母[아ᄌᆞ미]' 였고, 형제의 아들과 자매의 아들이 '姪[아ᄎᆞᆫ아ᄃᆞᆯ]' 이었다.[125]

이에 따라 친족의식과 권리의무관계가 남녀 모두 자신의 혈연에 집중되었다. 가난한 친족을 혼인시킬 의무가 '내외사촌' 에게 있었고,[126] 국가에 채무를 갚지 못해도 '사촌' 이 대신 물어야 했다.[127] 자녀 없이 사망하면 상속권은 그(그녀)의 형제자매, 형제자매의 자녀인 '삼촌질' , 삼촌질의 자녀인 '사촌손' 의 순으로 확대되었을 뿐 성별이나 부계여부는 고

125) 이종서, 2003 「14세기 이후 친족용어의 변천과 친족관계」『역사비평』 63.
이종서, 2003 「고려~조선전기 친족관계- '족(族)'을 중심으로-」『역사비평』 64.

126) 『太宗實錄』 권31 태종 16년 5월 辛亥(20일) ; 『世宗實錄』 권10 세종 2년 11월 辛未(7일)

127) 『成宗實錄』 권28 성종 4년 戊午(3일)

려되지 않았다.[128] 여기에 더하여 조선초까지는 지배층에서도 여성의 재혼이 당연시되었다.

이러한 시기에 가족의 결손을 보완하는 방식이나 '계모' 에 대한 사회적 통념이 조선후기 이래의 '전통' 과 같지 않았으리라는 점은 쉽게 짐작할 수 있다. 여자는 시집이 아니라 자신의 집에서 남편의 상을 당할 확률이 컸을 것이다. 남편을 잃은 여자는 전 남편과의 사이에서 낳은 자녀들을 데리고 자신의 집에 머물면서 다른 남자를 맞이하여 재혼했을 것이다. 그러나 처를 잃은 남편이 재혼하려면 처가를 떠나야 했을 것이다. 이혼의 경우를 상정하더라도 그것은 처를 내쫓는 것이 아니라 남편이 '가출' 하는 형식으로 실현되었을 것이다.

1514년(중종 9)에 간행된 『동국속삼강행실열녀도(東國續三綱行實烈女圖)』에 들어 있는 이야기는 이러한 일들이 실제로 발생했음을 알려준다. 여기에 기재된 20인의 여인들은 당시로서는 매우 특수한 삶을 살았기에 '열녀' 로 공인되었다. 이들 중에는 자살한 경우도 있지만 더욱 많은 경우는 평생을 홀로 살았다는 이유만으로 열녀가 될 수 있었다. 그런데 이들은 대부분 재혼을 권하는 부모와 동거하였고, 시부모와 함께 산 경우는 드물다. 특히 송씨(宋氏)의 사례는 거주관행뿐 아니라 시부모와의 관계까지 알려준다.

송씨는 여산 사람이라. 제 남진[남편] 정희중이 일찍 죽거늘 거상삼년

128) 본서 173~175쪽 참조.

> 을 울어 지내니라. 어버이 졂어서 홀어미[과부] 된 줄 어엿비[불쌍히] 여겨 남진 얼오려 한대 송씨 죽음으로 맹세하여 이르되 "시어미 김제에 있어 다른 자식 없으니 내 남진 곳 얼면 시어미 어디 가 의탁하리오" 하거늘 어버이 듣지 아니한대 송씨 아기 업고 도망하여 시집에 가 여러 해를 돌아오지 아니하더니 어버이 그 지극한 정성을 감격하여 집 곁에 별실을 지어준대 송씨 시어미 데려와 살며 친히 음식하여 주더니 시어미 죽거늘 거상삼년을 울어 지내니라.129)

송씨가 부모에게 재혼을 강요당하자 시어머니에게 도망한 것은 과부며느리가 시부모와 동거할 개연성이 매우 낮았음을 알려준다. 그리고 송씨 부모가 집 곁에 별실을 지어 주어 시어머니를 모셔오게 한 것은 며느리와 시부모와의 관계가 조선후기의 '전통'과 상반됨을 알 수 있다. 과부며느리가 시어미를 모신다면 그것이 친정으로 데려오는 형태일지라도 특별하고 고마운 행위였던 것이다. 이는 남편이 죽으며 시어미를 부탁했다며 부모의 재혼 권유를 뿌리친 우씨(禹氏)의 사례나 재혼을 거부하며 목맨 것을 끌러 시부모에게 보낸 손씨(孫氏)의 사례에서도 확인된다. 시부모와 한집에 사는 거주관행은 물론 '며느리를 못살게 구는 시어미'라는 인상도 16세기 이전에는 적용되지 않는다.

그런데 송씨가 부모의 말을 들어 재혼했다면, 그리고 솔서혼 관행에 따라 후부(後夫)가 '장가'를 왔다면 이 가족은 송씨, 송씨와 전남편의 자

129)『東國續三綱行實烈女圖』「宋氏誓死」. 문장은 필자가 현대어에 맞게 수정하였다.

식, 새 남편으로 구성될 것이다. 부모가 강요할 만큼 재혼이 당연시되었던 점을 고려하면 고려 · 조선전기에 이러한 가족구성이 발생할 확률은 매우 높다. 반면에 재혼한 남성이 전처의 자녀들과 동거할 확률은 이보다 낮았음을 짐작할 수 있다. 남편 사후에 시어머니를 친정으로 데려와 모신 여인이 '열녀'가 된 사례는 남편측 혈족에 대한 의무감이 크지 않았음을 알려주기 때문이다.

따라서 16세기 이전에 가족의 구성을 심각하게 위협한 것은 아버지보다 어머니의 죽음이었을 가능성이 크다. 현재 한국인은 시집간 지 몇 년 만에 아들을 남기고 남편이 죽은 조선후기 여성의 기구하고도 장한 일생을 쉽게 그려낸다. 그러나 당시 사람들이 쉽게 연상하는 것은 '장가' 간 지 몇 년 만에 어린 자녀를 남기고 부인이 사망한 남성의 비통함이었을 수 있다. 배우자와 사별한 뒤 자녀를 남겨 놓고 떠나가는 처연함은 여성보다 남성의 몫이었을 수 있는 것이다. 이러한 추론의 타당성은 편모 · 편부 자녀의 양육처를 살펴 확인할 수 있다.

16세기 이전에 아버지를 여의고 어머니가 재혼한 아동의 양육 사례는 확인하기 어렵다. 개인의 성장환경을 알려주는 고려시기 기록이 드물고 조선에서는 사족 여성의 재혼을 사실상 금지했으므로[130] 지배층 위주의 역사기록에 계부가 거의 등장하지 않기 때문이다. 다만 재혼해서도 전 남편의 아들을 훌륭하게 키운 이승장(李勝章, ~1191) 어머니의 미담이나[131] 재

130) 『成宗實錄』 권82 성종 8년 7월 癸未(18일)

131) 『高麗墓地銘集成』 274쪽 「李勝章墓誌銘」 "公幼孤 及志學 義父以家貧 不欲它方學 將與其子同業 其母執不可曰 妾以衣食故見愧栢舟 然其遺腹幸今成童志于學 必宜投屬

혼한 남편을 며칠만에 내쫓은 고려후기 윤씨의 경우를[132] 계부와 함께 살았거나 살았을 개연성이 있는 사례로 들 수 있을 뿐이다. 그러나 처가거주관행과 당연한 재혼, 혈연에 집중된 권리의무관계를 고려하면 계부와 동거하는 가족구성이 드물지 않았음을 짐작할 수 있다. 고려말 지배층에서 이부형제(異父兄弟)가 돈독한 우애를 보이는 것도 이러한 가족구성을 반영한다고 볼 수 있다.

이성림(李成林, ~1388)과 염흥방(廉興邦, ~1388)은 고려말의 세력가로서 권한공(權漢功)의 외손이다. 1476년에 간행된 『안동권씨성화보(安東權氏成化譜)』에는 이종사촌인 것처럼 기록되어 있지만 『고려사』에는 이부형제로 기록되었다. 이들은 함께 조상의 묘소를 참배하고[133] 자주 한자리에 모여 놀았다.[134] 임견미(~1388)와 이인임(~1388) 일파는 염흥방과 제휴한 뒤 이성림을 최고 관직인 시중(侍中)이 되게 하였다.[135] 그리고 염흥방이 처형될 때 이성림도 함께 처형되었다.[136] 이부형제 사이의 긴밀한 모습은 공민왕 때 개혁을 주도했던 신돈(辛旽, ~1371)에게서도 엿보인다. 그가 처형될 때 이부제인 판사 강성을(姜成乙)도 함께 처형

爾父本徒俾踵後塵若不爾則吾何面復見先夫於地下."

132) 『高麗史』 권116 列傳29 李豆蘭 "時 判書金世德妻尹氏 寡居數年 有穢行 其母以嫁前洪州牧使徐義 纔數日 尹氏惡義而出之 憲司劾之."

133) 『高麗史』 권126 列傳39 姦臣 廉興邦 "(廉)興邦 嘗與異父兄李成林 上冢而還."

134) 李穡(1328~1396)의 『牧隱詩藁』에는 이색이 염흥방, 이성림과 한자리에 모인 즐거움을 읊은 시가 여러 수 들어 있다.

135) 『高麗史』 권126 列傳39 姦臣 林堅味 "(林)堅味 性猜忌陰兇(중략)(李)仁任 久竊國柄(중략)後堅味 以興邦世家大族 請與昏姻 興邦亦懲前日流貶 欲保其身 惟仁任・堅味言是從 於是 以興邦異父兄成林 爲侍中"

136) 위의 책, 권126 列傳39 姦臣 廉興邦.

되었다. 신돈의 어머니는 옥천사(玉川寺)의 여종이었으므로 강성을은 이부형 신돈의 도움으로 판사의 지위에 올랐을 것이다.137) 이러한 사례들은 아버지 다른 자식들이 한 어머니에게 길러지면서 우애를 키워가는 가족구성을 반영한다고 볼 수 있다.

다음으로 재혼한 편부(偏父) 자녀의 양육사례를 살피면 재혼한 편모(偏母)의 경우보다 쉽게 확인된다. 고려시기부터 살피면 다음과 같다.

① 계모는 상당군대부인 왕씨(王氏)로 문하시랑평장사 왕무숭의 딸이다. 공은 어려서 어머니를 여의고 자신을 낳아 준 것처럼 섬겼다.(1138년, 인종 16)138)

② 최간(崔諫)은 선부인(先夫人) 이씨(李氏)의 소생이다.…부인은 자기 자식처럼 무양하였다. 최간은 어려서 자애로운 양육을 받았으므로 자신의 어머니처럼 섬겼다.(1170년, 의종 2)139)

③ 군의 선실(先室)이 1남 1녀를 두었는데 부인은 자기가 낳은 것처럼 어머니 노릇을 하였다.(1149년, 의종 3)140)

④ (어머니)이씨(李氏)는…아버지보다 먼저 죽었다. 계모 이씨는 본래 경사(京師)의 좋은 가문의 자식[衣冠之子]이었다. 공은 어려서 早□

137) 위의 책, 권132 列傳45 叛逆 辛旽 "辛旽 靈山人 母 桂城縣玉川寺婢也(중략) 至是 旽誅(중략)又斬旽二歲兒 及旽異父弟判事姜成乙."

138) 『高麗墓誌銘集成』 66쪽 「李公壽墓誌銘」 "繼母上黨郡大夫人王氏 門下侍郎平章事懋崇之女也 公早喪妣 事之如己生."

139) 위의 책, 207쪽 「崔惟淸妻鄭氏墓誌銘」 "諫先夫人李氏出也(중략)夫人撫養如己子 諫所幼承慈育 故奉事如其母."

140) 위의 책, 105쪽 「皇甫讓妻金氏墓誌銘」 "君先室有一男一女 夫人母之如己出 皆先夫人死."

母落魄 不羈(해석불명) 나이 17세에 서울에 들어가 취학하였다. 계모 이씨의 집에서 길렀는데 異母□(兄 또는 弟) 허정선사(虛靜禪師) 담요(曇曜)와 우애가 돈독하였다.(1181년, 명종 11)[141]

⑤ 부인은…어려서 어머니를 잃고 외가에서 길렀다.(1218년, 고종 5)[142]

⑥ 조부는…시호가 충순이다.…공은 원정(元貞) 을미년 12월 무진에 태어났다. 5살 때 어머니를 여의고 충순에게 길렀다.(1359년, 공민왕 8)[143]

⑦ 어려서 어머니를 여의고 자부(姊夫) 전공의(全公義)의 집에서 길렀다. 현달해서도 전공의를 아버지처럼 누이를 어머니처럼 섬겼다.[144]

⑧ 어려서 어머니를 여의고 이모(姨母)의 집에서 길렀다.[145]

위 사례들은 아버지가 재혼했거나 재혼했다고 추정되는 경우이다. 표현된 그대로를 사실로 인정하면[146] 4인(①·②·③·④)은 계모와, 1인(⑥)은 조부와 살았고, 3인(⑤·⑦·⑧)은 '외가' 에서 살거나 자부(姊夫)

141) 위의 책, 238쪽「李文鐸墓誌銘」"□(母?)李氏 贈悅城郡夫人 先皇考而歿 繼母李 本京師衣冠之子 公早□母落魄 不羈 年十七入京師 始就學 鞠于繼母李氏之家 與異母□虛靜禪師曇曜 友愛篤至."

142) 위의 책, 320쪽「柳英材妻趙氏墓誌銘」"夫人生而聰慧 嶷然殊異 幼失慈母 養於外家."

143) 위의 책, 561쪽「閔思平墓誌銘」"祖…謚忠順…公生於元貞乙未十二月戊辰 五歲而喪長于忠順."

144) 위의 책, 570쪽「李公遂墓誌銘」(1366년, 공민왕 15) "早喪母 長於姊夫全公義家 旣顯 事公義如父 姊如母."

145)『東文選』권117 鄭道傳「高麗國奉翊大夫檢校密直提學寶文閣提學上護軍榮祿大夫刑部尙書鄭先生行狀」, "早喪母 養於姨母家(중략)從舅氏翰林安壯元[名奮 母之兄] 來開京 學文日進."

146) 계모와의 동거사실을 明記하지 않고 '낳아준(낳은) 것처럼 섬겼다(길렀다)' 고 한 경우는 의례적인 표현일 수도 있다. 따라서 계모와의 동거를 확신할 수 있는 경우는 사례 ④뿐이다.

의 집, 이모의 집에서 살았다. 비록 일정한 경향이 도출되지는 않지만 계모와 살지 않는 경우가 적지 않았음을 추측할 수 있다. 계모와 살지 않은 사례들은 일상생활과 밀착된 조선전기 기록에서도 확인된다.

⑨ 영락 14년(태종 16, 1416) 병신에 민부인(閔夫人 ; 어머니)이 죽었는데 부인의 나이 17세 때였다.…감정공(아버지)이 서천리에 다시 장가들었으나[再娶] 금슬이 좋지 않았고 또 벼슬 때문에 서울로 돌아가자 부인은 외조모 손부인(孫夫人)에 의지하여 살았다.[147)]

⑩ 아아 슬프다 / 그대가 세상에 태어나 / 난액(艱厄)이 거듭 이었구나 / 나이가 돌에 이르지 못해 / 어머니가 병들어 돌아가시니 / 외증고비(外曾考妣)께서 / 애긍(哀矜)히 안아 키웠다 / 비녀를 꼽을 나이가 못되어 / 거듭 의지를 잃으니 / 외조모를 따라 여범(女範)을 이어받았으나 / 외조모가 또 돌아가시니 / 침통함을 어찌 이기리오 /…/그대의 아버지는 건강하게 당에 계시니 / 좋은 때 명절에 / 누가 술잔을 권할까.[148)]

⑪ 손자 이하(李河)는 그의 어미가 일찍 죽었거늘 장녀가 여러 해 안아 길러 은의가 무거우므로 전민을 나누어주라고 한 유언으로 말미암아…[149)]

147) 『佔畢齋集』「彝尊錄」附錄 先妣朴令人行狀, "永樂十四年 丙申 閔夫人歿 夫人年十七(중략)監正公 再娶于西天里 琴瑟不諧 且以仕宦還京 夫人依外祖母孫夫人而居."

148) 위의 책, 文集 권2「祭亡妻淑人文」"嗚呼哀哉 君之生世 難厄重仍 年未周星 母疾不興 外曾考妣 鞠育哀矜 未及于笄 累失所憑 從外王母 女範其承 王母又沒 沈痛曷勝(중략)君之嚴君 康强在堂 良辰佳節 誰侑酒觴."

149) 『慶北地方古文書集成』137쪽「李繼陽妻金氏許與文記」"孫李河段 其矣母 早沒爲有去乙 長女亦 累年鞠養 恩意亦重爲去向入 田民分給亦 遺言乙仍于."

⑫ 일. 좌랑(佐郎 ; 사위)의 처가 일찍 죽었는데 두 아들, 두 딸이 모두 어려 외롭게 의뢰할 바가 없어…좌랑이 재취한 뒤에 내[女]가 모두 눈앞에서 데리고 키웠다.[150]

사례 ⑨와 ⑩은 조선 성리학사에서 중요한 위치를 차지하는 김종직(金宗直, 1431~1492)의 어머니 박씨(朴氏)와 아내 조씨(曹氏)의 경우이다. 박씨는 아버지가 '서천리에 재취' 하자 외조모에게 의지하였다. 이로부터 이 재혼은 딸을 남겨두고 이동하는 형식으로 이루어졌음을 알 수 있다. 김종직 처부도 동일한 형식으로 재혼하였다. 김종직은 위 애도시에서 부인 조씨는 태어난 지 1년이 못되어 어머니가 죽고 '외증고비(外曾考妣)'[151]와 '외조모(外祖母)' 에게 길렀다고 하였다. 그런데 김종직에게는 23살 어린 처남 조위(趙偉, 1454~1503)가 있다. 김종직은 21세에 조씨와 혼인했으므로[152] 조위는 조씨의 아버지가 재혼해서 낳은 아들이다. 이로부터 조씨의 아버지는 혼인 후 처가에서 살다가 처가 죽자 딸의 양육을 처가에 맡기고 재혼했음을 알 수 있다. 사례 ⑪과 ⑫에서도 어머니를 여읜 자녀들이 계모와 동거하지 않았다. 이하(李河)는 아버지의 누이인 고모와 살았고(⑪), 2남 2녀는 아버지[佐郎]가 재혼하자 외조모가 데리고 키웠

150) 위의 책, 172쪽 「權祉妻鄭氏許與文記」 "一佐郎妻亦早年先逝 二子二女 皆未成長 孑無依賴(중략)佐郎再娶後女亦皆率 養于眼前 情理切迫."

151) 현재 '外曾考妣' 는 外祖의 父母를 뜻하나 조선전기까지는 조모의 부모와 외조모의 부모까지 포괄할 수 있었다.(본서 159~160쪽) 여기에 당시의 처가거주관행을 감안하면 이 사례의 '외증고비' 는 외조모의 부모일 가능성이 크다.

152) 『佔畢齋集』 「佔畢齋年譜」

다.⑫)

이상에서 살핀 고려와 조선전기 사례들은, 일반 관행을 도출하기에는 부족하지만 조선후기와 같은 거주관행이 구조화되지 않은 상태였음을 알려준다. 성씨 다른 형제의 우애는 아버지 다른 형제가 한 어머니 밑에 사는 가족구성을 반영한다. 남자가 자녀를 두고 떠나 재혼하는 사례는 계모와 살지 않는 거주양상을 알려준다. 그런데 계모와 살지 않은 사례들에서 양육주체가 여성혈족에 집중되는 것에 주목할 수 있다. 외가, 조부, 자부(姊夫)의 집, 이모의 집에서 산 고려시기의 네 사례에서 실질적인 양육자는 외조모, 조모, 누이, 이모였을 것이다. 조선시기의 사례는 외증조부모[外曾考妣], 외조모, 고모가 양육자로 명시되었다.

이러한 양상은 결손가족 아동의 양육처를 결정하는 데 여성의 의사가 크게 작용했음을 알려준다. 아동의 실질적 양육자인 여성은 자신의 혈족을 적극 보살피고자 하였고 또 보살필 수 있었으며 남편의 혈족을 보살피는 것을 당위로 여기지는 않았다고 볼 수 있는 것이다. 여기에 더하여 처가살이 관행을 고려하면 계모와 사는 가족구성보다 계부와 사는 가족구성이 구조화되었다고 추론할 수 있다.

따라서 어머니가 다른 자녀에 비해 아버지가 다른 자녀들의 우애가 돈독했을 것임을 짐작할 수 있다. 처가살이 관행 아래 여성은 전부(前夫)가 사망하면 기존 거주지에서 재혼하여 전부의 자녀와 새로 출산한 후부(後夫)의 자녀를 함께 키우는 경우가 많았을 것이다. 반대로 재혼한 남성은 김종직의 어머니와 처의 사례에서 보듯 전처의 자녀와 동거하지 않는 경우가 많았을 것이다. 여성의 권리의무관계가 자신의 혈족에 집중되었으므로 내외조모나 이모, 고모가 전처 자녀에게 연민과 의무감을 느낀 반면 계모는 전처 자녀에 대한 의무감이나 부담감이 그보다 약했을 것이기 때문이다. 김종직이 어머니 박씨가 아버지(김종직의 외조) 재혼 후 외조모와 산 이유를 아버지와 계모의 '금슬' 에 돌린 것도 이러한 사정을 알려준다. 아직 후처가 전처 자녀를 양육해야 하는 당위가 성립하지 않았던 것이다.

따라서 여자가 재혼하면 아버지 다른 자녀가 한 어머니의 보호 아래 성장할 확률이 높았고, 남자가 재혼하면 한 아버지의 자녀가 떨어져 성장할 확률이 높았다고 볼 수 있다. 이러한 거주관행은 아버지 다른 남매가 한 집에서 살면서 친남매와 다름없는 우애를 느끼는 반면, 어머니가 다른 관계는 떨어져 생장함으로써 우애를 훨씬 약하게 만들었을 것이다. 고려시기 염홍방과 이성림의 우애는 이러한 거주관행에 기반하여 성립했다고 볼 수 있다.

3) 조선전기 전처 자녀와 계모의 갈등

친족의식이 혈연에 집중되고, 어머니를 여읜 자녀들이 계모와 살지 않을 확률이 높던 시기에 계모가 전처 자녀들에게 '어머니' 로 여겨졌을 가능성은 적다. 계모와 전처 자녀는 혈연관계가 없는 서로를 '아버지의 아내' 와 '전 부인의 자녀' 로 인식했을 가능성이 크다. 그러나 조선은 건국 이래 성리학에 근거한 가족 · 친족윤리를 강조하였다. 전처 자녀가 계모를 응당 친어머니와 동일하게 대우해야 한다는 이념도 여기에 포함된다. 이에 따라 건국 직후부터 계모의 지위를 안정시키고 강화하는 법제가 마련되었다. 사망한 남편의 재산을 재혼하지 않는 조건 아래 죽기까지 용익하도록 보장했고,[153] 후처의 위패도 남편의 사당에 모시게 했다.[154] 전처 자녀들도 계모의 삼년상을 치르고 기일마다 제사를 지내야 했다.[155] 전처 소생인 적장자는 자식 없는 계모를 제사지내는 대신 계모 재산의 상당 부분을 상속할 권리가 있었다.[156]

그러나 이러한 법제가 일상에 정착하기까지 매우 오랜 시일이 걸렸다. 성리학 질서를 구현하고자 노력했던 세종조차 전처 자녀가 계모의 삼년상을 치러야 하는 당위를 수긍하지 못했다. 세종은 "어렸을 때부터 길렀으면 계모는 의자(義子)를 친아들같이, 의자는 계모를 친어머니 같이 여기므로 3년 상복을 입는 것이 정의(情義)에 합당하나 아버지가 만년에 계모를 얻고 죽으면 아들과 계모가 관에 고하여 쟁송하는 자가 자주 있으니 3년 상복을 입는 것은 정의에 매우 합당하지 않다."고 하였다.[157] 세종의 이와 같은 언급으로부터 계모를 응당 '어머니'로 여기는 것은 당시의 정서가 아니었음을 알 수 있다. 성리학 질서에 투철한 세종조차 계모

153) 『太祖實錄』 권12 태조 6년 7월 甲戌(25일) "一 無子息夫妻奴婢 雖無文契 亦許己身使用 身後本孫許給(중략)其妻不守信者, 勿論文契有無, 卽還本孫."
154) 『經國大典註解』「禮典」奉祀條
155) 『世宗實錄』 권65 세종 16년 7월 辛巳(6일)
156) 위의 책, 권97 세종 24년 7월 甲戌(16일)
157) 『世宗實錄』 권64 세종 16년 4월 己未(12) "聖人制爲喪制 或以情爲之 或以義爲之 爲繼母者 自少兒時長養 則母謂義子如己子 子謂繼母如親母 服三年之喪 合於情義 若其父於晩年 得繼母而死 其子與繼母告官爭訟者 比比有之 服三年之喪 於情義甚爲不合(중략)爲繼母服三年之喪 於予心以爲不可."

를 삶의 경험에 따라 '어머니'도 '남'도 될 수 있는 존재로 여겼던 것이다.[158] 이러한 정서는 "계모와 자녀 사이에 해하고자 하는 자가 역시 있다"고 한 중종의 언급에서도 확인된다.[159]

따라서 성리학 질서가 뿌리내리기 전까지 계모를 보호하는 법제는 오히려 갈등을 촉발하는 역할을 할 수 있었다. 갈등은 가장 민감한 부분인 재산에 집중되었다. 계모의 위패를 소송하여 친정 조카로부터 받은 뒤 다시 봉사(奉祀)의 대가를 얻고자 다툰 1583년의 소송기록은 적장자의 봉사권과 상속권을 보장한 법제가 상당 기간 현실과 괴리된 채로 유지되었음을 알려준다.[160] 심지어 전처 자녀가 계모를 모해하여 생명을 위협하는 사례까지 발생하였다.

> ① 누이가 기씨(奇氏)와 혼인했다가 일찍 과부가 되었는데 전처의 아들 기상렴이 재산을 다 차지하려고 기부인을 퍽 예경(禮敬)하지 않았다. 기부인이 서울에 이르러 소송하였더니, 상렴이 비복들을 꾀어 함께 모의하여 유언(流言)을 꾸며 위태롭게 하므로 기부인이 얽혀 옥에 갇혔다. 선공(先公 ; 김숙자)이 그 소식을 듣고는 즉시 행장을 재촉하여 서울에 올라가 조석으로 몸소 헌사(憲司)에 가서 억울함을 호소하였다.…과연 거짓으로 무함한 것이 드러나 상렴과 비복 놈을 서울 저자에서 거열하

158) 세종은 이로부터 3개월 뒤인 7월 6일에 계모복을 친모복과 동일한 등급으로 올리는 것을 허락하였다.

159) 『中宗實錄』 권62 중종 23년 8월 己酉(10일)

160) 『慶北地方古文書集成』 552쪽 「李涵·金士元 奴婢訴訟立案文記」

였다.[161]

② 여주의 진한우 상회(陳漢佑 商晦)가 (서울로) 왔다. 진해수(陳海壽)는 진주에서 남원을 거쳐 올라왔는데 하진사 종악(河進士 宗嶽)의 양자이다. 하진사의 처 이씨(李氏)는 대사헌 이인형의 손이고 천거과 이령의 딸이다. 나이 29세에 남편을 여의었다.…전실 딸 김려(金勵)의 처 하씨(河氏)는 단성에 살면서 음모를 꾸며 계모에게 해를 입히고 재산을 모두 갖고자 간음의 설을 조성하여 사촌대부 조식(曹植)이 믿게함으로써[浸潤] 도사(都事)에게 사촉하였다.[162]

사례 ①은 김종직의 고모 김씨의 경우이다. 김종직은 기상렴이 어떠한 내용으로 계모를 모함했는지 밝히지 않았으나 『조선왕조실록』에서는 사건의 전말이 확인된다. 기홍경(奇弘敬)은 초취와 재취에 이어 삼취로 김숙자의 누이를 얻었다. 이 중 첫 부인의 아들 기상렴이 재산을 독차지하고자 둘째 부인의 아들인 기상질과 셋째 부인인 계모가 간통했다며 고발했다.[163] 그러나 자식이 부모를 고소한 경우에 적용되는 '간명범의조(干名犯義條)' 가 적용되어 계모 김씨는 풀려나고 기상렴이 사형을 당했다.

161) 『佔畢齋集』「彝尊錄」下 先公事業弟四 "先公友愛篤至 有妹適奇氏 早寡 前妻子尙廉謀專擄家財 頗無禮敬 奇夫人詣京訟之 尙廉誣啗婢僕恊謀 構流言以危之 奇夫人被繫於獄 先公聞之 卽促裝如京 朝夕身自訴冤於憲司 無幾微厭倦之色 臺官嘆其行人所難果以誣詐 尙廉與婢僕 轘諸都市."

162) 『眉巖日記草』 1권 280쪽 7월 7일 "驪州陳漢佑商晦來 陳海壽 自晉州歷南原上來 乃河進士宗嶽之養子也 河進士妻李氏 大司憲仁亨之孫 而薦擧科翎之女也 年二十八喪夫(중략)前室女金勵之妻河氏 居于丹城 謀欲害繼母而專呑家産 造成奸淫之說 浸潤四寸大父曹植 使囑于都事."

163) 『世宗實錄』 권47 세종 12년 1월 乙卯(14일)

이 사건에 대한 조정의 논의는 계모를 고소한 행위를 단죄하는 데 집중되었다. "내 생각에는 어미와 자식 사이에 이와 같을 수 없다" 고 한 세종에게서는 사실을 확인하려는 의지가 보이지 않는다. 허조(許稠)가 '어미와 자식 사이는 비록 과실이 있더라도 서로 용서하고 숨기는 것이 의리' 라며 기상렴을 죽이자고 하자 모두 옳다고 한 것에서도 계모를 고소하는 행위를 막는 데 중점이 두어졌음을 알 수 있다. 이 사건을 계기로 자손이 부모를 고발하면 사실여부와 관계없이 자손을 죽이는 규정이 성립하였다.[164] '아버지의 처' 가 곧 '어머니' 임을 확인한 것이다.

이렇듯 기상렴이 이복아우와 계모를 고발했다가 사형당한 것으로부터 이복형제와 계모에 대한 구래의 정서와 성리학 질서에 근거한 가족윤리의 충돌을 확인할 수 있다. 기상렴이 이복아우와 계모를 간통으로 몰아 제거하려 한 것은 그가 이복아우에게 우애를 느끼지 않았고 계모를 '어머니' 로 여기지도 않았음을 알려준다. 그리고 16세기 중반에도 이와 유사한 사건(②)이 발생한 것에서 일반의 정서는 기상렴과 가까운 것이었음을 알 수 있다.

사례 ②는 유희춘(1513~1577)의 처외조 이인형(李仁亨)의 손녀가 전처 소생녀 하씨(河氏)의 고발로 옥에 갇힌 사건이다. 고발자는 하씨의

164) 위의 책, 권47 세종 12년 2월 己亥(28일) "命放義禁府所囚金氏 上謂代言金宗瑞曰 奇尙廉斷繼母髮 反接之 告刑曹 刑曹受而推劾 予意以爲母子之間不當如是 故移義禁府 汝與義禁府提調及委官許稠等考諸律文 熟議以啓 大明律干名犯義條云 子孫告父母者 杖一百, 流三千里 誣告者絞 唐律云 子孫告父母者絞 許稠曰 母子之間 雖有過失 相爲容隱 義也 今尙廉告母者 欲害其母與弟 貪取財物奴婢耳 不除如此大惡 則人道滅矣 請依唐律論斷 提調等皆曰 稠議是 上曰 唐律雖非當時所用 據唐律定制 然後施行可也 遂立法云 今後子孫告父母者 依唐律論斷 乃放金氏."

'사촌대부' 인 조식(曹植)이지만 유희춘은 하씨의 계략으로 단정하였다. 이 사례에서는 전처 자녀의 계모에 대한 정서뿐 아니라 혈연의식에 입각한 결속 양태가 잘 드러난다. 이씨를 구하고자 상경한 진해수는 이씨의 남편 하종악의 양자로 표현되었지만 그와 성씨가 같은 진한우가 유희춘의 처 송씨의 이종형제로서 함께 모인 점으로 미루어[165] 진해수 또한 이인형의 혈족으로 비정된다. 전처의 딸 하씨와 그녀의 조모나 외조부모의 형제인 사촌대부 조식이 결속하여 이인형의 손녀를 고발하자, 이인형의 외손 등인 진한우, 진해수 및 외손녀의 남편 유희춘이 결속하여 이씨를 구원하는 것이다. 이렇듯 전처 소생과 그의 혈족이 계모를 모함하고, 계모의 혈족이 방어하는 모습에서 당시의 친족의식과 권리의무관계가 잘 드러난다. 아직까지 동일 남성의 처와 자녀라는 사실보다는 혈연관계의 유무가 친족의식과 권리의무관계를 결정하는 핵심 요인으로 작용한 것이다.

따라서 16세기까지 계모에 대한 일반의 통념은 '어머니' 라기보다 '아버지의 아내' 에 가까웠다고 볼 수 있다. 금술잔을 훔친 아버지의 첩을 형이 매질하려 하자 아우가 '선친이 사랑한 자' 라며 말려 국왕에게 칭찬을 들은 일화가 『고려사』에 미담으로 기록된 것도[166] 이러한 정서를 잘 반영한다. 게다가 전처 자녀가 계모와 동거하지 않을 경우 친근함을 형성할 기회마저 차단되었을 것이다. 이럴 때 전처의 자녀는 계모에게 구박받는 불쌍한 위치가 아니라 거꾸로 계모를 남으로 여기고 박대하는 위치

165) 『眉巖日記草』 3권 393쪽 2월 15일 "(陳; 필자)漢佑 乃夫人姨母之子也."
166) 『高麗史』 권98 열전11 諸臣 崔士全 附 崔孝仁.

에 설 수 있었다. 특히 자녀를 낳지 못한 계모의 지위는 매우 위태로웠다. 조선시기에는 이러한 불안을 해소하고자 전처의 아들이나 손자를 계모의 조카딸과 혼인시키는 관행이 성립하였다.

> 가정 16년(1537) 정유 1월 15일 가옹장손(家翁長孫) 충의위(忠義衛) 손광서(孫光曙)에게 허여함.
>
> 이 허여문기를 이루어 두는 일은 내 몸이 무자녀이므로 너의 처인 나의 삼촌질녀를 3세 전에 수양하여 정애(情愛)가 중대할 뿐 아니라 네가 내 몸을 조석으로 봉양하여 친아들과 다름없으므로 내 쪽 전민(田民)을 종내는 의당 모두 주겠거니와[167]

위 인용문은 후처 최씨가 전처 소생인 적장손 손광서에게 노비를 주면서 작성한 문기의 서문 부분이다. 최씨는 자녀를 낳지 못하자 자신의 조카딸[三寸姪女]을 수양하여 손광서와 혼인시킨 뒤 약간의 노비를 주면서 이 문기를 작성하였다. 이러한 혼인은 현재의 통념상 근친혼과 다름없이 여겨질 것이다. 그러나 계모가 '어머니' 가 아니었던 시대에 이러한 결혼은 충분히 가능하고 또 갈등을 해소하는 좋은 방법이 될 수 있었다. 계모는 혈족인 조카딸의 정성스러운 봉양을 받고 전처의 아들에게도 장모와 유사한 위상을 지닐 것이기 때문이다. 이렇듯 전처의 아들과 후처의 조

167) 『慶北地方古文書集成』 519쪽 「孫仲暾妻崔氏粘連文記」 "嘉靖十六年丁酉正月十五日 家翁長孫忠義衛光曙亦中許與 右許與成置事段 矣身亦無子女乙仍于 汝矣妻是在 矣三寸姪女乙 三歲前收養 情愛重大叱分不喩 汝亦矣身乙 朝夕奉養 無異親子爲乎等用良 矣邊田民 終當專給爲乎喩在果."

카딸을 혼인시키는 관행은 조선후기까지 지속되었다. 권상하(權尙夏, 1641~1721)는 "요즘 후실 처남의 딸을 전실 아들의 아내로 삼는 것이 매우 많다"고 하였다.[168] 황윤석(黃胤錫, 1729~1791)은 "후처의 아들이 전처의 조카딸과 혼인하는 것도 세상에서 통행한다"고 하였다.[169] 따라서 전처 아들과 계모 조카딸의 혼인을 마땅치 않게 여기는 것은 18세기 이후의 정서임을 알 수 있다. 계모를 '어머니'로 여기는 인식관행의 유래는 그리 오래지 않은 것이다.

4) 『장화홍련전』에 반영된 '전통적' 계모관의 형성 과정

조선전기까지 계모는 '어머니'가 아니었다. 그러나 현재의 통념상 계모는 '어머니'이다. 계모가 '어머니'가 될 수 있었던 것은 대상을 인식하는 방법이 달라졌기 때문이다. 조선후기로 갈수록 사족들은 부계의식을 강화하였다. 또한 남녀의 본원적 가치와 이에 합당한 각자의 위상과 역할을 긍정하였다. '전통적' 계모관의 형성에 가장 큰 영향을 끼친 것은 성리학 윤리의 정착에 따른 거주관행과 소속의식의 변화이다. 조선전기까지 처가거주는 보편 관행이었다. 그러나 '동기' 이론에 따르면 이 관

---

168) 『寒水齋集』 권18 書 「甲午十二月答丁起餘載興」 "今世以後室妻娚之女 爲前室子之妻甚多."

169) 『頤齋亂藁』 권15 庚寅 6월 16일 庚寅 "亦有人將以從子爲後 未及告官成案 先以妻家姪女配之 以避姑舅兄弟姊妹通婚之嫌(중략) 亦有以後妻之子 娶前妻姪女者 斯皆世所通行."

행은 하늘의 이치를 거스르는 것이었다. 이에 따라 조선후기의 남성들은 혼인 후 처가에서 살더라도 결국 본가로 돌아와 사망하였다. 처가에 머무는 기간은 갈수록 짧아져[170] 마침내 처가거주관행의 기억조차 소멸하였다. 이와 더불어 여성의 소속이 남성을 기준으로 결정됨으로써 전처 자녀가 계모를 '어머니'로 여겨야 하는 당위가 성립하였다.

그러나 이러한 변동이 원만하게 이루어진 것은 아니었다. 계모를 보호하는 조선전기의 법제가 오히려 갈등을 촉발하였듯 계모를 '어머니'로 여기지 않는 정서가 강한 상태에서 계모와의 동거가 구조화된 상황은 비극이 발생할 조건을 형성하였다. 『장화홍련전』은 이러한 환경에서 발생할 수 있는 전형적이고도 구조적인 비극을 담고 있다. 그리고 여러 이본(異本)들은 이후 성리학 질서의 강화에 따라 계모가 '어머니'가 됨으로써 갈등의 개연성과 강도가 점차 낮아지는 과정을 반영한다.

장화·홍련의 비극이 실제로 발생했다면 그것은 1656년 평안도 철산에서의 일이다.[171] 17세기는 사족층의 친족질서가 급변한 시기이지만, 평안도 철산이라는 지역 배경을 고려하면 아직도 구래의 친족관행과 정서가 강했으리라 짐작할 수 있다. 이는 친족의식과 권리의무관계가 혈연에 집중되었음을 뜻한다. 전처 신주의 소재는 이러한 사실을 매우 잘 알려준다.

①-ⅰ 네 외가에서도 네 모친을 생각하는 중 너희들이라도 좀 보내

170) 朴惠仁, 1988 『韓國의 傳統婚禮 硏究』, 고려대학교 민족문화연구소.
171) 김재용, 1996 『계모형 고소설의 시학』, 집문당, 95쪽.

면 서로 반가이 보겠다고 너를 보내라 하였으니 너는 잠깐 다녀오라.

①－ii 다만 나의 소원은 죽지 않고자 함이 아니라 잠깐 동안 말미를 주면 삼촌집에 가서 돌아가신 모친의 사당에 하직이나 고하고 외로운 홍련의 신세를 부탁하여 아무쪼록 나와 같은 비명을 면케 하고자 함이오.[172]

②－i 네 외삼촌의 집에 가 사오일만 있다가 오라.

②－ii 오라버님은 혹 배다른 동생이라도 혈기는 한가지라 동기지정을 생각하여 잠깐 부모의 명령을 속여 일시 잔명을 구하여 외삼촌의 집에 가 삼촌을 잠깐 보옵고 돌아와 죽사오리다.[173]

③－i 소녀의 죄는 죽어도 아깝지 아니하거니와 측방에 있는 옷이나 입고 죽사오리다 하고 대성통곡하며 사당에 들어가 모친 신위 붓들고 슬피 울며…홍연 아모란 줄 모르고 말하되 형님은 어디를 가려고 하는데 옷을 갈아입고 사당에 들어가 울던가 하니 죄다 이르대 외삼촌님이 나를 데려가려 하니 잠깐 다녀오마.[174]

이해하기 쉽게 현대어로 바꾼 위 인용문은 여러 이본 중에서 장화가 집을 떠나기 직전의 대목(i)과 죽기 직전에 이복동생에게 애걸하는 대

172) 「쟝화홍련전」(1915년 京城書籍業組合 발행) 『舊活字本古小說全集』 13, 112쪽(①－i), 118쪽(①－ii).

173) 「장화홍연전니라」 『金光淳所藏筆寫本 韓國古小說全集』 32, 122쪽(②－ i), 132~133쪽(②－ii).

174) 「장이홍연전이라」(원광대학교 박순호교수 소장본 『한글필사본고소설자료총서』 42) 425~427쪽.

목(ⅱ)을 필자의 의도에 따라 세 유형으로 나누어 배열한 것이다. ①에서는 장화가 '외가' 에 잠깐 다녀오라는 배좌수의 말에 길을 떠났고, 죽음에 직면하여 '삼촌집' 즉, 외가에 가서 '돌아가신 모친의 사당' 에 하직할 말미를 달라고 애원하고 있다. ②에서는 어머니 사당에 대한 언급이 사라지고 '외삼촌의 집에 가 삼촌을 잠깐 보고' 죽게 해 달라는 것으로 바뀌었다. 그런데 ③에서는 죽으라는 아버지의 명령에 장화가 집에 있는 사당에 들어가 '모친 신위' 를 붙들고 운 뒤 '외삼촌님' 이 데려가려 한다고 홍련을 속이는 것으로 바뀌었다.

이러한 세 유형은 시간의 흐름에 따른 친족의식과 권리의무관계의 변동양상을 알려준다. ①은 전처의 신주를 그녀의 혈연이 모시고 제사하던 시기를, ②는 이러한 설정이 점차 어색하게 여겨지던 시기를, ③은 아내의 신주를 당연히 남편이 관리하던 시기를 반영한다. 이는 남녀의 차이를 단순히 성(性)과 성역할의 차이로 인식하던 것에서 형이상에 근거한 본원적 가치의 차이로 인식하는 과정을 반영하는 것이기도 하다. 이러한 변동양상은 ②의 "오라버님은 혹 배다른 동생이라도 혈기(血氣)는 한가지라 동기지정(同氣之情)을 생각하여"라는 표현에서도 잘 드러난다. 중국에서 유래한 '동기' 이론이 한글소설에서도 거침없이 구사될 만큼 민간에 깊이 침투한 것이다.

따라서 장화 · 홍련의 비극은 구래의 관습화된 질서와 성리학에 근거한 새로운 질서가 일상에서 막 충돌하기 시작한 시점에 소설화되었고, 이후 정서와 생활조건의 변화에 맞게 상황설정이 계속 변경되었음을 알 수 있다. 비극의 주인공이 아들이 아니라 딸이라는 점도 두 질서가 충돌하던 과도기를 반영한다.

조선후기에 완성된 '전통'에 따르면 적장자는 가계를 계승할 권리와 의무가 있고 상속에서도 우선권이 있다. 반면에 시집간 딸은 남편에게 소속되므로 친정에 대해서 가족으로서의 권리를 주장하지 못한다. 따라서 혼수나 적당히 해서 내보내면 되는 전처소생의 딸은 계모의 이익과 지위를 위협하지 못한다. 그러나 장화 · 홍련은 죽음을 당하였다.

> ① 우리 본디 빈곤히 지내더니 전처의 재물이 많으므로 지금 유족하매 그대의 먹는 것이 다 전처의 기물이라 그 은혜를 생각하여 져 유아등을 심히 굴지 말라
>
> ② 아비 본디 조업이 없삽고 어미 재물이 많사와 노비 천여구요 전답이 천여석지기요 그 외 금은보화는 거재두량(車載斗量)이라 소녀 형제 출가하오면 그 물을 다 가질까 하여[175)]

위 구절은 계모가 장화 · 홍련을 모함한 궁극의 이유를 알려준다. 계모는 단순히 질투나 미움 때문이 아니라 재산 때문에 장화 · 홍련을 사지로 몰아갔다. 남자가 아내의 재산에 의지하여 사는 상황설정은 딸이 아직 상속에서 완전히 배제되지 않았던 18세기까지도 가능하다. 그러나 위에서 살핀 전처 신주의 소재를 함께 고려하면 권리의무관계가 본족에 집중된 시기를 배경으로 하고 있음을 알 수 있다. 아직도 자녀는 부모의 재산을

175) 김재용, 앞의 책, 105~106쪽에 전재된 것을 현대어로 고쳤다.

균분상속하고 처의 재산을 상속할 권리는 처의 혈연에게 있는 것이다. 다른 점은 장화·홍련이 계모와 사는 것 뿐이다. 이것이야말로 최악의 비극이 발생할 수 있는 최적의 조건이었다. 전처 재산에 의지해 사는 계모와 장차 전처 재산을 상속할 나약한 자매가 서로를 '남'과 다름없이 여기면서 동거하는 구도 속에서 비극이 발생한 것이다.

따라서 장화·홍련의 비극이 발생한 시기에는 이와 유사한 사건들이 발생할 개연성이 매우 컸음을 짐작할 수 있다. 그리고 "계모가 지아비를 사주하여 고의로 자녀를 살해하게 한 자는 의견을 낸 사람이나 수종인이거나를 구분하지 말고 모두 교형(絞刑)에 처한다"는 1710년의 수교는 장화·홍련과 유사한 사건들이 실제로 일어났음을 알려준다.[176] 전처의 자녀와 계모가 다투던 조선전기의 형국에서 이제 계모가 전처 자녀를 일방적으로 구박하는 조선후기 형국으로 전환함으로써 '미운 계모'라는 '전통적' 인상이 성립하기 시작한 것이다.

그러나 전처의 딸이 계모의 박해를 받는 설정은 『장화홍련전』과 이 소설의 영향 아래 성립한 것으로 보이는 몇몇 초기 유형의 계모소설에서만 보일 뿐 대부분의 후기유형에서는 주인공이 전처의 아들로 바뀌었다.[177] 이는 구래의 관행에 근거한 정서와 새로운 이념에 근거한 질서가 충돌하던 과도기를 벗어나 가족·친족질서가 성리학 윤리에 부합하도록 정형화되었음을 알려준다. 딸은 권리가 소멸함으로써 계모의 증오에서 벗어

176) 『新補受教輯錄』 刑典 殺獄 "繼母嗾囑其父 故殺子女者 不分造意隨從 幷絞[康熙庚寅承傳]."

177) 김재용, 앞의 책, 151쪽.

나고 적장자가 새로운 증오의 대상이 된 것이다. 그러나 그 과정은 전처 자녀와 계모가 서로를 '어머니' 와 '자녀' 로 여겨야 하는 당위를 긍정하고 내면화하는 과정이기도 하였다.

따라서 '전통' 적 가족질서가 굳어질수록 계모와 전처 자녀 사이의 노골적인 무시와 적대감은 점차 완화 또는 억제되었을 것이다. 미워하는 감정과 자책하는 감정의 미묘한 조화는 과도한 갈등을 억제하고 비극을 방지하는 역할을 했을 것이기 때문이다. 후기유형의 계모소설에 전처의 아들이 계모에게 살해당하는 설정도 전처의 아들이 계모의 죽음을 바라는 설정도 없는 것은[178] '전통적' 계모관이 갈등을 완화하는 역할을 해 내고 있음을 알려준다.

178) 위의 책, 203~204쪽.

제5장

결론

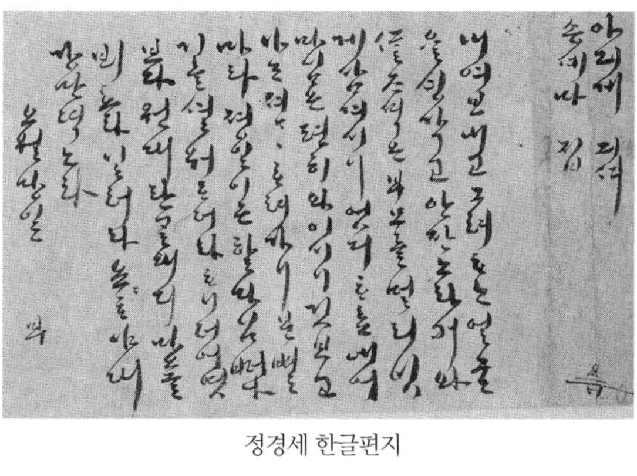

정경세 한글편지

개인의 가치관은 혈연에 대해 관행과 다른 의미부여를 유도할 수 있고, 국가에서도 특정한 방침 아래 친족의 구성과 권리를 법제화할 수 있다. 김종직이 동성오복친을 기재한 도표를 작성하거나, 조선전기에 정책적으로 부계질서를 옹호한 것도 이러한 경우에 해당한다. 이러한 사례들은 후대의 정형을 염두에 둔 변동의 관점에서는 중요한 분석대상이다. 그러나 해당시기의 인간관계와 사회성격을 규정하는 것은 사회의 내면에서 보편성과 항상성을 유지하는 친족관계이다. 본 연구서의 전반부는 이것을 확인하고자 작성하였다. 1장에서 고려 · 조선전기의 친족지칭과 그것이 반영하는 친족관계를 도출한 뒤, 2장에서 혈연을 범주화하는 친족용어를 살펴 1장의 결론과 부합하는지 확인하였다.

고려 · 조선전기의 친족지칭은 형태와 적용방식에서 현재 '전통적' 인 것으로 간주되는 것과 전혀 달랐다. 이후 16세기부터 한문사용층에서 변화의 조짐이 보이고, 17세기 이후 전 사회에 파급되어 현재로 이어지는 지칭들이 성립하였다. 16세기 이전, 즉 고려·조선전기의 친족지칭원리는 다음과 같이 요약할 수 있다.

첫째, 혈연계통을 구분하지 않고 혈연거리가 같으면 동일한 지칭으로 포괄하였다. 14세기의 이두표기인 '三寸少爲母[삼촌아춘어미]·三寸少爲父[삼촌아춘아비]', 15세기 이후의 이두표기인 '三寸叔母[삼촌아ᄌᆞ미]·三寸叔父[삼촌아자비]'는 부모의 형제 자매를 포괄하였다. 16세기까지는 이모·고모, 숙부·외숙부 등 혈연계통을 구분하는 '전통적' 지칭들이 일상에서 쓰이지 않았다. 둘째, 혈연관계의 유무가 기준이 되어 혈연으로 이어지면 직접지칭을 부여하고, 그들의 배우자에게는 간접지칭을 부여하였다. 숙부와 외삼촌은 '叔父[아자비]'로 지칭하고 그들의 처는 '叔妻[아자비처]'로 지칭하였다. 한글문장에서도 '아자비'와 '아자비겨집'으로 표기되었다. 셋째, 아들 항렬과 아버지 항렬에만 '姪[아춘아ᄃᆞᆯ]'과 '叔[아자비]'을 기본지칭으로 부여하고 할아버지 이상과 손자 이하는 항렬에 관계없이 '大父[한아비]·大母[한어미]', '孫(손)'을 부여하였다. 넷째, 그렇기에 할아버지 이상과 손자 이하에서는 지칭이 '촌(寸)'과 결합될 때에만, 수직·수평거리를 알 수 있어 '촌'의 기능이 매우 컸다.

이상의 지칭원리는 혈연관계의 유무가 기준이 되면서 짧은 혈연거리에서 동심원을 그리는 친족관계를 반영한다. 다양한 계통의 혈족을 단일한 지칭으로 포괄한 것은 혈연계통을 구별하지 않았음을 알려준다. 혈연관계가 있는 경우에만 직접지칭을 주어, 숙모와 외숙모를 '叔妻[아자비처]'로, 고모와 이모를 '叔母[아ᄌᆞ미]'로 통칭한 것은 남녀 모두 혈연이 친족구성원의 자격을 결정하는 가장 강력한 요인이었음을 알려준다. 할

아버지 항렬 이상과 손자 항렬 이하를 각기 '大父[한아비]' 와 '孫(손)' 으로 포괄한 것은 항렬 의식이 주로 할아버지와 손자의 범위 내에서 작용하고 그 범위를 넘으면 친족의식이 급격히 희박해졌음을 알려준다. 한국사회의 친족관계는 부계원리나 성별에 따른 차별이 작용하지 않는 가운데 '나' 를 중심으로 짧은 혈연거리에서 동심원을 그리다가 '姑母(고모)' · '姨母(이모)', '姑從(고종)' · '姨從(이종)' 등 혈연계통별로 지칭이 분화되는 17세기 무렵부터 부계위주의 비대칭구조로 변해 간 것이다.

고려 · 조선전기의 친족조직에 부계원리가 작용하지 않았음은 '촌(寸)', '직계친에 적용되는 지칭', '족(族) 관련 어휘' 등 혈연을 범주화하는 용어에서도 확인하였다. 16세기 이전에는 모든 혈연계통의 방계친이 '촌' 으로 표시되었다. 내외조부모의 형제가 '4촌대부' 였고, 형제자매의 내외손이 모두 '4촌손자' 였다. '촌' 을 이용한 지칭방식은 동일한 혈연거리에 놓인 혈족을 포괄적으로 의식하거나 의식에서 소멸시키는 인식관행을 알려준다.

단일한 지칭으로 혈연계통을 포괄하는 지칭원리는 직계친에게도 적용되었다. 『고려사』 상피조에서 외조를 '母之父母[어머니의 부모]' 로 표기하였고, 『대명률직해』에도 이러한 표기형태가 나타나는 것처럼 '外祖(외조)' 가 일상에 통용되기까지 매우 오랜 시간이 걸렸다. '외(外)' 자가 부계 이외의 모든 혈연계통을 포괄하거나 중국에서 부계직계친을 특정하는 지칭을 비부계에 적용한 사례들도 확인된다. '외고조' 는 7명, 성씨가 다른 '10세조' 는 511인이 가능한 최대의 수였고, 내외조부모의 아버지가 '曾大父(증대부)' 로 표기되었다.

그러므로 단일한 혈연계통으로 구성된 혈족집단, 즉 현재 개념의 '족(族)' 은 존재하지 않았다. 친족과 관련하여 쓰인 '족' 은 모든 계통의 혈연망을 포괄하였다. '족' 자가 들어가는 용어들의 개념 역시 현재와 전혀 달랐다. 14~16세기의 '족장(族長)' 은 혈연관계가 있는 모든 존속을 포괄하였다. 숙부, 외삼촌, 조부, 외조부 및 그들의 형제가 모두 '족장' 이었다. '족장' 에 상대되는 개념은 '족하(族下)' 였다. '족장' 의 어의가 완전히 변한 것과 달리 '족하' 는 '조카' 라는 구어로 정착하여 형제자매의 자녀를 포괄하면서 현재에 이르고 있다. '본족(本族)' 도 부계친을 의미하지 않았다. '본족' 은 '처족' 과 상대되는 어휘로서 모든 혈족을 포괄하였다. '본족' 은 아버지의 본족인 '내족(內族)' 과 어머니의 본족인 '외족(外族)' 으로 구성되었다. 한편, '동성(同姓)' 과 '이성(異姓)' 이 부계와 비부계를 구분하는 지칭요소로 사용되었으나, 조선전기까지는 부계를 존중하는 제도와 관련된 영역에서 사용되었을 뿐 일상에서는 거의 사용되지 않았다.

고려 · 조선전기의 친족용어와 그것이 반영하는 친족관계는 조선후기와 비교하여 '격절' 이라고 표현할 수 있을 만큼 달랐다. 16세기 이전의 친족관계에는 부계원리가 작용하지 않았다. 한국의 친족관계는 17세기 이후에 중국의 오복친조직과 일치하게 되었다. 본 연구서의 후반부는 조선후기에 친족관계가 격변하게 된 동인과 변화의 과정을 혈연의식의 측면에서 확인하고자 작성하였다.

아버지와 아들의 관계를 설명하는 '동기' 이론은 조선후기 부계친족조직의 성립 동인이 되었다. 남송의 주희(朱熹)는 죽음을 '혼기' 와 '체백'

이 흩어지는 것으로, 탄생을 아버지의 '기'를 아들이 이어받는 과정으로 여기는 구래의 믿음을 형이상학적으로 해석하여 '동기' 이론을 구체화 함으로써 부계의 중요성을 부각시켰다. 그의 제자인 진순(陳淳)은 주희의 이론을 더욱 분명하게 해설하는 한편 민간설화 수준의 예화를 가지고 '동기' 이론의 정당성을 강조하였다. 진순이 예화에서 든, 생전의 복장을 하고 음식에 달려드는 귀신은 주희의 고차원적인 설명보다도 범인들에게 부계질서에 대한 확신을 심어줄 수 있는 것이었다.

성리학을 수용한 14세기 고려의 지식인들도 특정 행위를 옹호하거나 부정하면서 '기'를 언급하였다. 그러나 16세기까지는 부계질서를 강화하는 역할을 하지 못하였다. 당시 부계위주의 혈연의식과 친족질서는 생소한 것이었고, 이로 말미암아 '동기' 이론에서 부계의 의미가 희석되었기 때문이다. 이 시기에 '동기' 이론은 혈연관계의 의미를 전보다 강하게 인식하고, 비혈연의 의미를 부정하는 이념으로 기능하였다고 판단된다.

조선전기부터 일부 성리학자들은 부계를 강조하는 의식을 표출하기 시작하였다. 남효온은 조상과 후손을 '기'의 연속으로 설명하는 '귀신론(鬼神論)'을 저술하였다. 이황은 부계에만 '본(本)'이라는 표현을 써서 부계의 의미를 부각시켰으며 외친 제사의 정당성과 의미를 폄하하였다. 부계 제사와 외친 제사를 차별하는 입장은 후대로 갈수록 부계만의 의미를 인정하는 입장으로 경화되었다. 17세기 이후의 성리학자들은 부계를 '일기상전(一氣相傳)'의 관계로 표현하였고, 외조를 제사하는 것은 '기'가 다르기 때문에 '음사'가 된다고 단언하였다. 그리고 진순이 든 것과 유사한 예화가 조선에서 자체적으로 생성되었다. 이 시기에 이르러 동기 이론은 변화를 추동하는 '이념'의 역할을 마치고 '통념'으로 자리잡았다.

조선후기 동기 이론의 확산에 따라 아들들은 더 이상 처가에서 일생을 보내는 것을 긍정하지 않고 친가로 돌아와 부모를 모시게 되었다. 김종직과 유희춘 가계에서 그들 당대까지는 족장지가 형성되지 않았다. 남자들은 처가로 장가들어 그곳에서 살다가 그곳에 묻혔다. 김종직의 조부는 선산 처모의 묘 부근에 묻혔고, 부친 김숙자는 처가인 밀양에서 역시 처모의 무덤 근처에 묻혔다. 김숙자는 생전에 이곳에 묻어달라고 당부하기까지 하였다. 김종직도 처가에서 살았지만 처의 사망과 재혼으로 인하여 밀양에 묻혔다. 유희춘의 6대조는 광양에 묻혔고, 증조부와 조부는 순천에 묻혔다. 부친은 처향인 해남에 묻혔으며 유희춘도 처가가 있는 담양에 묻혔다. 유희춘의 어머니 최씨의 부계 선대친도 세대마다 무덤의 위치가 바뀌었다.

김종직과 유희춘의 후손들도 당분간 이러한 관행을 지속하였다. 김종직의 아들 김숭년은 밀양의 손씨와 혼인하여 밀양에 묻혔고, 장손 김유는 고령의 최씨와 혼인하여 고령에 묻혔다. 유희춘의 아들 유경렴은 유희춘과 같은 묘역에 묻혔지만 장손 유광선은 남원으로 장가들어 옥과에 묻혔다. 이들 가문에서 족장지는 김유와 유광선의 다음 대부터 형성되기 시작하였다. 김유의 아들 김몽령 이하 종손들은 모두 고령에 묻혔다. 유광선의 종손들도 유광선의 무덤이 있는 옥과나 유희춘의 무덤이 있는 담양에 장지를 정하였다.

김종직과 유희춘 가문에서 족장지를 형성할 무렵 다른 가문에서도 족장지를 마련하였다. 족장지의 형성을 옹호하는 신념도 표출되었다. 유진은 만형의 무덤을 부친 곁으로 옮기면서 이것을 '의(義)', '신의 이치[神理]', '인정(人情)'에 맞는 행위로 표현하였다. 이식은 부친의 유명을 받아 족장지를 마련하고 종손들은 반드시 이곳에 묘를 쓰라고 당부하였다. 이원익은 부자관계를 기(氣)의 연속으로 설명하는 동기론을 구사하며 부계친이 한 묘역에 묻힐 것을 강조하였다.

'동기' 이론은 부모관도 변화시켰다. 부모관의 변화는 계모관에서 잘 드러난다. 한국의 역사과정에서 계모와 전처 자녀의 관계는 한결같지 않았다. 현재의 '전통적' 계모관은 17세기 이후에 발생하여 굳어진 것이다. 고려·조선전기에는 처가거주관행과 혈연에 집중된 친족의식으로 말미암아 전처 자녀와 계모가 같이 살 확률보다 전부(前夫) 자녀가 계부와 같이 살 확률이 높았다. 전처 자녀에게 계모는 '아버지의 처'였지 '어머니'가 아니었다. 고려·조선전기에는 주로 여성혈족이 고아나 어머니를 여읜 아동의 양육을 담당하였다. 여성은 자신의 혈족을 적극 보살폈으며 남편측 혈족에 대한 의무감은 그리 강하지 않았다. 고려시기에는 아버지와 혼인했다는 이유만으로 계모를 '어머니'로 여기도록 강제하는 이념이나 법제도 없었다.

조선 건국 후 성리학 윤리에 입각해 '어머니'의 지위를 보장하는 법제를 만들었지만 지켜지지 않았고 오히려 갈등을 부추기는 역할을 하였다. 따라서 계모는 전처 자녀에 대해 일방적인 우위에 설 수 없었다. 특히 자식 없는 계모의 지위는 매우 위태로웠다. 이러한 환경을 배경으로 전처 아들이 계모의 조카딸과 혼인하는 관행이 성립하였다. '아버지의 아내'

인 계모는 삶의 경험에 따라 '어머니'가 될 수도, '남'이 될 수도, '장모'가 될 수도 있었던 것이다.

그러나 조선후기에 인간관계에 대한 인식방법이 완전히 달라짐으로써 계모는 '어머니'가 되었다. 부자관계를 단일한 '기'의 연속으로 설명하는 '동기' 이론은 성리학 질서에 부합하는 남녀의 가치와 역할을 긍정하게 하였다. 이에 따라 처가거주관행은 소멸하였고, 남성이 관계의 기준이 됨으로써 전처 자녀와 계모가 함께 살면서 서로를 '어머니'와 '자녀'로 여겨야 하는 당위가 성립하였다. 그러나 변화의 초기일수록 정서와 당위의 괴리로 말미암아 비극이 발생할 위험이 컸다. 장화 · 홍련의 비극은 바로 이러한 상황에서 소설화되었고 또 그 상황을 그대로 반영한다. 이후 여러 이본에서 보이는 상황설정의 변화는 성리학 질서의 정착에 따라 정서와 당위가 일치됨으로써 계모가 '어머니'가 되어 가는 과정을 보여준다. 전처의 아들이 주인공이 되는 후기유형의 계모소설들은 밉지만 그러나 '어머니'인 '전통적' 계모관이 완성되었음을 알려준다.

고려 · 조선전기의 친족지칭과 친족용어를 분석하여 부계원리가 작용하지 않는 방사형 친족구조를 도출하고, 조선후기 부계혈연의식의 강화와 부계친족조직으로의 변동 요인을 형이상 이론인 '동기론'에서 구한 필자의 연구는 적지 않은 무리를 범한 것으로 비춰질 소지가 있다. 사회진화론에서 모계에서 부계로의 전환을 인류 보편의 발전법칙으로 설정하였으며, 문화나 제도는 기층의 사회경제적 요인에 부응하여 성립하고 변천한다는 견해도 설득력이 있기 때문이다. 그러나 고려 · 조선전기 친족조직에 대한 필자의 결론은 이론을 배제하고 사실을 집적하여 내린 판단인 만큼 나름대로의 실증성이 있다고 생각한다. 또한 주변부 문화권에서 중심부의 이론을 진리로 여기고 변혁을 추진하는 경향을 인정할 수 있다면 조선후기 동기론의 역할도 충분히 긍정할 수 있다고 생각한다.

부계사회가 '친족관계가 부계조상들로 이루어지고 자녀들은 부계친족집단에 속하게 되며 그 성원들은 공동의 남자시조의 후손으로 여겨지는 사회' 라면[1] 부계와 비부계를 단일한 지칭으로 포괄하는 사회를 부계사회라고 보기는 어렵다. 남성이 처가에서 평생을 거주하고 그곳에 묻히는 사회도 부계사회로 보기 어렵다. 부계원리는 부계와 비부계를 구분하는 친족지칭이 성립된 시기부터, 부계 남성들이 같은 묘역에 무덤을 쓰게 된 시기부터 작용하기 시작하였다고 볼 수 있다.

1) 김주희, 2005「조선시대 출계율 논쟁-족(族) 관련 개념들을 중심으로」『한국문화인류학』 38-1, 206쪽.

참고문헌

1. 자료

1) 연대기

『新唐書』『三國史記』『高麗史』『高麗史節要』『朝鮮王朝實錄』『日省錄』

2) 법전 · 예서 · 경전

『唐律疏議』(韓國法制硏究院 譯, 1994『譯註 唐律疏議』)

『大明律直解』(朝鮮總督府中樞院調査課 活字印刷『校訂 大明律直解』, 1936 ; 서울大學校奎章閣 影印, 2001)

『大明律講解』(서울大學校奎章閣 影印, 2001)

『經國大典』(서울大學校奎章閣 影印, 1997)

『經國大典註解』(서울大學校奎章閣 影印, 1997)

『大典詞訟類聚』(鄭肯植 · 任相爀 編著, 1999『十六世紀詞訟法書集成』韓國法制硏究院 所收, 影印)

『各司受敎』(서울大學校奎章閣 影印, 1997)

『新補受敎輯錄』(서울大學校奎章閣 影印, 1997)

『家禮』, 朱熹(1130~1200)(보경문화사『性理大典』所收 影印, 1983)

『朱子語類』, 朱熹(허탁 · 이요성 역주, 1998『朱子語類』1, 청계출판사)

『北溪字義』, 陳淳(1159~1223)(김영민 譯, 1993『北溪字義』, 예문서원)

『詩經』(上海古籍出版社『毛詩正義』上海, 1990 ; 成百曉 譯註, 1993『懸吐完譯 詩經集傳』上 · 下 전통문화연구회)

『東國續三綱行實烈女圖』

3) 문집 · 일기 · 고소설

『東文選』『牧隱集』『三峰集』『冶隱集』『雙梅堂篋藏集』『佔畢齋集』『秋江集』『東皐遺稿』『退溪全書』『寒岡集』『梧里集』『寒水齋集』『北峰世稿』『修巖集』『澤堂集』『同春堂集』『虛庵集』

『古文辭類纂』(北京新華書店, 1986)

『墨齋日記』, 李文楗(1494~1567)(國史編纂委員會 活字印刷, 韓國史料叢書 41, 1998)

『眉巖日記』, 柳希春(1513~1577)(朝鮮總督府朝鮮史編修會 活字印刷 『眉巖日記草』, 1936~1938)

『頤齋亂藁』, 黃胤錫 (1729~1791)(韓國精神文化研究院 活字印刷, 韓國學資料叢書 3, 1994~)

『쟝화홍련젼』(1915년 京城書籍業組合 발행)(『舊活字本古小說全集』 13 所收)

『장화홍연전니라』(『金光淳所藏筆寫本 韓國古小說全集』 32)

『장익홍연젼이라』(원광대학교 박순호교수 소장본 『한글필사본고소설자료총서』 42)

4) 족보

『朝鮮王朝璿源錄』『安東權氏族譜』(成化丙寅譜, 1476) 『羅州崔氏世譜』『洪州宋氏世譜』『善山柳氏派譜』

5) 금석문 · 고문서

『高麗墓誌銘集成』(金龍善, 1993 翰林大學校아시아文化研究所 活字印刷)

『譯註 韓國古代金石文』(韓國古代史研究會 譯, 1992 駕洛國史蹟開發研究院)

『韓國古代中世古文書研究』 上(盧明鎬 外 譯, 2000 서울대학교출판부)

『朝鮮前期古文書集成』(鄭求福 外, 1997 국사편찬위원회 活字印刷)

『慶北地方古文書集成』(李樹健, 1981 영남대학교출판부 活字印刷)

『潭陽 眉巖 柳希春家 慕賢館古文書』(전남대학교박물관 편, 1996)

6) 국어자료

『鷄林遺事』, 孫穆(漢陽大學校 國學硏究院 影印, 1974)

『訓蒙字會』, 崔世珍 1527(檀國大學校東洋學硏究所 影印『訓蒙字會』所收 叡山文庫本)

『雅言覺非』, 丁若鏞(1762~1836)(金鍾權 譯, 1976 一志社)

『飜譯老乞大』崔世珍(1473~1542)(中央大學校出版局 影印『飜譯老乞大』上 1972, 仁荷大學校人文科學硏究所 影印『飜譯老乞大』下, 1975 ; 國語史資料硏究會 譯『譯註 飜譯老乞大』太學社)

『老乞大諺解』鑄字本, 1670(亞細亞文化史 影印, 1973)

『老乞大諺解』平壤監營板, 1745(弘文閣 影印『重刊老乞大諺解』所收, 1984)

『重刊老乞大諺解』, 1795(弘文閣 影印, 1984)

『蒙語老乞大』, 1790(西江大學校人文科學硏究所 影印, 1983)

『淸語老乞大』, 1765(延世大學校人文科學編輯部 影印『*Lao-K'ita in Manchu*』, 1964)

『方言類釋』, 洪命福 등, 1778(弘文閣 影印, 1985)

7) 기타

『漢語大辭典』(漢語大辭典出版社 上海, 1998)

『표준국어대사전』(국립국어연구원, 1999)

『韓國人名字號辭典』(朴斗熙 等, 啓明文化史, 1988)

『조선성리학의 세계-사유와 실천』(국립중앙박물관 전시도록, 2003)

2. 논저

1) 저서

(1) 국외저서

善生永助, 1935『朝鮮の聚落』後編, 朝鮮總督府調査資料

喜頭兵一, 1936『李朝の財産相續法』, 朝鮮總督府中樞院

野村調太郎, 1939『朝鮮祭禮相續法論序說』, 朝鮮總督府中樞院

旗田巍, 1972『朝鮮中世社會史の硏究』, 法政大學出版局

瞿同祖, 1967『中國法律與中國社會』, 龍門書店 臺灣

미야지마히로시 지음 · 노영구 옮김, 1996『양반-역사적 실체를 찾아서』, 도서출판 강

슈스키/컬버트 著 · 李文雄 譯, 1981『人類學槪論』, 一志社

제리 무어 지음 · 강우영 옮김, 1997『인류학의 거장들』, 한길사

(2) 국내저서

권순형, 2006『고려의 혼인제와 여성의 삶』, 도서출판 혜안

金斗憲, 1969『韓國家族制度硏究』, 서울대출판부

김재용, 1996『계모형 고소설의 시학』, 집문당

도현철, 1994『14세기 고려의 정치와 사회』, 민음사

문숙자, 2004『조선시대 재산상속과 가족』, 경인문화사

朴秉濠, 1974『韓國法制史攷』, 法文社

朴惠仁, 1988『韓國의 傳統婚禮 硏究』, 고려대학교 민족문화연구소

설성경 · 박태상, 1986『고소설의 구조와 의미』, 새문사

신인철, 1992『한국의 사회구조-미분화사회에서 부계사회로-』, 문덕사

歷史學會 編, 1992『韓國親族制度硏究』

李光奎, 1980『文化人類學槪論』, 一潮閣

李光奎, 1990『한국의 家族과 宗族』, 민음사

李基文, 1961『國語史槪說』, 民衆書館(1982, 개정판)

李基文, 1971『訓蒙字會硏究』, 한국문화연구소

李基文, 1991『國語語彙史硏究』, 東亞出版社

李成權, 1998『韓國 家庭小說史 硏究』, 國學資料院

李樹健, 1984『韓國中世社會史硏究』, 一潮閣

李樹健, 1995『嶺南學派의 形成과 展開』, 一潮閣

이원수, 1997『가정소설 작품세계의 시대적 변모』, 경남대출판부

장병인, 1997『조선전기 혼인제와 성차별』, 일지사

鄭肯植 역, 1992『國譯 慣習調査報告書』, 한국법제연구원

崔承熙, 1989『韓國古文書硏究』(改訂·增補版), 지식산업사

崔在錫, 1983『韓國家族制度史硏究』, 一志社

趙恒範, 1996『國語親族語彙의 通時的 硏究』, 태학사

2) 논문

(1) 국외논문

四方博, 1937「李朝人口に關する一硏究」『京城帝大法學論集』9

武田幸男, 1962「淨兜寺五層石塔造成形止記の硏究」『朝鮮學報』25

旗田巍, 1957「高麗時代における土地の嫡長子相續と奴婢の均分相續」『東洋文化』22

旗田巍, 1960「高麗王朝成立期の〈府〉と豪族」『法制史硏究』1

(2) 국내논문

姜晋哲, 1986「日帝 官學者가 본 韓國史의 '停滯性'과 그 理論-특히 封建制度 缺如論과 關聯시켜-」『韓國史學』7, 한국정신문화연구원

高英津, 1992「朝鮮 中期 禮說과 禮書」, 서울대 박사학위논문

權斗奎, 1995「高麗時代의 家族 形態와 戶의 構造」, 경북대 박사학위논문

권순형, 1997「고려시대 婿留婦家婚에 대한 연구」『梨大史苑』

權寧大, 1981「成化譜攷」『大韓民國學術院論文集』20(人文 · 社會篇)

權在善, 1975「麗代 親族 및 男女 親族員에 對한 考察」『麗代時代의 言語와 文字』(韓國語文學大系 II)

金景淑, 2000「16세기 사대부 집안의 제사설행과 그 성격-李文楗의『默齋日記』를 중심으로-」『韓國學報』98

金景淑, 2002「조선후기 山訟과 사회갈등 연구」, 서울대 박사학위논문

金基德, 1993「高麗時期 王室의 構成과 近親婚」『국사관논총』49

金容晩, 1983「朝鮮時代均分相續制에 關한 一硏究-그 변화요인의 역사적 성격을 중심으로-」『大丘史學』23

김주희, 2005「조선시대 출계율 논쟁-족(族) 관련 개념들을 중심으로」『한국문화인류학』38-1

南智大, 1997「조선초기 법전 편찬과『經國大典』」(奎章閣資料叢書 法典篇『經國大典』解題)

南豊鉉, 1975「漢字借用表記法의 發達」『國語學論集』7 · 8합집

南豊鉉, 1981「漢字 · 漢文의 수용과 借字表記法의 發達」『한국 고대와 인접 文化의 관계-보고논총 81-1』, 한국정신문화연구원

南豊鉉, 1996「언어와 문자」『조선시대생활사』

南豊鉉 · 沈在箕, 1976「舊譯仁王經의 口訣硏究」『東洋學』6

盧明鎬, 1979「山陰帳籍을 통해 본 17世紀初 村落의 血緣樣相」『韓國史論』5

盧明鎬, 1981「高麗의 五服親과 親族關係 法制」『韓國史硏究』33

盧明鎬, 1983「高麗時의 承蔭血族과 貴族層의 蔭敍機會」『金哲俊博士華甲記念史學論叢』

盧明鎬, 1987「李資謙一派와 韓安仁一派의 族黨勢力」『韓國史論』17

盧明鎬, 1990「高麗後期의 族黨勢力」『이재룡박사환력기념한국사학논총』
盧明鎬, 1995「高麗時代 戶籍 記載樣式의 성립과 그 사회적 의미」『震檀學報』79
文叔子, 1994「朝鮮前期 無子女亡妻財産의 相續을 둘러싼 訴訟事例」『古文書硏究』5
文叔子, 2001「朝鮮前期의 財産相續」, 한국정신문화연구원 박사학위논문
朴秉濠, 1962「우리나라 率婿婚俗에 由來된 親族과 禁婚範圍－母族 · 妻族을 中心으로」『法學』4-2
朴秉濠, 1973「異姓繼后의 實證的 硏究」『法學』14-1
朴秉濠, 1992「韓國の麗末 · 鮮初における親族の稱呼と範圍」『アジア社會の慣習と近代化政策』(黑木三郎先生古稀記念論文集) 日本 東京
朴秉濠, 1998「朝鮮初期 法制定과 社會相－大明律의 實用을 중심으로」『國史館論叢』80
朴秉濠, 2001「韓國의 傳統家族 硏究와 課題－法制史的 視角에서－」(日本家族史學會와 韓國家族學會 共同學術會議 發表文)
박성종, 2000「栗谷의 土地賣買文記에 대하여」『古文書硏究』16 · 17
박연호, 1990「조선전기 士大夫禮의 변화양상－家禮와 宗子法을 중심으로－」『淸溪史學』7
朴龍雲, 1977「高麗時代의 水州崔氏와 坡平尹氏 家門分析」『白山學報』23
朴賢洙, 1993「日帝의 朝鮮調査에 관한 硏究」, 서울대 박사학위논문
朴賢淳, 1999「16세기 士大夫家의 親族秩序－李滉 집안을 중심으로－」『韓國史硏究』107
宋宰鏞, 1996「《眉巖日記》 硏究」, 단국대 박사학위논문
宋俊浩, 1980「韓國에 있어서의 家系記錄의 歷史와 그 解釋」『歷史學報』87
呂重哲, 1980「祭祀分割相續에 관한 一考」『人類學硏究』1, 영남대 인류학과
吳英善, 2001「조선초기 家系記錄에 대한 일고찰」『典農史論』7
왕한석, 1988「한국친족용어의 내적구조」『한국문화인류학』20
왕한석, 2000「영남인의 친척용어: 친척용어의 하위체계들에 대한 민족지적 기술」『民族文化論叢』22
李光奎, 1978「韓國親族體系에 미친 中國의 影響」『人類學論集』4

李基文, 1981「吏讀의 기원에 대한 一考察」『震檀學報』52

李基文, 1981「千字文研究(1)」『韓國文化』22

李基文, 1983「'아자비' 와 '아즈미'」『國語學』12

李樹健, 1992「朝鮮前期 姓貫體系와 족보의 編纂體制」『韓國史學論叢』上

李樹健, 1992「朝鮮前期 社會變動과 相續制度」『韓國親族制度研究』, 歷史學會

李樹健, 1994「조선후기 姓貫意識과 編譜體制의 변화」『황종동정년기념 私學論叢』

李應周, 1999「麗末鮮初 佛敎儀禮의 축소와 薦度齋의 역할」, 서울대 석사학위논문

李鍾書, 1997「羅末麗初 姓氏 사용의 擴大와 그 背景」『韓國史論』37

李鍾書, 2000「朝鮮前期 '和會' 의 語義와 均分의 실현방식 '執籌'」『韓國史研究』110

이종서, 2003「14세기 이후 친족용어의 변천과 친족관계」『역사비평』63

이종서, 2003「고려~조선전기 친족관계- '족(族)' 을 중심으로」『역사비평』64

이종서, 2004「朝鮮前期 均分意識과 '執籌'」『古文書研究』25, 한국고문서학회

이종서, 2006「퇴계 이황의 종법 이해와 그 특징」『역사문화논총』2, 역사문화연구소

이종서, 2008「고려 八祖戶口式의 성립 시기와 성립 원인」『한국중세사연구』25, 한국중세사학회

李鍾旭, 1992「新羅時代의 血族集團과 相續」『韓國親族制度研究』, 歷史學會

李海濬, 1993「朝鮮後期 門中活動의 社會史的 背景」『東洋學』23

鄭景姬, 1998「朱子禮學의 형성과 『家禮』」『韓國史論』39

鄭景姬, 2000「朝鮮前期 禮制 · 禮學 研究」, 서울대 박사학위논문

鄭求福, 1989「古文書를 통해 본 朝鮮朝 兩班의 意識-光山 金氏 烏川古文書를 中心으로-」『한국사학』10

鄭求福, 2000「韓國 族契의 淵源과 性格」『古文書研究』16 · 17

鄭肯植, 1992「日帝의 慣習調査와 意義」『國譯慣習調査報告書』第一部, 한국법제연구원

鄭肯植, 1996「朝鮮初期 祭祀承繼法制의 成立에 관한 研究」, 서울대 박사학위논문

鄭肯植 · 趙志晚, 2001「大明律 解題」『奎章閣資料叢書法典篇 大明律直解』

鄭東鎬, 1979「麗末鮮初의 家族法規範-宗法制의 繼受와 관련하여-」『民族文化』5

鄭在薰, 1993「眉巖 柳希春의 生涯와 學問」『南冥學研究』3

정지영, 2003「장화홍련전 ; 조선후기 재혼가족 구성원의 지위」『역사비평』61

鄭震英, 1991「조선후기 동성마을의 형성과 사회적 기능」『한국사론』21, 국사편찬위원회

趙恒範, 1992「國語 親族 語彙의 通時的 研究」, 서울대 박사학위논문

池斗煥, 1984「朝鮮前期의 宗法制度 이해과정」『泰東古典研究』1

崔在錫, 1972「朝鮮時代의 相續制에 關한 一研究」『歷史學報』53 · 54 합집

崔在錫, 1974「朝鮮時期의 家族形態」『震檀學報』37

崔在錫, 1976「高麗後期 家族의 類型과 構成」『韓國學報』3

崔在錫, 1979「朝鮮時代의 族譜와 同族組織」『歷史學報』81

崔在錫, 1980「朝鮮時代의 養子制와 親族組織」『歷史學報』86 · 87 합집

崔在錫, 1981「族譜에 있어서의 派의 形成」『韓國學報』32

崔在錫, 1982「高麗時代의 親族組織」『歷史學報』94 · 95 합집

崔在錫, 1982「高麗朝에 있어서의 相續制와 親族組織」『東方學志』31

崔在錫, 1982「高麗時代의 婚姻制度」『人文論集』27

咸翰姬, 1997「한국사학과 인접학문-인류학을 중심으로-」『한국사시민강좌』20

찾아보기

역사문화연구총서 8

고려 · 조선의 친족용어와 혈연의식
–친족관계의 정형과 변동

초판 1쇄 발행 2009년 10월 20일

지은이 이종서
펴낸이 이재선
펴낸곳 신구문화사

등록 1968. 6. 10. 제1-205호
주소 경기도 성남시 중원구 금광2동 2661번지
전화 031-741-3055~6
팩스 031-741-3054
이메일 shingupub@naver.com
홈페이지 www.shingubook.com

ISBN 978-89-7668-162-1 93910
값 18,000원